T0290171

Carmen Durán
y Antonio Catalán

ENEAGRAMA

Los engaños del carácter
y sus antídotos

editorial Kairós

© 2008 by Carmen Durán y Antonio Catalán

© de la edición en castellano:
2009 by Editorial Kairós, S. A.
Numancia 117-121, 08029 Barcelona, España
www.editorialkairos.com

Primera edición: Febrero 2009
Séptima edición: Julio 2019

ISBN: 978-84-7245-696-9
Depósito legal: B-40.816/2009

Fotocomposición: Grafime. Mallorca 1. 08014 Barcelona
Impresión y encuadernación: Ulzama digital

Nuestro agradecimiento a Claudio Naranjo y a Francisco Peñarrubia que nos introdujeron en el conocimiento del eneagrama. Y a nuestros pacientes, ellos saben quienes son, que con su honestidad y entrega nos permitieron profundizar en la comprensión de lo humano y en la aplicación de este conocimiento.

SUMARIO

INTRODUCCIÓN

Este libro es fruto de un trabajo compartido por los autores a lo largo de los últimos quince años, realizado con grupos terapéuticos. Trabajo en el que decidimos utilizar el eneagrama como mapa para profundizar en el autoconocimiento.

Tomamos contacto con el eneagrama en 1987 a través de Claudio Naranjo; seguimos los seminarios que él impartía por aquel entonces. Despertó nuestra curiosidad y nuestro interés y continuamos reflexionando sobre sus enseñanzas. A partir de ahí, el eneagrama se transformó en una herramienta importante dentro de nuestro quehacer terapéutico, especialmente en los grupos que en sistema de coterapia hemos llevado a cabo en estos años.

Son muchas las personas que acuden a consulta porque, ante determinadas crisis existenciales, surge en ellas el deseo de conocerse mejor, de saber por qué sus pensamientos no consiguen imponerse a sus acciones, por más que se lo propongan, por qué sus reacciones ante determinadas situaciones llegan a alterar tan profundamente sus estados de ánimo, por qué repiten patrones de conducta que saben que les dañan o parece que siempre están boicoteando sus posibilidades vitales o sus logros más deseados.

El eneagrama no tiene, a nuestro juicio, respuestas para todas estas cuestiones, pero sí ofrece un mapa que nos permite orientarnos en el viaje interior iniciado con el fin de descubrir quién soy y cómo mis pensamientos más profundos condicionan mis conductas, o cómo mis emociones nublan mis pensamientos.

La elección del mapa del eneagrama para el estudio del carácter se debe a que consideramos que es la lectura más completa y abierta de cuantas conocemos. Hasta la aparición de los Manuales de Diagnóstico Americanos, no parece que ningún psicólogo se hubiera planteado un estudio tan exhaustivo. Existen aportaciones tan interesantes como parciales, de muchos autores, donde podemos ver algún tipo descrito con gran profundidad y coherencia, pero ninguno que resulte tan abarcante como el eneagrama. Quizás esto se deba a que el eneagrama no es un constructo de ningún psicólogo en particular, sino la transmisión de un conocimiento muy antiguo que permite mirar el mundo desde nueve posiciones diferentes y no leer los otros caracteres desde la propia posición personal del autor del mapa, aunque esto no nos libere de los errores diagnósticos que podemos cometer y que G.I. Gurdjieff, introductor en Occidente del eneagrama, trataba de evitar dando las herramientas para el autoconocimiento pero sin dar indicaciones diagnósticas. El problema es que si lo hacemos así no podemos extraer conclusiones ni establecer las generalizaciones obligadas en un planteamiento científico.

Éste es un mapa desde el que intentamos "explicar" las observaciones sobre el carácter, tanto desde los atributos estructurales como desde los aspectos funcionales de la conducta. Ponemos el acento en lo estructural, a la hora de establecer el diagnóstico del rasgo principal, y analizamos las funciones como manifestaciones singulares de esa estructura. Creemos que una misma base estructural se puede expresar de maneras singulares, como si con la misma estructura de carácter fueran múltiples los "personajes" que podemos encontrar.

Obviamente, no consideramos que el eneagrama sea la única herramienta que permite acompañar un proceso de au-

todescubrimiento. Hay muchos caminos que desembocan en
el mismo lugar, en nuestro caso nosotros elegimos trabajar
con esta herramienta.

Y, para hacerlo, tuvimos que poner en orden la información obtenida en los seminarios, hacerla compatible con
nuestros conocimientos previos de psicoanálisis, terapia ges-
talt, bioenergética y terapia sistémica, ampliarla con los libros sobre eneagrama que, cada vez en mayor número, han
ido publicándose en los últimos tiempos y, sobre todo, con
las aportaciones experienciales proporcionadas por los asis-
tentes a nuestros grupos que nos han permitido ir cambiando
y matizando criterios.

Es este trabajo de análisis, síntesis y reflexión el que hemos querido compartir a través de este escrito, añadiéndole
las pinceladas que aportan una serie de personajes extraídos
de *La Comedia Humana*.

Claudio Naranjo siempre ha introducido personajes literarios en el estudio de los caracteres, incluso tiene un libro
(*Autoanálisis para el Investigador*) en el que combina la descripción literaria y la de casos clínicos relatados autobiográ-
ficamente. De él partió la sugerencia de hacer un estudio de
la obra de Honorè du Balzac suponiendo que, en *La Comedia
Humana*, el autor había incluido todos los tipos psicológicos
que el eneagrama reconoce. Y, efectivamente, con mayor o
menor finura, con más o menos simpatía y tolerancia podemos encontrar en su obra personajes correspondientes a todos los tipos, con la peculiaridad de que refleja la estructura, aunque puede vestir a un mismo tipo de personalidad con
ropajes muy diferentes. Por encima del realismo, cercano, a
veces, a lo costumbrista, es posible extraer tipos universales muy bien definidos y coherentes, que no pierden su coherencia interna, aunque aparezcan en distintas obras. Por otra
parte, tiene una especial habilidad para introducirse en la piel

de sus personajes y así describirnos con gran sutileza la manera de pensar, de ver el mundo, de sentir de los distintos tipos, no limitándose a una descripción sino poniendo el foco en lo interior, como si realmente estuviera hablando un personaje de determinado eneatipo, aunque no utilice las herramientas de la psicología profunda, ni se sumerja en los abismos del inconsciente.

Curiosamente, Gordon Allport, pionero en los estudios de la personalidad, sugiere integrar literatura y psicología para facilitar la tarea de conocer quiénes somos y por qué hemos llegado a serlo. Y lo hace desde la reflexión acerca de que si bien el estudio científico de la personalidad no ha surgido hasta el siglo XX, la literatura universal nos ha proporcionado descripciones y análisis muy ricos de personajes prototípicos. Resulta obvio, para cualquier observador, qué poco nos dicen los resultados de cualquier test de personalidad o las descripciones de cualquier tipología si los comparamos con los vívidos personajes de las grandes creaciones literarias, que nos permiten ver seres humanos completos, cuyas acciones resultan explicables y coherentes.

Según él, lo que permite entrever la coherencia interna de un personaje, más allá de su aparente inconsecuencia, es la aprehensión de la raíz (*radix* o núcleo central de la personalidad, término que toma de Max Wertheimer). Y este acercamiento a la raíz se ha producido con más facilidad en el terreno intuitivo de la creación artística, fuera de las exigencias científicas de objetividad. La literatura cuenta con todas las libertades de la intuición creativa, mientras que la psicología cuenta con todas las dificultades de la objetividad y la metodología científicas.

Las dificultades para el abordaje científico de la personalidad tienen que ver –dice– con que el objeto y el sujeto de la investigación sean el mismo y con que lo que hay que investigar es algo tan inasible como las dinámicas internas que están detrás de los distintos estilos de vida. Y los instrumentos básicos, con los que cuenta para hacerlo, son la introspección y la palabra.

Todos hemos podido experimentar qué cortas se quedan las palabras cuando tratamos de expresar determinados estados interiores y cómo no siempre nos sentimos entendidos o bien interpretados por quien nos escucha, y seguramente también tengamos la experiencia de habernos engañado a nosotros mismos, ocultándonos nuestros sentimientos, nuestras motivaciones o justificando nuestras acciones.

La propuesta de Allport no es renunciar al estudio científico de la personalidad, asumiendo que nada es generalizable y dejando en manos de la literatura el ofrecernos ejemplos individuales. Lo que propone es aprender de la literatura a ocuparnos más del individuo, buscando descubrir el estilo de vida y la coherencia interna y prestando atención a su historia personal, en lugar de limitarnos a analizar cómo es el sujeto en un momento concreto de su vida.

Pero el psicólogo de la personalidad, al tratar de llevar a cabo un estudio científico, no puede hacer literatura, no puede saltarse hechos que no encajen para que los personajes que describe resulten más consistentes, ni tampoco limitarse al estudio historiográfico de una persona en particular. Necesita una disciplina que le permita describir los distintos tipos en función de las mismas pautas y establecer generalizaciones válidas.

Es curioso que, muchos años después, Theodore Millon se mueva en esta misma línea. Según su análisis, en psicología, hoy en día el estudio de la personalidad se enfoca de dos formas antitéticas: desde una perspectiva nomotética, o desde una perspectiva ideográfica. Desde la perspectiva nomotética, considerando la personalidad como un ente abs-

tracto, se busca lo que hay de común, las regularidades y co-
varianzas entre los atributos de la personalidad que puedan
aplicarse a muchas personas diferentes para llegar a establecer proposiciones universales sobre el comportamiento.
Desde la perspectiva ideográfica, se resalta la individualidad, la complejidad y la singularidad de cada persona, lo
que la hace distinta de las demás, su historia. La perspectiva nomológica se pregunta "qué" es la personalidad, la ideográfica, "cómo" y "por qué" alguien ha llegado a ser como
es. Frente a estas concepciones encontradas, Millon propone una perspectiva integradora, en la que, reconociendo la
singularidad de la persona, tratemos de establecer determinados constructos que sean un punto de partida válido para
comprender al individuo, sin perder de vista su singularidad.
Introduce la idea de sistema como unidad de análisis más
consistente que un rasgo o una categoría, como un constructo integrador que contenga elementos estructurales y funcionales. Los atributos estructurales del sistema de la personalidad (que define como «patrones fuertemente incrustados
y difíciles de transformar de recuerdos, actitudes, miedos,
conflictos, formas de organizar el mundo...») se emparejan
con funciones que facilitan las interacciones y son las formas expresivas de la estructura (en las que sitúa comporta-
mientos, conductas sociales y mecanismos que manejan la
vida externa e interna).

La sola estructura no nos dice "quién hay detrás", por
muy científico que sea el estudio realizado, ni siquiera nos
deja entrever las relaciones dinámicas entre los atributos de
la personalidad (véase, por ejemplo, el test 16 PF, donde nos
resulta difícil establecer qué tipo de conexiones existen entre
los factores covariantes); la historia personal, la manera de
funcionar, sin referencia a una estructura, nos aleja del campo de la psicología y nos introduce en el de la literatura, don-

de no tiene sentido establecer generalizaciones. Sin embargo, estructura y función están estrechamente vinculadas.

Y así, estrechamente vinculadas aparecen en el mapa del eneagrama, en el que además de lo ya expuesto encontramos otras ventajas, como son la coherencia interna de los tipos que describe, el reconocimiento, a través de la exploración de las pasiones, de la raíz que anuda cada sistema personal y, a nivel intersubjetivo, la comprensión del otro que proporciona el hecho de entender que el mundo puede ser leído desde ópticas tan diferentes.

1. CARÁCTER Y ENEAGRAMA

EL CARÁCTER

El carácter se origina como una estrategia que trata de facilitarnos la vida y que termina convirtiéndose en la rigidez que nos la dificulta, quizás porque lo que pudo ser válido en el momento concreto de su cristalización no sigue siéndolo durante toda la vida, frente a circunstancias nuevas.

En el lenguaje común, "carácter" no tiene una connotación negativa, en muchos casos, por el contrario, es algo valorado: ser una persona de carácter es ser alguien de criterios y actitudes bien sentados; también se utiliza el término para justificar las peculiaridades de alguna persona: «es su carácter», y ese carácter se considera positivo o negativo en función de que le facilite o dificulte la vida y las relaciones. Carácter e identidad yoica están tan íntimamente asociados que ante una enfermedad (especialmente si se trata de una enfermedad neurológica) o una situación vital que produzca un cambio esencial en el carácter, todos tendemos a decir «esta persona no parece la misma».

El carácter es fundamentalmente adaptativo, es la manera que tiene nuestro yo de adaptarse al medio, y no nos cabe duda de que si el individuo hubiera encontrado una manera «mejor», lo hubiera hecho mejor. No parece que sin él pudiéramos vivir, es el envoltorio necesario de la esencia y, al mismo tiempo, la herramienta que nos facilita llegar a descubrirla, pues son las dificultades que nos plantea el carácter y nos llevan a cuestionarlo, lo que nos permite mirar un poco más allá. Sin embargo, en algunos espacios de trabajo con el eneagrama, el carácter ha pasado a ser como un estigma, algo de lo que hay que liberarse.

Sólo cuando nos identificamos con la máscara, hasta el punto de no poder despegarnos de ella, cuando las situaciones demasiado difíciles nos han hecho endurecer el carácter y cuando lo defendemos como nuestra verdadera e incuestionable forma de ser, éste se convierte en un verdadero obstáculo para el crecimiento personal.

A partir de la óptica desde la que vamos a enfocarlo, carácter no es neurosis, aunque la neurosis pueda apoyarse en fallas caracteriales, en la disfunción de la capacidad de enfrentarse a las dificultades de la vida, utilizando las vías del carácter para la elaboración de los síntomas; o el propio carácter pueda neurotizarse cuando se torna inadecuado o conflictivo en la adaptación a una realidad diferente.

En este sentido, la diferencia entre neurosis y carácter estriba básicamente en que el carácter es un estilo de vida (por precaria que sea su base), en el que el yo ha podido construir un mecanismo, más o menos adecuado, en función de su propio desarrollo adaptativo. En las neurosis no ocurre así, el yo, aunque se haya constituido, no ha ganado la batalla entre los impulsos instintivos y la presión de la realidad y, a nivel interno, el conflicto sigue existiendo, lo que no permite la integración de la personalidad porque las distintas facciones que la componen están en guerra. La batalla se manifiesta a través de los síntomas. Por supuesto que también podríamos considerar el carácter como un síntoma, pero preferimos deslindarlo de la clínica.

Con todas las lagunas que suponen los síntomas que hacen tan incómoda la vida, en la neurosis el proceso de adaptación a la realidad se produce, aunque se trate de una realidad deformada; en la psicosis no hay tal adaptación a la realidad, no hay renuncia al principio del placer y nos encontramos con la paradoja de que esta no aceptación del dolor tiene como consecuencia quizás el más terrible dolor que puede experimentar un ser humano. El psicótico se aleja de la realidad, se queda sin apenas capacidad de manipulación del mundo externo y crea un mundo propio que es, a la vez, un refugio y un tormento. En la psicosis, cuando la identidad yoica está muy dañada es muy difícil y de dudosa utilidad hacer un diagnóstico del carácter.

Gurdjieff plantea la paradoja de que para poder trabajar y alcanzar el conocimiento de nuestra esencia, es necesario haber desarrollado una personalidad, y que cuanto más fuerte sea ésta, más recursos tendremos para encontrar aquélla, como si la personalidad fuera "la placenta" de la que se ha de nutrir la esencia. El hombre, según él, necesita una primera educación en la que desarrollar su personalidad y una segunda educación que le permite "disolver" esta personalidad para alcanzar la esencia de su ser y desarrollar su espiritualidad, su consciencia. Utiliza el término "personalidad" como sinónimo de carácter.

Aunque "carácter" y "personalidad" se emplean a menudo como sinónimos también en la literatura psicológica actual, nos parece importante establecer la distinción terminológica que vamos a manejar en este estudio. Vamos a distinguir carácter frente a personalidad y también frente a temperamento, aunque éste no sea un término que vayamos a emplear. Por "temperamento" entendemos las características genéticas, cuasi físicas, energéticas, el substrato biológico del que emerge la personalidad y que hace referencia al tono vital: flemático, sanguíneo, asténico, atlético... Por "personalidad" entendemos las cualidades personales que sobre ese substrato biológico se han ido construyendo con la aportación de la "urdimbre primigenia", de las circunstancias vitales que nos han tocado y de la especial manera de reaccionar ante ellas, determinadas por nuestro temperamento. En cuanto al "carácter" nos quedamos más con los aspectos estrictamente reactivos a las experiencias vitales que llegan a constituir una coraza defensiva, cuya función en origen es proteger la esencia de nuestro yo, nuestra personalidad natural, pero que se endurece y que terminamos confundiendo con nuestra naturaleza. Por último, en el contexto del eneagrama, hablamos de "rasgo principal" refiriéndonos a cada uno de los nueve tipos que vienen determinados por una pasión dominante y un estilo cognitivo peculiar. En el concepto de "rasgo" incluimos aspectos temperamentales, facetas de la personalidad y fórmulas adaptativas caracteriales, aunque el acento está puesto sobre todo en lo estrictamente caracterial.

El carácter como adaptación reactiva implica una cierta pérdida de consciencia de sí que el trabajo con el eneagrama pretende recuperar. Justificamos este trabajo en la creencia de que la consciencia, y en especial la consciencia de sí, es lo que nos hace específicamente humanos. Sólo los hombres, en toda la creación, podemos observar nuestro mundo interno. Gran parte del trabajo consiste en la tarea de autoobservación.

Max Scheller cuando intenta elaborar una antropología filosófica se plantea la esencia del hombre en relación con otros seres vivos y su puesto metafísico en el mundo. Dice que la palabra "hombre" indica los caracteres morfológicos distintivos que posee el hombre como subgrupo de los vertebrados y mamíferos (marcha erecta, transformación de la columna vertebral, equilibrio del cráneo, potente desarrollo cerebral...) y que la misma palabra "hombre" designa a la vez algo totalmente distinto: un conjunto de cosas que se oponen al concepto de animal en general. En el primer caso, la palabra "hombre" expresa el concepto sistemático natural, mientras que en el segundo se refiere al concepto esencial. El concepto esencial es el principio que hace del hombre un hombre: el espíritu. La persona, así entendida, es el centro en que el espíritu se manifiesta dentro de las esferas del ser finito. Para él, el espíritu es algo que va más allá del Logos, de la razón, es la capacidad de conciencia. No tiene ninguna connotación religiosa. El acto espiritual está ligado a la conciencia de sí. El animal no tiene conciencia de sí, está "incrustado" en la realidad vital correspondiente a sus estados orgánicos, hambre, sueño, sed, necesidad sexual… El hombre puede aprehender los objetos, sin la limitación experimentada en función de sus impulsos vitales, de forma no determinada por su estado fisiológico-psíquico. Puede "objetivar". Pero, no sólo eso, sino que puede convertir en objetiva su propia constitución fisiológica y psíquica y cada una de sus vivencias y volverse consciente de sí. El animal no vive sus impulsos como suyos, sino como movimientos y repulsiones que parten de las cosas mismas del medio; incluso el hombre primitivo no dice «yo detesto esta cosa», sino «esta cosa es tabú». La conciencia cambia esta mirada.

Según la visión de Scheller, el hombre es el único ser vivo que, por su dimensión espiritual, puede elevarse por encima de sí mismo y convertir las cosas, y entre ellas a sí mismo, en objeto de conocimiento.

Volviendo a centrarnos en el carácter desde un punto de vista estrictamente psicológico, las opiniones de los diferentes autores discrepan en cuanto a la concepción del carácter y a la posibilidad de su modificación. Para Alfred Adler, el carácter es un estilo de vida que se mantiene fiel a sí mismo desde los primeros años hasta el fin de la vida; para Karl

Abraham, en cambio, es mudable y el hecho de su permanencia no es esencial. Para Wilhelm Reich, los rasgos de carácter están tan incorporados que no se viven como algo extraño o enfermo, y por eso, salvo en situaciones de especial dificultad, las personas no se proponen cambiarlos. En la misma línea, Millon plantea que los rasgos caracteriales están tan profundamente arraigados en el inconsciente que resultan muy difíciles de cambiar. Otto Fenichel sostiene que el carácter está en función del yo, entendiendo el yo como parte de la personalidad organizadora e integradora, que se mantiene en las distintas situaciones vitales. La denominación de carácter destaca la forma habitual de reaccionar, las maneras constantes de solucionar conflictos. Habla del predominio de cierta constancia en las maneras que escoge el yo para realizar sus tareas. Es como si el yo eligiera estas maneras. Reich, por su parte, habla del carácter como una defensa yoica contra los peligros que amenazan desde el mundo exterior y desde los impulsos interiores. Lo considera un modo típico de reacción que, una vez establecido, se convierte en un mecanismo automático, independiente de la voluntad. Es una alteración crónica del yo que denomina "coraza".

En general coinciden en que se establece muy tempranamente, pero mientras para unos es fruto de las circunstancias externas que le ha tocado vivir al individuo en la infancia, para otros tiene también un componente biológico, no sólo biográfico.

Aunque entendiendo, como Fenichel, el carácter como función yoica, Juan Rof Carballo va más allá cuando nos habla de la constitución del yo. Para él, las posibilidades de desarrollo de la esencia humana se concretan a través de la relación transaccional con las personas del medio, especialmente con la madre. Habla así de una "urdimbre primigenia" que, al mismo tiempo que "constitutiva", hereditaria en cierta medida, es también "transaccional", se transmite a través de las generaciones y se mantiene durante toda la vida. Esta urdimbre es como un tejido, como una trama que debe ser terminada después del nacimiento porque la inmadurez psicobiológica del niño así lo exige. La función materna, como para Donald Winnicott, es fundamental en la constitución de esta trama, pero él añade, por un lado, la influencia transgeneracional y, por otro, una serie de funciones más amplias que la del "sostén" que introdujo Winnicott. Entre estas funciones cabe destacar, junto a la "tutelar" y amparadora, cercana a la idea de sostén, una función "liberadora" que permite el desarrollo de la individualidad y una función de "orden", que permite un encuadre de crecimiento y una cierta mediación con la realidad. De la mayor o menor adecuación de estas funciones y de sus fallas van a derivar características yoicas diferentes.

Para nosotros, el trabajo terapéutico con el carácter tiene dos niveles: uno estrictamente psicológico donde el objetivo es ablandar la rigidez de la estructura caracterial y relativizar la solución adaptativa encontrada; y otro que tiene un sentido espiritual que va más allá de proporcionar una vida cómoda, psicológicamente hablando. Se trata de acercarnos al máximo a nuestro ser espiritual, libre y consciente de sí.

CARÁCTER Y "ENAJENACIÓN DEL YO"

El primer paso en el trabajo con el carácter es el que nos lleva a cuestionarlo, a plantearnos que muchas de nuestras actitudes y hábitos no son tan "naturales" como nos hace pensar la familiaridad con ellos, sino que están condicionados

por el entorno en que nos tocó vivir. A menudo, impide el carácter la manifestación de nuestro ser espontáneo, rechazan-
do o tratando de eliminar determinados aspectos que surgen
inesperadamente y sentimos que escapan a nuestra voluntad. Cuando así ocurre se produce una reacción de conde-
na y rechazo aún mayor, manteniendo la guerra contra nosotros mismos.

Todos venimos al mundo con un yo potencial que, si las
condiciones de nuestro entorno durante la infancia lo permiten, si disponemos de lo que Winnicott llama un "ambiente facilitador", va a desarrollarse para convertirse en
nuestro yo verdadero. Este "yo" (llamémosle *self* verdadero, esencia, yo auténtico...) es, en palabras de Karen
Horney, la «fuerza interior central» que hace posible el desarrollo humano y la fuente de los intereses y sentimientos espontáneos. Podríamos decir que esta fuerza interior
es la fuerza de la vida, expresándose a través de cada individuo.

El ambiente infantil no suele ser tan facilitador como para
que podamos desarrollarnos sin interferencias. Las valoraciones morales, las exigencias ideales, los gustos y preferencias del entorno familiar nos condicionan. En lugar de seguir
un desarrollo natural de nuestro potencial, "reaccionamos" a
esas interferencias, de manera que todos generamos estrategias defensivas, más o menos saludables, para manejarnos en
el mundo y proteger nuestro yo esencial.

Estas estrategias se articulan constituyendo la máscara
con la que nos enfrentamos a la vida, que alienta determinados aspectos y rechaza otros. A esa máscara la llamamos carácter. Ya hemos dicho que el hombre no nace "acabado" ni
física ni psicológicamente. Necesita de ese tejido social, que
proporciona la familia, para terminar de construirse. Por eso,
en nuestro "acabado" no aparecen sólo las características ge-

néticas, sino también las que se generan en la adaptación a este entramado.

El periodo en que el hombre necesita el apoyo del entorno es muy largo: es el ser que nace más desvalido. Tarda mucho tiempo en lograr la maduración y la autonomía. Esto nos hace muy frágiles y, al mismo tiempo, muy plásticos, nos da una capacidad de desarrollo que no tienen otros animales.

El proceso de maduración de la personalidad es adaptativo e implica una aceptación, por parte del yo, del "principio de la realidad" por el cual el yo renuncia a la obtención inmediata de placer, característica del mundo instintivo. Esa capacidad de renuncia, de adaptarse a la realidad es la que hace posible la evolución, pues es la que le da al hombre la capacidad de manejar el "medio" ambiente en que se mueve. Para Freud es lo que le da al hombre la posibilidad y la capacidad de crear cultura.

Según Scheller, el desarrollo del animal es puro crecimiento lineal; los animales no tienen capacidad de modificar el medio, de hacer ningún tipo de manipulación aloplástica, porque no pueden objetivar el mundo en que viven, sólo pueden hacer una modificación adaptativa interna, autoplástica, a menudo tan lenta que ha hecho desaparecer muchas especies de la Tierra cuando el entorno ha cambiado demasiado.

El hombre sí tiene esas dos capacidades, la de modificarse internamente para adaptarse a un entorno cambiante (autoplástica) y la de manipular y modificar el medio para seguir subsistiendo en él (aloplástica) Esta plasticidad, característicamente humana, es tanto mayor cuanto más alto sea el nivel evolutivo de la personalidad. Ambas capacidades son funciones del yo en sus tres dimensiones, física, emocional e intelectual: cuanto mayor sea el desarrollo corporal-instintivo, menores serán sus límites físicos y mayor plasticidad tendrán nuestros instintos; cuanto más equilibrado es el desarrollo emocional, más posibilidades tiene el hombre de afrontar las situaciones de una manera nueva, creativa, apoyándose en su función autoplástica con seguridad y confianza, y cuanto mayor sea el desarrollo intelectual, mejor será el manejo del mundo a fin de convertirlo en un medio adecuado para la vida.

Pero la situación de desvalimiento inicial, que deja abierto tan amplio margen de desarrollo potencial, explica la intensidad de la angustia en el ser humano. La madre tiene la función de calmar esa angustia con, lo que Winnicott llama, su "sostén" y su "preocupación maternal primaria" que permite conectar con las necesidades del bebé y cubrirlas. Por bien que desarrolle su función, no es fácil que libere al bebé de las angustias básicas: angustias de desintegración (porque aún no está integrado), de fragmentación, de impotencia (no puede subsistir sin el yo auxiliar que le ofrece la madre), de estar aislado y solo en un mundo potencialmente hostil. Las funciones de la urdimbre de las que nos habla Rof Carballo tienen como principal misión calmar estas angustias, consiguiendo integrarnos, vincularnos, liberarnos y pactar con la realidad. Es muy fácil que en alguno de estos aspectos se hayan producido fallos.

La angustia básica (y la función materna insuficiente) no permite desarrollar un grado de "confianza en sí" que facilite el desarrollo natural de la esencia. Para que la confianza básica crezca permitiendo el desarrollo del ser, el niño necesita cariño, cuidado, protección, orden… provenientes del exterior. Cuanto menos se den estas condiciones, cuanto menos facilitador sea el ambiente, más necesaria es la protección buscada en el falso *self* y más rígido el sistema defensivo.

El falso *self*, para Winnicott, tiene como función esencial proteger al verdadero yo para que el ambiente hostil no logre destruirlo, pero esta solución, primitivamente encontrada, conduce a un desarrollo unilateral, no íntegro de la personalidad. Comienza lo que Horney llama "la enajenación" de sí mismo. El mayor o menor grado de enajenación de sí, necesario para sobrevivir, va a depender de las circunstancias de la relación con la madre y de la presión de las angustias básicas.

La aceptación parental proporciona una seguridad que adquiere un valor máximo para la supervivencia; para calmar la angustia, se renuncia a los sentimientos y deseos genuinos, siguiendo las demandas del entorno familiar.

Todo este proceso de adaptación no ocurre de una vez, sino a lo largo de todo el periodo evolutivo de la infancia. Los psicoanalistas, en general, dan mucha importancia a cuándo adquiere el yo sus cualidades caracteriales, planteamiento evolutivo que tiene primordial interés para Abraham, Reich y Alexander Lowen, pero que no se contempla en el planteamiento del eneagrama, donde se destaca más la importancia del cómo que la del cuándo.

En cualquier caso, alrededor de los siete años –según algunos, incluso antes– ya aparece constituido el carácter y encontrada la estrategia adaptativa que va a mantenerse a lo largo de la vida, aunque, a veces, la adolescencia permita un giro. Y, alrededor de los siete años, si nos paramos a analizar el desarrollo intelectual del niño, vemos que es aún muy precario. El desarrollo del lenguaje, a esta edad, puede hacernos creer que el niño piensa como un adulto, pero la realidad es que sus recursos intelectuales no son los del adulto. Una experiencia muy significativa en este sentido es la aplicación de tests de inteligencia, que nos muestran lo limitada que es todavía la capacidad de comprensión y razonamiento, con respuestas muy divertidas para la óptica de un adulto. Valga como ejemplo el que un niño de esta edad no sabe cuál es la diferencia entre un niño y un enano. Es lógico pensar que si el carácter se constituye en esta edad y con estas herramientas, en la vida adulta nos resulte un poco limitador.

En Horney, el proceso de enajenación del yo supone, además, una idealización de la solución personal encontrada para el conflicto básico, idealización que se cristaliza en torno a una autoimagen que cada persona construye con sus experiencias, fantasías, necesidades y facultades. Cuando un individuo se identifica con esa imagen, ésta se convierte en el yo idealizado, más real que el verdadero, es lo que «yo podría y debería ser». Retira su interés de sí y cae en lo que –citando a Sorën Kierkegaard– llama «la desesperación de no querer ser uno mismo». Parece como si, desde la identificación idealizadora con lo que los otros esperan, llegáramos a esperar lo mismo, a valorar y rechazar distintos aspectos en función de un canon externo que se ha convertido en interno.

Esta solución presupone la alienación de sí. La clave de la alienación es la pérdida de contacto con el núcleo de la existencia psíquica. La alienación de sí sería como el lado negativo de la creación del falso *self*, que se produce a partir de los sentimientos de angustia, con los que nadie puede funcionar. La angustia inconcebible (Winnicott) conlleva la tentativa automática de resolverla, de aliviar la tensión y prevenir los terrores a través de la creación del falso *self*. Una vez que esto se ha producido es necesario exiliar a nuestro verdadero yo: no reconocer el verdadero yo está dictado por intereses de autoprotección. Este proceso de autoprotección tiene que ocultar (y lo hace de forma inconsciente) lo que de verdad uno es, siente, quiere y cree.

El individuo se ve obligado a expresarse desde su falso *self*, convertido en yo idealizado. La energía necesaria para dar realidad a esta imagen resta fuerzas al verdadero yo. El ser real no concuerda con esa imagen, tiene que vivir en dos mundos y constantemente se ve enfrentado a discrepancias dolorosas.

ENEAGRAMA

El eneagrama es un mapa que describe la personalidad según nueve tipos de caracteres. Proviene de una antigua enseñanza sufí, recogida por Gurdjieff y que ha llegado hasta nosotros gracias a Claudio Naranjo, que la recibió a su vez de Óscar Ichazo. Muchas de las cosas básicas que plantea no resultan novedosas en la actualidad, sobre todo lo que se refiere a la constitución del carácter, pero cuando Gurdjieff introduce estas teorías en Europa, lo hace en paralelo con Freud, sin que las doctrinas psicoanalíticas hayan adquirido aún la expansión posterior. A menudo habla de las mismas cosas con términos no psicoanalíticos.

El trabajo psicológico con el eneagrama (protoanálisis, según el término acuñado por Ichazo) es el del descubrimiento del ser condicionado (personalidad, ego, carácter, falso *self*…) con el que nos identificamos. El trabajo espiritual tiene que ver con la apertura de conciencia que este desvelamiento del carácter produce y que supone el primer paso para permitir el desarrollo de nuestra esencia (verdadero ser, *self* auténtico…).

Parte del supuesto de que en cada persona hay un "rasgo fundamental" que entraña una estructura típica, una raíz en torno a la que se anuda la personalidad, que se constituye como un carácter.

El aspecto emocional del carácter lo constituyen las pasiones, en cada carácter encontramos una "pasión dominante"; el aspecto cognitivo lo constituyen las fijaciones, la visión del mundo correspondiente a esa pasión dominante. A cada pasión le corresponde una fijación. La pasión es un estado emocional que termina racionalizándose, elaborando una visión de sí mismo y de la realidad que denominamos fijación. La pasión dominante es el rasgo principal que da nombre al carácter, pero no podemos olvidar que el rasgo está compuesto por la pasión y la fijación, indisolublemente unidas.

Jean-Paul Sartre considera que cada emoción representa un medio diferente de eludir una dificultad. Define la conducta emocional como un sistema organizado de medios que tiende hacia una meta, sistema al que se recurre para disimular, sustituir o rechazar una conducta que no se puede o no se quiere mantener. Se produce cuando no vislumbramos caminos y, sin embargo, tenemos que actuar. Desde la imposibilidad de hallar una solución al problema que nos plantea el mundo, tratamos de cambiarlo mágicamente. La emoción supone una transformación del mundo. En la emoción, el cuerpo transforma sus relaciones con el mundo para que el mundo cambie sus cualidades. La emoción transforma también el cuerpo, para aprehender ese mundo y, al mismo tiempo, oscurece la conciencia. Por eso la conducta emocional no es efectiva, no se propone actuar sobre el objeto o la situación, sino que trata de conferirle otra cualidad.

En el origen de la emoción hay una degradación espontánea de la conciencia frente al mundo, pues trata de aprehender de otra manera lo que no puede soportar, sin tener conciencia de su oscurecimiento, ni de que la finalidad de esa degradación sea librarse del mundo.

La reflexión, dirigida a la conciencia emotiva, tiene algo de cómplice que acepta la interpretación emocional del mundo, motivada por el objeto. Por ejemplo no vemos que algo «me parece odioso porque estoy furioso» sino que «estoy furioso porque es odioso». A partir de esa reflexión, que supone una creencia, la emoción va a convertirse en pasión. Es un juego en el que creemos, que resuelve el conflicto y suprime la tensión, la angustia.

La verdadera emoción va unida a la creencia. La emoción es padecida (*pasión*), no puede uno librarse de ella a su antojo, no podemos detenerla; los fenómenos fisiológicos que la acompañan representan lo serio de la emoción. «La emoción es el comportamiento de un cuerpo que se halla en un determinado estado». Toda la variedad de emociones viene a constituir un mundo mágico, utilizando nuestro cuerpo como «elemento de conjuro».

La conciencia de la emoción está cautiva de sí misma porque no se limita a proyectar significaciones afectivas sobre el mundo que la rodea, sino que vive en el mundo nuevo que acaba de crear y cae en su propia trampa, se ve atrapada en su propia creencia, no la domina porque se dedica a vivirla. Y como vive en un mundo mágico tiende a perpetuar ese mundo del que se siente cautiva, y así la propia emoción se perpetúa. También lo hacen las cualidades que confiere al mundo, pues se las confiere para siempre, de forma que a través de la emoción se nos aparece una cualidad aplastante y definitiva del objeto que es lo que rebasa y mantiene nuestra emoción a fin de configurarlo bajo una luz emocional.

Hemos elegido este planteamiento de Sartre sobre la pasión porque se ajusta y expresa de una forma precisa el concepto de "rasgo" que utilizamos en el eneagrama, aunque separemos, para analizarlos, los dos aspectos de emoción y creencia. Por eso, también es la pasión la que define el "rasgo principal" porque supone ya este interjuego de emoción y creencia.

Cada persona se "especializa" en una pasión, que será su "pasión dominante", su escapatoria particular, su trampa para eludir la dificultad de la realidad. Hay una pasión dominante en cada uno de nosotros. La pasión dominante se origina en una disposición emocional hiperdesarrollada que motiva gran parte de la conducta. Esa disposición emocional podría ser la parte biológica o genética que se desarrollará en función del ambiente y creará una determinada visión del mundo, con componentes biográficos y biológicos.

Con respecto a lo instintivo, esta visión del carácter considera la vida de cada individuo como una trama de tres instintos: autoconservación, sexual y gregario o social, en la que uno de los tres llega a ser predominante.

En cada carácter hay que tener en cuenta dos factores: la estructura fundamental –emocional (pasión) y cognitiva (fijación)– y la faceta instintiva predominante. El instinto predominante genera tres subtipos dentro de cada uno de los nueve "rasgos principales".

La pasión dominante no sólo condiciona la visión del mundo, también invade lo instintivo. El desequilibrio instintivo se explica como una invasión de la pasión: el instinto que debería ser libre, se "apasiona", la pasión lo contamina, centrándose su contaminación específicamente en uno de los tres instintos considerados, sin dejar, por otra parte, a ninguno de los tres libre de su influencia.

El eneagrama parte de la idea de que todos tenemos una naturaleza básica que es cualitativamente distinta de nuestra personalidad adquirida. La tarea es recuperar esa naturaleza básica, nuestra esencia. La personalidad adquirida se desarrolla porque debemos sobrevivir en el mundo físico y el ambiente no favorece el despliegue de nuestro ser esencial. Para protegernos del mundo y defender nuestra esencia construimos un "falso *self*". La propuesta de trabajo es deshacer el camino buscando el descubrimiento de nuestra esencia.

Sin embargo, el estudio y la práctica del eneagrama pueden convertirse en un arma de doble filo. Debemos identificarnos con un tipo de personalidad, pero al mismo tiempo debemos protegernos del peligro de una identificación masiva, que nos condicione la lectura de cualquier experiencia vital desde la estereotipia del carácter y nos atrape en una trampa, en la trampa de etiquetar según la información recibida, tanto nuestra propia experiencia como la visión del otro. No podemos olvidar que nadie puede identificarse al cien por cien con un constructo establecido basándose en generalizaciones. Si intentamos calzar todos los aspectos que se describen en cada rasgo, nos convertimos en modelos poco reales. Respecto a nosotros mismos, condiciona nuestra percepción, reduce nuestra espontaneidad y banaliza nuestro mundo emocional, dejándonos llevar por una fantasía que nos identifica con la máscara "modelo", en lugar de acercarnos a nuestra esencia. Esto es especialmente notorio cuando el diagnóstico del rasgo no es el correcto. Con respecto a los demás, el riesgo es que podemos caer en la tentación de tipificarlos y tratarlos como a una caricatura de ellos mismos. Por eso, en las escuelas esotéricas el rasgo se revelaba lentamente, con cuidado.

Si lo utilizamos, en cambio, como una herramienta de autoobservación y observación del otro, nos permite ver de otra forma nuestro mundo interno y nuestras relaciones. Cuando se llega a comprender que cada uno de los nueve tipos ve el mundo de una manera tan distinta y podemos escuchar y tratar de contemplar el mundo desde el punto de vista de otros tipos, desaparece gran parte del sufrimiento que experimentamos en nuestras relaciones, pues este sufrimiento es, a menudo, fruto del hecho de estar ciegos a otros puntos de vista que no sean los nuestros. Entendemos que cada tipo, incluidos nosotros, estamos limitados por prejuicios.

No se trata de que el trabajo con el eneagrama sea un camino de rosas que nos va a llevar al descubrimiento del tesoro que enterramos en nuestra niñez y a ser felices para siempre. Si fue la angustia frente a la realidad interna y externa la que nos llevó a construir todo este montaje y a mantenerlo, volver a desmontarlo nos conducirá a enfrentarnos de nuevo con la angustia y con la realidad tal como es, precisamente lo que hemos puesto tanto empeño en evitar.

Si localizamos nuestro rasgo principal, podemos observar cómo el hábito ha tomado el control de nuestras vidas y cómo nuestra visión prejuiciada del mundo se confirma manteniendo nuestra forma de mirarlo, pero eso no quiere decir que nos vaya a gustar lo que descubrimos. No obstante, una vez que iniciamos este camino es difícil volver atrás y escapar a la llamada de la conciencia que nos abre a una comprensión distinta de la vida y lo humano.

El rasgo principal es un indicador de la ausencia de ser, de aquel aspecto particular que nos hace sufrir e intentamos eliminar. Pero la alienación del ser se ve acompañada por el deseo de encontrar la verdadera naturaleza. Por ello es nuestra carencia la que nos indica el camino de la esencia, es nuestro rasgo el que nos conduce a nuestro ser.

Una vez formado el carácter perdemos la capacidad esencial de la niñez para ver el mundo como realmente es y nuestra atención se centra, selectivamente, en la información que mantiene nuestra cosmovisión. Vemos lo que queremos ver y olvidamos el resto. Por este motivo, la autoobservación se convierte en una práctica básica. El hecho de observar los hábitos ayuda a hacerlos menos compulsivos y automáticos. Empieza un proceso en el que nos podemos desidentificar de nuestros hábitos de acción, pensamiento y sentimiento. La autoobservación es vital para reconocer el propio tipo de personalidad.

El principal obstáculo al autoconocimiento del tipo se encuentra en lo que Gurdjieff llamaba amortiguadores o topes. Pensaba que escondíamos nuestros rasgos de carácter negativos mediante un complejo sistema de amortiguadores internos, que, en lenguaje psicológico, corresponden a lo que denominaríamos mecanismos de defensa. Observar los amortiguadores es parte esencial de la tarea de autoobservación. Cada tipo del eneagrama utiliza preferentemente un mecanismo defensivo.

El eneagrama no es un sistema fijo. La estructura del propio mapa, como una estrella de nueve puntas, con flechas que indican las interrelaciones, es un buen indicador de la movilidad del sistema. Helen Palmer sostiene que cada tipo de personalidad presenta, además, tres aspectos: el aspecto predominante que funciona en condiciones normales, el que opera en situaciones de presión, y el que aparece en situaciones de seguridad, libres de tensión. En esta línea, ya Fenichel indicaba que en los casos menos extremos de la constitución del carácter, se puede conservar una relativa elasticidad, de forma que la rigidez se acentúa cuando hay ansiedad y se suaviza ante experiencias de reaseguramiento o placer que permiten a las barreras defensivas aflojarse.

LOS CENTROS: INTELECTUAL, EMOCIONAL E INSTINTIVO-MOTOR

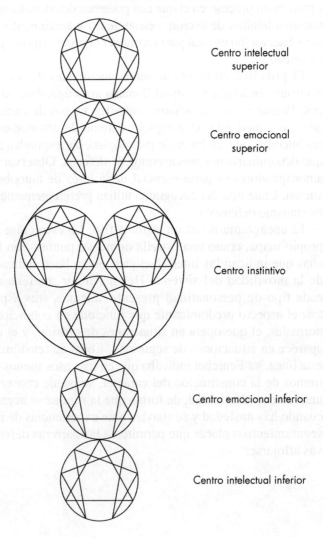

Centro intelectual
superior

Centro emocional
superior

Centro instintivo

Centro emocional
inferior

Centro intelectual
inferior

En la descripción de la estructura psicológica del ser humano, Gurdjieff plantea la existencia de cinco centros:

- *intelectual inferior,* al que corresponden las *fijaciones.*
- *emocional inferior,* al que pertenecen las *pasiones.*
- *instintivo-motor,* donde sitúa los *instintos.*
- *emocional superior,* que es el ámbito de las *Virtudes.*
- *intelectual superior,* que permite el acceso a las *Ideas Santas.*

Los centros superiores se refieren a los aspectos espirituales, mientras que los inferiores son aquellos con los que nos manejamos en la vida cotidiana. A veces, la vida puede transcurrir sin que la persona se preocupe por tener acceso a esos centros superiores. Lógicamente contactar con ellos no es necesario para vivir.

Pero también hay otras personas que se plantean quiénes son, cómo descifrar lo que les ocurre, cómo ampliar el espacio de consciencia. Y, para ellos, el eneagrama puede ser muy útil, no sólo como herramienta para hacer «consciente lo inconsciente» (Freud), sino también para desvelar los engaños, las creencias erróneas sobre las que construimos nuestras actitudes. Y porque desde la perspectiva de los centros superiores se ofrece una posibilidad de una visión del ser humano que incluye su dimensión espiritual.

Maurice Nicoll (a cuya obra nos estamos refiriendo siempre que hablamos de Gurdjieff) dice que el Trabajo, para Gurdjieff, es una preparación de los centros inferiores, en los que habitualmente nos movemos, para abrirnos a los centros superiores, con los que no solemos estar en contacto.

El contacto con los centros superiores se alcanza por medio del desarrollo de la dimensión espiritual, de la liberación de la conciencia de los velos que limitan nuestra mirada, no de la realización de las ambiciones de la vida. Este contacto no se realiza de golpe. Cuando así ocurre, puede experimentarse una experiencia de alteración de la conciencia o incluso atravesar un estado cuasi psicótico. Es necesaria una preparación porque, tal como somos, si se produjera un influjo súbito de los centros superiores, no podríamos elaborarlo. Sostiene que una autorregulación "misericordiosa" no permite que, habitualmente, el hombre perciba más de lo que puede soportar.

Los diferentes centros representan diferentes clases de mente. Los hombres creen que sólo tienen una mente que puede ocuparse de todo, idea ligada a la ilusión de que el hombre es uno, una unidad que tiene una voluntad y un yo permanente. Por eso se produce el desconcierto cuando nos encontramos con actitudes o conductas que se repiten al margen de nuestra voluntad, cuando nuestro propósito de no volver a repetirlas, por muy firme que sea, no sirve de mucho. Frente a esto, Gurdjieff cree que existen en el hombre diferentes y contradictorios "yoes" que se hacen cargo de la persona en diferentes momentos. Estos "yoes" son como las voces de los distintos centros, que pueden entrar en conflicto cuando no están armonizados o cuando trabajan equivocadamente. Sostiene que mientras el hombre se aferra a la idea de que es "uno", no puede mirar esas distintas voces, ni tratar de ponerlas en armonía. Como primer paso para llegar al ser verdadero, ha de reconocer, equilibrar y poner en armonía estos tres centros. Ésta es también la vía que le permitirá el acceso a la consciencia, al aspecto espiritual.

Los centros superiores tratan continuamente de expresarse, pero no podemos oírlos. Con el fin de lograrlo necesitamos un nuevo lenguaje y nuevas maneras de pensar. El trabajo psicológico que él propone es una preparación de los centros inferiores para la recepción de los centros superiores. Hemos de trabajar, en especial, sobre el centro emocional, con toda su carga de emociones "negativas" (así las llama él, para nosotros es mejor el término "condicionadas") adquiridas en el contacto con la vida, a las que nos aferramos y que contaminan los otros centros. Dice que si el centro intelectual permanece bajo el hechizo del mundo sensorial y no tiene ideas nuevas y el centro emocional se queda bajo el poder del amor propio y la autoconmiseración, no habrá ninguna posibilidad de alcanzar esta meta.

Veamos primero los centros inferiores. Gurdjieff dice que hay tres personas diferentes en cada hombre: el hombre intelectual, el hombre emocional y el hombre instintivo-motor. (También Freud habla de un yo físico, un yo emocional y un yo intelectual.) Cuando no existe armonía entre los centros, un hombre piensa que es una cosa, siente que es otra y percibe por sus sentidos que es una tercera cosa; sus actos no suelen estar en coherencia con lo que siente o con lo que piensa. Sus sensaciones y sus acciones, que pertenecen al centro instintivo, son diferentes de sus sentimientos, que pertenecen al centro emocional, y de sus pensamientos, que pertenecen al centro intelectual.

Cada centro inferior (salvo el instintivo-motor) se subdivide en dos partes, una positiva y otra negativa. Cada una de estas partes se subdividen, a su vez, en tres que representan en cada centro a la parte intelectual, emocional o motora del mismo centro.

La parte instintiva-motora de cualquier centro es la más mecánica, y es en esas divisiones mecánicas de los centros donde, por regla general, nos pasamos la vida, porque no requieren atención alguna. Esto hace que sea especialmente difícil aceptar nuevas ideas o adaptarse a nuevas condiciones, porque desde la parte motora de los centros sólo sabemos repetir de una manera mecánica lo que conocemos. Para llegar a las divisiones superiores de los centros hace falta un esfuerzo de atención que nos sitúa en las partes más conscientes de nuestros centros, desde las cuales se puede acceder a los centros superiores.

Distingue tres clases de atención:

- la atención cero, que caracteriza a las divisiones mecánicas de los centros (parte mecánica).
- la atención que no requiere esfuerzo, sino que es atraída (parte emocional).
- la atención que debe ser dirigida por el esfuerzo y la voluntad (parte intelectual).

La parte mecánica del centro intelectual, por ejemplo, tiene como función registrar los recuerdos, impresiones y asociaciones, y si se usara correctamente, esto es lo que debe hacer. Nunca debería contestar a las preguntas dirigidas al centro entero, ni decidir nada importante. Sin embargo, la división mecánica del centro intelectual está continuamente contestando preguntas o tomando decisiones. Contesta automáticamente y dice lo que está acostumbrada a decir, como una máquina. Funciona con el nivel de atención cero.

La parte emocional del centro intelectual produce el deseo de conocer. El trabajo de esta parte requiere plena atención, pero no exige esfuerzo, porque la atención es atraída y mantenida por el tema en sí. Funciona con el segundo nivel de atención.

La parte intelectual del centro intelectual incluye la capacidad de creación, de ver las relaciones, de encontrar nuevos métodos... No puede trabajar sin una atención dirigida, que debe ser controlada y mantenida por un esfuerzo de la voluntad. Por lo general evitamos hacer el trabajo que corresponde a esta parte del centro.

Cuando habla del trabajo equivocado de los centros no se refiere sólo a utilizar un centro en lugar de otro, sino también a usar la parte incorrecta de un centro para hacer algo en un momento dado. Cada centro tiene su lugar y cada parte de los centros su función.

Compara nuestros yoes mecánicos, los que se mueven en las partes mecánicas de cada centro, con campesinos que no pueden cambiar porque desconfían de todo lo nuevo. Por otra parte, son muy útiles en la vida ordinaria si se mantienen en su lugar correcto y se ocupan de lo que les corresponde.

El hombre equilibrado desarrolla, hasta cierto punto, todas las partes de todos los centros. Esto distribuye su energía y confiere armonía a la vida psíquica. La máquina humana está construida de modo que, en un momento de urgente necesidad, una parte pueda realizar el trabajo de otra durante algún tiempo. Esta posibilidad, que supone una gran ventaja evolutiva, tiene el inconveniente de dar ocasión al trabajo equivocado de los centros.

El paso previo para establecer la conexión de los centros superiores con los inferiores es corregir ese trabajo equivocado. Es lo que va a permitir sintonizar con los centros superiores, a los que no podemos oír si los centros inferiores no están desarrollados. El trabajo que propone ha de empezar por el centro emocional, porque, cuando funciona desde la parte mecánica, bloquea el contacto con los centros superiores. Por eso nos centramos, en primer lugar, en el trabajo con el eneagrama, en la observación de la pasión y en la forma en que condiciona nuestra visión del mundo.

La verdad de los centros superiores sólo puede ser escuchada por medio de una intuición interior, que resulta de la autoobservación. La mente natural externa (que corresponde a los centros inferiores) piensa según la evidencia de los sentidos, es literal; la mente interna (que corresponde a los centros superiores) piensa de distinta manera y habla un lenguaje diferente, que nos permite no estar "incrustados" en nuestras circunstancias.

Según esta visión, el hombre tiene dos lados: interior y exterior. El lado exterior pertenece a su mente externa, está bajo el vaivén de los sentidos y es la sede de la mente sensual; el lado interior pertenece a su mente espiritual. Los dos lados, interior y exterior, de cada centro están en oposición hasta que aparece un intermediario, una tercera fuerza que participa tanto de la mente externa como de la interna y puede mirar a ambos lados. Esta tercera fuerza es el trabajo sobre sí que le permite comprender que tiene dos lados, uno vuelto hacia la vida que ha de realizar y otro vuelto hacia los centros superiores.

La conjunción de las divisiones exteriores e interiores de los centros sólo puede hacerse mediante una fuerte división media que pueda mirar en ambas direcciones y comprender la verdad de un nivel inferior y la verdad de un nivel superior sin contemplarlas como contradicciones, que permita no confundir la verdad científica con la verdad espiritual, ver al mismo tiempo los sentidos y la mente de los sentidos con sus significados y verdades, y ver la mente suprasensual que tiene significados y verdades de otro orden.

LA OBSERVACIÓN DE SÍ:
LAS CONDUCTAS HABITUALES,
LAS ALTERACIONES EMOCIONALES,
LO IMAGINATIVO

El hombre ha conseguido cambiar el mundo gracias al conocimiento científico y ha creído que éste también podía cambiarlo a él. Pero el conocimiento científico no es lo que cambia al hombre: la observación de sí, cuando se lleva a cabo de una manera correcta, seria y constante es la herramienta que permite el cambio.

Para Gurdjieff, la observación de sí es un acto de atención consciente, activo y dirigido hacia adentro. No es equivalente a conocer ni a pensar. Conocer no requiere atención; en cuanto a pensar, se puede pensar mucho acerca de sí y no "observarse" nada.

Para llevar a cabo la observación es necesario dividirse en dos: un observante y un observado. No se puede observar un estado cuando uno mismo "es" el estado que habría que observar. Un hombre debe observar todo lo que ocurre en su mundo interno y en sus interrelaciones, sus pensamientos, sus emociones, sus acciones, sus fantasías, como si no fuera él.

Una de las cosas más interesantes de la observación de sí es darse cuenta de que cuando nos ponemos en contacto con la vida lo hacemos con actitudes que nos han sido inculcadas. Liberarse de esta manera adquirida de tomarse la vida requiere una mirada al interior –no una vez, sino miles– para ver a esa persona adquirida que llamamos "yo". Casi todos estamos convencidos de que nuestros puntos de vista, nuestra manera de tomar las cosas son los correctos. El trabajo con la autoobsevación disuelve este «terrible engreimiento» (el sistema del orgullo del que habla Horney) que se funda en «imágenes, actitudes y topes»; el trabajo quebranta esa «enloquecedora autoimagen» tan profundamente arraigada y de la que somos esclavos.

La división en observante y observador es muy importante. Si a todo lo que nos sucede le decimos "yo", si uno se identifica con cada aspecto o actitud que observa en sí mismo, nada cambia. Es necesario llegar a percibir que "esto no soy yo". Compara el instrumento de la observación de sí con un cuchillo que extirpa lo que no es nosotros y permite que se pueda llegar a ser. Pero no es "alienación" o negación de aspectos de nuestro ser, sino liberación de los condicionamientos y de la autoimagen.

La observación de sí no se obtiene a través de los sentidos, como ocurre en la observación del mundo. No poseemos ningún instrumento para la introspección, ningún órgano sensorial que pueda ser volcado interiormente y por cuyo medio sea tan fácil observarse como se observa una mesa. Ésta es una de las grandes dificultades. Además, de la misma manera que los sentidos cometen errores y que existen engaños perceptivos, no tenemos ninguna garantía de que no haya engaños en la percepción interior, en la introspección, sobre todo si tenemos en cuenta los condicionamientos que nos hacen vernos de determinada manera y los límites que impone el sistema del orgullo, que se ciega ante lo que no desea ver.

La observación de sí debe empezar a través de los sentidos, en el plano de lo observable, pero no debe permanecer en el ámbito de los sentidos. Es preciso efectuar una separación entre dos órdenes diferentes de realidad: la visible que penetra por los sentidos, que corresponde al mundo externo, y la del mundo interno, invisible, que ninguno de los sentidos encuentra y que los demás no pueden ver: pensamientos, sentimientos, sensaciones, temores, esperanzas, desengaños, alegrías, deseos y pesares.

Gurdjieff habla de la observación de los diferentes yoes en nosotros, de los yoes suspicaces, envidiosos o desconfiados. Creemos que esto puede responder a la observación de las distintas pasiones en cada uno de nosotros, tarea que consideramos muy importante. Pero hemos preferido en este apartado, para sistematizar de alguna manera el terreno de la observación de sí, seguir el planteamiento descriptivo de Horney que lo divide en: las conductas habituales (en correspondencia con el centro motor), las alteraciones emocionales (centro emocional) y el mundo imaginativo (centro intelectual).

Las conductas habituales: elementos compulsivos, reacciones a la frustración

Tratamos de observar nuestra conducta y distinguir en ella los elementos compulsivos, aquello que nos vemos impulsados a hacer. A menudo es difícil establecer la diferencia entre lo que queremos hacer y aquello que nos vemos impulsados a hacer. Todos los elementos compulsivos nos indican que nos estamos alejando de nuestro verdadero yo, de nuestros deseos espontáneos. La diferencia entre lo espontáneo y lo compulsivo podemos verla como la diferencia entre "yo quiero" y "no tengo más remedio que". Como no nos damos cuenta de la diferencia entre querer y ser impulsado, conviene establecer un criterio para distinguirlos: cuando uno se ve "impulsado" hace las cosas con un completo desdén de sus genuinos intereses, y siempre que los intereses reales y la verdad tienen poca importancia a la hora de actuar, nos estamos moviendo en el terreno de lo compulsivo. Dentro de ello encajan todas las conductas repetitivas que, con frecuencia, sabemos que nos dañan, pero que sentimos que no podemos cambiar porque "somos así". La tarea de la observación de sí, no es, en principio, cambiarlas sino verlas, entender su dinámica y saber que no son Yo. Un buen material para este trabajo lo ofrecen los hábitos.

La naturaleza compulsiva de una tendencia se manifiesta con bastante claridad en las reacciones a su frustración. Siempre que nos encontremos con una reacción exagerada a una frustración de cualquier tipo hemos de pensar en los elementos compulsivos que sostenían el deseo frustrado.

Las alteraciones emocionales:
las emociones negativas y las exigencias neuróticas

El Trabajo de Gurdjieff habla de luchar contra las emociones negativas, que se asientan en la parte negativa del centro emocional, adquirida tempranamente en la vida. Llama emociones negativas a las distintas formas de justificación, los celos, la antipatía, el odio, la vanidad, la mentira, la autocompasión, etcétera.

Cada vez que la parte negativa adquirida actúa, el centro funciona equivocadamente. El centro emocional rara vez trabaja de forma correcta, porque las emociones negativas llegan a gobernar la vida y nos aferramos a ellas.

Las emociones negativas se adquieren por una especie de contagio. El niño aprende por imitación. Entre otras muchas cosas imita las emociones negativas de los adultos que le rodean, es decir, las expresiones faciales, las entonaciones, las palabras que dan salida a los estados negativos y así, gradualmente, empieza a sentir lo que representan. De este modo, los sentimientos negativos de los mayores se comunican al niño, y después de un tiempo, el niño empieza a mostrar emociones negativas, a enfurruñarse, amargarse, quejarse y autocompadecerse, siguiendo una cadena de causa-efecto difícil de cortar. Lo único que puede romperla es que el hombre perciba y comprenda cuáles son las emociones negativas, desde la más profunda e individual percepción.

Sólo cuando es así podemos modificar las emociones negativas, en cambio cuando tratamos de hacerlo desde la falsa personalidad, desde la persona imaginaria que creemos ser, y lo hacemos por motivaciones externas, por tratar de gustar, por imitación, por miedo o por cierto engreimiento, las emociones negativas se quedan en el mismo lugar, únicamente adoptan otra forma.

Una parte necesaria del trabajo es ver en uno mismo, por una observación sincera, cómo se aferra el yo a las emociones negativas con una mano, mientras con la otra intenta liberarse. Si logramos ponernos en contacto con la conciencia más profunda, sabremos que todos los estados negativos nos envenenan.

Las emociones negativas son muy poderosas: crecen por sí mismas, creando nuevas emociones negativas, mucho después de haber desaparecido la causa.

Es preciso que la persona vea, por medio de la atención interna, sus propias emociones negativas y la identificación establecida con ellas como una fuerza invisible que nos ata y se mezcla en todo cuanto hacemos.

Hay una serie de esfuerzos de atención que nos tornan más conscientes, como vigilar un estado sin identificarnos con él, ver lo que nos hizo negativos, recordar, rememorar y retroceder en el tiempo a similares ocasiones previas. Aunque nos imaginemos que nos conocemos muy bien, esto suele ser pura imaginación, contra la que hemos de luchar, mejorando lo defectuoso de nuestra visión, registrando los aspectos desagradables y rechazados de nuestra personalidad.

Las emociones negativas, a nivel interpersonal, se manifiestan, a veces, como exigencias. Horney las llama exigencias neuróticas que se dirigen a otras personas o a la vida en sí y cuyo contenido, en último término, es que todas las necesidades propias deben ser satisfechas. En muchos casos, estas exigencias se ven claramente como excesivas e incluso fantásticas, pero, en otros, pueden parecer razonables. Un deseo o una necesidad, en sí muy comprensible, se convierte en una exigencia cuando creemos que tenemos derecho a ello y consideramos el que no se cumpla como un delito, como un ataque, como una frustración injusta ante la que nos indignamos. No sólo se dirigen a personas sino también a la vida en sí. Entre las muchas exigencias que podemos tener, Horney observa:

- exigencia de que nadie nos critique ni dude de nosotros.
- exigencia de tener siempre razón.
- exigencia de que nos obedezcan.
- exigencia de poder engañar y manipular sin que nadie nos engañe o nos manipule.
- exigencia de que nos resuelvan los problemas y eviten los conflictos.
- exigencia de mantener la inmunidad, aun cuando hayamos dañado a otros
- exigencia de comprensión.
- exigencia de devoción exclusiva e incondicional, justificada por el amor.
- exigencia de que no nos molesten, que nos dejen en paz.

Una de las cosas que nos ayudan a no identificarnos es aprender a expresar las emociones negativas, dándonos cuenta de la exigencia implícita que se esconde tras ellas Y hacerlo de manera que no sea desagradable o violenta, porque si lo hacemos así, las acrecentamos. Hemos de buscar el modo en que se puedan expresar más conscientemente, sin dañar.

Es importante observar la sutil acción de las emociones negativas en uno mismo. Gurdjieff sostiene que las emociones negativas nos mantienen en una prisión, hecha de estados negativos, que sólo se puede disolver mediante la autoobservación. Cuando una persona es negativa se llena de mentiras. Llama mentiras a las conexiones equivocadas que se producen internamente. En general, nos cuesta verlas porque no somos conscientes y tampoco queremos serlo. Pero cuando no admitimos una cosa a la plena luz de la conciencia, sino que la ocultamos, esta cosa retiene su poder "secreto" sobre nosotros. Por eso es necesario observarse honradamente, prescindiendo del bonito retrato que nos hace el narcisismo. Si hemos desdoblado nuestra conciencia, podremos observar la emoción sin identificarnos.

Cuando una persona ve cómo mienten las emociones negativas, cabe la posibilidad de tener una base para que se organice algo nuevo dentro de ella. Por tanto, es preciso observar qué sucede cuando se es negativo, darse cuenta de qué modo todo en uno se conecta equivocadamente. No se puede esperar establecer relaciones correctas con los otros si nos dejamos gobernar por las emociones negativas, ni tampoco podemos ponernos en contacto con nuestros centros superiores si no nos enfrentamos con nuestras emociones negativas con la fuerza que nos proporciona una nueva visión del mundo.

Sostiene que es preciso hacerlo así porque no es fácil renunciar a las emociones negativas, que son causa de nuestro sufrimiento. La atracción ejercida por lo que se sabe que nos hará desdichados sólo puede ser explicada si nos tomamos como uno, como unidad, olvidando la multitud de yoes. Debido a que nos tomamos como uno, nos atribuimos todo lo que nos ocurre, las emociones negativas, los pensamientos, ideas, estados de ánimo, recuerdos, sentimientos, sensaciones, depresiones...

El hombre debe sobreponerse a la ilusión de ser uno, debe dividirse en dos partes, una observante y otra observada. Desde la presunción de ser uno, cuando tenemos una emoción negativa nos la atribuimos, le decimos "yo" a esa emoción, nos identificamos con ella y nos tiene bajo su poder. Si hemos desdoblado nuestra conciencia, podemos observar la emoción sin identificarnos.

Es importante ver que todos nuestros estados emocionales tienden a gobernar nuestro pensamiento. Es como si un centro hipnotizara al otro y produjera un trabajo equivocado. Por

eso debemos liberar a nuestro pensamiento de nuestra emoción cuando ésta es negativa.

Lo imaginativo: fantasías, ensueños, creencias

La imaginación desempeña un importante papel de cara a
alejarnos de nuestro yo verdadero. Invade las funciones psí-
quicas y mentales. Los elementos fantásticos nos hacen convertir la realidad en espejismo. La imaginación puede ser
productiva o improductiva, puede acercarnos a nuestra verdad interior o apartarnos de ella, hacer nuestra experiencia
real más pobre o más rica. Cuando la imaginación se pone al
servicio de necesidades neuróticas, absorbe funciones que no
debería tener normalmente.

En la literatura psiquiátrica, las deformaciones imaginati-
vas se conocen por "pensamientos frutos del deseo". Horney
recoge este término, pero se inclina por una acepción más
amplia, que comprendiera no sólo los pensamientos, sino las
observaciones, las creencias y, en especial, los sentimientos
y que tuviera en cuenta que no sólo están determinados por el
deseo sino también por las necesidades. El impacto de las necesidades presta a la imaginación tenacidad y poder y la convierte en prolífica y destructora.

Según ella, la imaginación dota a los ensueños de un carácter grandioso; a veces toman forma de conversaciones
imaginarias en las que los otros quedan avergonzados o im-
presionados; otras tratan de sufrimientos nobles o de verse
sometidos a la degradación. Frecuentemente no son historias elaboradas, sino que más bien desempeñan un acompa-
ñamiento fantástico a la rutina diaria.

En ocasiones, una persona puede vivir constantemente en
dos mundos (lo cual no tiene que ver con el desdoblamiento

necesario para romper la identificación), mientras que otras no tienen apenas vida fantástica.

Los ensueños, importantes y reveladores, no son la obra más dañina de la imaginación, porque la persona se da cuenta de que está imaginando y del carácter irreal de los ensueños. La obra más dañina de la imaginación es la referente a las sutiles y totales deformaciones de la realidad que no se advierten (lo que en el eneagrama llamamos errores de pensamiento o fijaciones). Desde el punto de vista de Horney para dar realidad al yo idealizado o falso *self*, una vez que se ha producido, la persona tiene que llevar a cabo una labor incesante de falsificación de la realidad. Tiene que hacer de sus necesidades virtudes y, además, tiene que cambiar sus creencias o sus sentimientos, en una dinámica muy similar a la que asocia a cada pasión una fijación, dentro del punto de vista del eneagrama.

Gurdjieff, por su parte, nos habla del pensamiento negativo y el pensamiento positivo. El negativo se da cuando el hombre piensa con el lado negativo del centro intelectual, que piensa NO. Esta manera negativa de pensar adopta muchas formas, según las diferentes personas. Las personas pueden tener sistemas bien desarrollados de pensamiento negativo acerca de diferentes cosas que nunca fueron confrontadas, acerca de sí mismas, de otras personas, de la vida, del mundo… Estos sistemas se formaron independientemente del lado positivo del centro intelectual, no están confrontados, no están en pugna con ningún pensamiento opuesto y, a menudo, son el origen de muchos males.

Según su planteamiento, una de las cosas más fáciles de hacer es disentir. Para ello es preciso usar la parte negativa del centro: discutir, desaprobar, denigrar, desacreditar son sus actividades. Cuando un hombre es así trata de destruir todo lo que se le diga. No puede actuar de otra forma. Por otra parte, una persona que sólo piensa con el lado afirmativo nunca llega a aprehender la esencia, nunca llega a ser real para ella su pensamiento porque, al no haber negado, carece de fuerza y comprensión genuina.

Al mismo tiempo sostiene que sin una parte negativa en el centro intelectual sería imposible pensar. Pensar es comparar. La comparación exige una elección entre dos cosas, a una de las cuales se dice sí, y a otra, no. Sería imposible el razonamiento si no hubiera dos poderes paralelos de afirmación y negación. Estas dos partes deberían ser capaces de trabajar juntas, de modo parecido a las dos hojas de unas tijeras, que actúan una contra otra. Es decir, un hombre debería ser capaz de ver lo que afirma así como lo que niega, sea cual fuere su opinión sobre el particular y mantener esos dos aspectos juntos y, entre los dos opuestos, encontrar un sendero para su pensamiento, porque todo pensamiento legítimo lleva a un lugar nuevo en la psique.

El pensamiento genuino requiere un esfuerzo. Cuando el centro intelectual está trabajando en su totalidad, todas las partes, divisiones y subdivisiones, se ubican en su orden exacto y desempeñan sus funciones correctas. El centro íntegro rara vez se enciende, pero sólo cuando esto ocurre, el hombre puede responder de manera distinta a influencias de las que antes no tenía conciencia y, así, puede cambiar y transformarse.

Si contemplamos el centro emocional y el intelectual en conjunción, podemos ver sus interferencias. Nuestro aparato intelectual puede aprobar o desaprobar cualquier cosa: es la valoración del centro emocional la que resulta decisiva.

En el centro emocional, todo en la parte negativa trabaja de un modo por completo equivocado. Nicoll toma como ejemplo la sospecha. La sospecha es un estado emocional que no tarda en implicar la parte negativa del centro intelectual y lo lleva a conclusiones negativas. Si la sospecha surge en la parte negativa del centro emocional, hará operar a la parte negativa del centro intelectual, que contribuirá a probar que la sospecha es correcta, siguiendo lo que en terapia sistémica se llama "sistema creencia-percepción autovalidante".

Si pudiéramos "ver" sin las asociaciones mecánicas establecidas en nosotros, veríamos en realidad cómo son las cosas. Esa visión, que caracteriza a la conciencia, se produce cuando logramos integrar los centros, liberados de sus cargas negativas, y podemos recibir la influencia de los centros superiores, meta a la que aspira todo el trabajo de la observación de sí que propone Gurdjieff y que no está muy lejana de los planteamientos fenomenológicos que propugnan el acercamiento intuitivo y directo a la realidad, despojándonos (*epojé*) de toda idea previa.

2. ENEAGRAMA DE LAS PASIONES Y LAS FIJACIONES

Empezaremos nuestro acercamiento al eneagrama con una descripción de las nueve pasiones, según nuestra personal elaboración de la información transmitida, en muchos casos en forma oral, por Naranjo.

Las pasiones reciben en este sistema los mismos nombres que los pecados capitales de la religión católica, aunque la vanidad y el miedo no son recogidas por el catolicismo. Pero todos los términos son utilizados en un sentido diferente del tradicional, como iremos viendo.

Antes de pasar a revisar cada una de las pasiones queremos resaltar que aunque, desde nuestra cultura, algunas pasiones parezcan más "malas" que otras, desde la visión del eneagrama todas son equivalentes en cuanto todas son formas de obstaculizar el crecimiento y contacto con el ser esencial.

Naranjo destaca el triángulo central, al que llama triángulo central de la neurosis, que une los puntos 9-3-6 en una interconexión dinámica. Estos puntos, pereza, vanidad y miedo, representan los tres estados que considera como piedras angulares de todo el edificio emocional.

Cada uno de estos puntos representa un ala en el mapa del eneagrama. El 9 representa el ala instintivo-motora, en la que lo acompañan el 8 y el 1, situados a sus lados. El 3 representa el ala emocional, y 2 y 4 lo acompañan. Y el 6 corresponde al ala intelectual, junto con el 5 y el 7.

Uno de los problemas derivados de las tradiciones orales, transmitidas por maestros, es que no cuestionamos la información transmitida. Sin embargo, aquí nos queremos plantear por qué, si estamos hablando de pasiones y, por tanto, del centro emocional, unas son consideradas emocionales, otras motoras y otras intelectuales. Se nos ocurre que esta subdivisión puede tener que ver con la subdivisión del propio centro emocional, de manera que las pasiones "motoras" tendrían que ver con la parte motora, las emocionales con la emocional y las intelectuales con la parte intelectual del centro emocional. Suposición que se vería reflejada en la necesidad y búsqueda de: "acción" de los rasgos instintivo-motores, de "conocimiento" en los rasgos intelectuales, y de "relación" en los rasgos emocionales.

LAS PASIONES

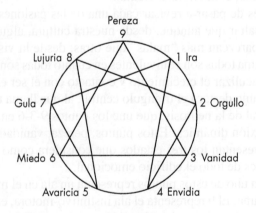

Pasiones

Ira

Es la pasión dominante del eneatipo 1. La ira podemos definirla como una rabia justiciera. Aunque puede expresarse en forma explosiva, y entonces es muy violenta y atemorizante, en general lo hace en forma fría, como un resentimiento soterrado, donde la violencia está contenida y tiene más carga el aspecto justiciero. Aun en los casos en que la expresión de la ira es sólo verbal, y en ocasiones sólo gestual, los demás perciben muy claramente la violencia que hay detrás, negada por el sujeto, que sólo ve su buena intención y no entiende el rechazo que produce.

Solemos asociar la ira a lo explosivo, pero en el caso de la pasión de la ira, aunque la constitución física, o al menos la carga energética, suele ser fuerte, y es fácil pensar que pueden ser sujetos muy peligrosos en la expresión de la violencia, hay un auténtico tabú respecto a dejarse dominar por ella, de manera que no son las personas que más frecuentemente la manifiestan en forma explosiva. A menudo, incluso, encontramos personas que tienden a fantasear con lo destructiva y peligrosa que podría llegar a ser su ira como una forma de evitar expresarla, y cuyo resultado no es la explosividad supuesta sino la contención. Un objetor de conciencia, encarcelado, sostenía que sabía que podía llegar a matar en la violencia de una pelea, pero no podía permitírselo en una guerra, no podía dejar sin control esa violencia. Si bien en la expresión verbal hay siempre una especial dureza, no es así en las explosiones que son similares a los estallidos de violencia de cualquier otro tipo de carácter.

La ira es una pasión dura, que hace referencia a una constante oposición a la realidad (siempre perfectible), más que a las explosiones concretas. La ira se mantiene inconsciente detrás de las conductas animadas por ella. La actitud iracunda puede entenderse como un estar en contra de la realidad inmediata, sea externa o interna, como una desaprobación, un querer eliminar algo inadecuado o incorrecto, que muchas veces se manifiesta como querer mejorarlo, una actitud autoritaria y directiva que se siente impulsada a intervenir y dirigir las vidas de los demás. Las cosas que son consideradas malas o incorrectas se constituyen en una especie de ofensa para la forma en que el universo debería ser, y por tanto no deberían existir. En esta forma de enjuiciar hay una falta de mesura, como si cualquier error fuera considerado garrafal. Y, por otra parte, una implicación personal en eliminarlo, una reacción interna de mucha rabia ante los errores y una exigencia de corregirlo. Rabia que está totalmente justificada en el tener razón. Tiene un punto de implacabilidad, de frialdad, teñido por el resentimiento hacia los demás que se permiten hacer cosas que para mí son absolutamente prohibidas. De manera que cuando alguien se salta las normas consideradas como buenas, cuando tiene una conducta inadecuada, hay una tendencia interna a "eliminarlo" desde la fantasía; uno se convierte en un "asesino" que liquida internamente a esa persona, aunque externamente la manifestación de su rabia sea tan sólo la distancia o una justa indignación verbal.

Según el punto de vista de Horney, la persona cuya pasión dominante es la ira ha elegido la solución de "dominio" frente al conflicto básico. Se acerca mucho al tipo que ella describe como perfeccionista. También podemos encontrar excelentes descripciones de la estructura de carácter, que se sostiene sobre la ira, a nivel social. Max Weber lo describe en *La Ética Protestante y el Espíritu del Capitalismo*, y David Riessman en *La Muchedumbre Solitaria* cuando habla del «hombre internamente dirigido».

Orgullo

Es la pasión dominante del eneatipo 2. El orgullo contiene ira. Ira narcisista que explota con más facilidad que en el 1, en el momento en que se siente atacado en su posición de superioridad. En el orgullo hay un cierto tono agresivo, poco consciente, que se manifiesta en la dificultad para ver al otro y en la facilidad para invadirlo y manipularlo, encubierto por el matiz que le da la ternura, a menudo envuelto en bromas "inocentes" que ponen en evidencia a los demás. La superioridad se ejerce tratando de ayudar, convencido de lo generoso de esa actitud y sin ver lo invasivo ni la tendencia a ningunear al otro.

El orgullo conlleva un alto aprecio por sí mismo, que oculta una profunda inseguridad, un temor a no ser querido y a no poder querer a nadie. El orgullo se sostiene en ser el elegido, en ser querido, por el hecho de ser especiales. Por definición, hace referencia a tener una estima excesiva de nuestra propia importancia, entraña una inflación de la imagen, un hacerse más grande y mejor de lo que uno es (porque en el fondo necesita engañar a los peligrosos y profundos sentimientos de inseguridad que nos pondrían a merced de los demás). Con el fin de poder sostener esta posición, esta pasión, hay que hacer un poco de teatro, hay que apoyarse en la imaginación, intensificar ciertos rasgos, ocultar otros e interpretar algunos de la manera que mejor convenga al orgullo. Y frente a las dudas internas, a los momentos en que esta imagen se resquebraja, tiene que poder acudir a la validación social. Hace grandes esfuerzos por complacer a los demás, cree adivinar lo que el otro necesita y se lo ofrece, con una especie de naturalidad que oculta la conciencia del sacrificio para conseguir el aplauso.

De esta manera, desde el orgullo hay que cultivar la imagen con una combinación de fantasía y apoyo de las personas conocidas, previamente contagiadas de ese sentimiento de exaltación personal, que se transmite sin grandes esfuerzos, como si se inoculara en el prójimo la propia grandiosidad, como si todos necesitáramos creer en que es posible que exista alguien que se sienta tan seguro y contento de sí mismo, y si puede sentirse así, debe ser porque es realmente alguien muy valioso. Habitualmente, su deseo de ser el centro se cumple y esto confirma lo especial que es y sostiene el orgullo. Hay un autoengaño que los demás suelen confirmar. La pasión de gustar y la actitud seductora, que la acompaña, se transforman en ira o en depresión cuando no tiene eco.

Desde el orgullo se vuelve necesario disminuir al otro para mantener la propia grandeza. En el orgullo hay una necesidad de dar, una generosidad que tiene ese matiz, apuntalar el orgullo, demostrar que tengo mucho que ofrecer, como si con ese hecho se negara la carencia. El otro no cuenta más que como espejo que refleja la propia abundancia, por eso no suele dar lo que el otro necesita, sino lo que quiere dar. Por otra parte, es imprescindible que el otro lo crea, puesto que eso evita tener que darse cuenta de la inseguridad y la carencia.

Detrás del orgullo está la envidia negada. También implica una cierta represión del temor y la culpa y una falta de conciencia de los límites.

Desde el punto de vista de Horney, ésta sería asimismo una "solución de dominio" frente al conflicto básico, pero se diferenciaría del iracundo en que en este tipo hay mucha más autocomplacencia, es más cercano a lo que ella llama narcisista.

Vanidad

Es la pasión dominante del eneatipo 3. Es una pasión por parecer bien, por tener una buena imagen. Hay –como en el orgullo– esclavitud a la imagen, pero la grandiosidad de esa imagen se constituye en función de los demás: sólo se cree valioso si los demás lo ven así. No está tan marcado el sentimiento de ser especial que sustenta el orgullo. Por eso hacen grandes esfuerzos para dar esa apariencia que los demás valoran y que les llevan a convertirse en un "producto". Por eso, a menudo, los demás ven en las personas vanidosas una cierta calidad plástica, como una perfección sin raíces.

Como los valores sociales, en alguna medida, han de ser internalizados, el 3 centra su vida en la consecución de un "proyecto", proyecto que si se cumple, le daría el anhelado reconocimiento y el derecho a ser. En este proyecto tienen cabida el tipo de vivienda, de vehículo, trabajo o familia que uno debería conseguir. Una paciente hablaba de su primera hija, que ya tenía nombre, cuando aún no tenía pareja.

En realidad, podríamos decir que lo nuclear en la constitución del carácter, que es la sustitución del verdadero yo por el falso *self* protector y adecuado al ambiente, es lo que se evidencia de manera exacerbada en la pasión de la vanidad. En la vanidad, la interiorización de las demandas ambientales no se hace de una vez por todas, sino que la elección sigue dependiendo de lo externo, volviéndose muy versátil, mostrando una gran capacidad adaptativa pero también un sentimiento muy profundo de superficialidad y vacuidad. Específico de esta pasión es el hecho de confundir lo que uno es con lo que los otros ven.

La imagen se modela a través de cualquier valor que sea potenciado en su ambiente. Hay un cierto realismo, un no engañarse con respecto a sí mismo, por eso no hay final, porque, por positiva que sea la imagen que el espejo devuelve, no llega a ser internalizada. Los esfuerzos que realiza para conseguir una imagen satisfactoria vienen motivados por el deseo de que el otro vea quién realmente uno es y uno pueda llegar a creérselo. Por eso es tan importante para la vanidad el logro, el tener éxito como una forma de reconocimiento que afiance lo que uno es. Tener, en este contexto, como símbolo de estatus, es muy importante.

La vanidad es aparentemente no emocional, porque la vanidad tiene que ver con la sustitución de las verdaderas emociones por las emociones que uno muestra. Así, nos encontramos con la paradoja, que se repite en las otras dos puntas del triángulo central, de que el que, supuestamente, habría de ser el más emocional de los caracteres, resulte bastante frío.

La vanidad requiere un gran control sobre las acciones, incluso una conducta refinada por el aprendizaje, sofisticada. La imagen se hace cargo de la acción, de manera que se pierde el contacto con el sí mismo, con las sensaciones y los sentimientos, incluso con los pensamientos genuinos.

A veces, la identificación con la imagen sirve para negar ese mundo emocional invisible, no permitido, oscuro, para evitar que los otros puedan siquiera vislumbrar lo que aparece en los momentos de soledad, en los que no hay nadie que dirija la actuación y aparecen todos los fantasmas del desamparo y la carencia, de los sentimientos e instintos prohibidos.

Riessman hace una muy buena descripción de este tipo al que llama dirigido por los otros, por el grupo de pares, por los "contadores de cuentos", que se olvidan de sí mismos para lograr los objetivos que la sociedad les marca.

Envidia

Es la pasión dominante del eneatipo 4. La envidia se refiere al deseo de algo que posee otra persona. Es un sentimiento de carencia, de escasez interior, acompañado por un impulso de llenar ese vacío con algo que está fuera. El sentimiento de rencor que acompaña a la envidia es expresión de la carencia. Detrás de la envidia se halla una marcada competitividad que se mezcla con el deseo y el apego, porque lo que se quiere es lo del otro, incluso ser el otro, admirado y valorado, envidiado y odiado. La carencia mira hacia afuera y contiene un sentimiento expreso de añoranza.

El sentimiento carencial lleva a estar exigiendo, reclamando o quejándose de lo que falta. La sensación es que los otros tienen más; y la tendencia es a encontrar malo lo que está dentro y bueno lo que está fuera, aunque a veces hay una especie de compensación desde el orgullo en que se produce un sentimiento de superioridad, una cierta arrogancia, pero en una u otra polaridad está la comparación entre lo propio y lo otro. Comparación que siempre resulta dolorosa.

Gurdjieff habla de la consideración interna como un aspecto de la identificación que se manifiesta en una preocupación por cómo nos tratan los demás, qué actitud tienen hacia nosotros, qué piensan de nosotros. Creemos que la consideración interna y su consecuencia, "el libro de cuentas", donde se anotan las ofensas, aunque ocurra en todos, es especialmente característica de la pasión de la envidia. Uno siente que la gente le debe algo, que merece ser tratado mejor, y anota todas las heridas en un libro de cuentas psicológico, que no sólo no olvida, sino que se va engordando con cada nueva ofensa hasta que estalla en un reproche masivo. En una terapia de pareja con dos personas que llevaban mucho tiempo juntas y que, al poco tiempo de la jubilación del marido, estaban en la tesitura de separarse, el marido planteaba que no lograba saber lo que la mujer quería de él, puesto que estaba cumpliendo todo lo que ella siempre le había reclamado. La respuesta de la mujer fue: «¡Ah! Pero tú no te acuerdas hace treinta y nueve años, cuando en el cumpleaños de tu madre...».

En la envidia hay una especie de adicción al amor, la forma de llenar el vacío encontrada es a través de otro ser, que tiene lo que a uno le falta. En su amor hay algo voraz, como si no sólo quisiera tener lo del otro o llenarse con él, sino también ser el otro, lo que explica el tono competitivo de su amor, a menudo inconsciente. El deseo de amor y aprobación da un aspecto muy dependiente que puede llevar a someterse y hasta humillarse. Y el aspecto competitivo lleva al deseo de venganza, de cortarle el cuello al amado. Hay un fuerte sufrimiento por estar o sentirse siempre en segundo lugar, por no haber alcanzado las propias exigencias, y de ahí también deriva la envidia a las personas que se supone que lo han logrado. Aunque el deseo de llenar la carencia no siempre está en las personas, siempre es algo de fuera, algo que se busca en lo externo.

Es la misma intensidad del deseo lo que condiciona la frustración. De la frustración deriva la tristeza. Es muy difícil la salida de la frustración a causa del peso del pasado, de un pasado insatisfactorio cuyo recuerdo es tan poderoso que impide ver los logros del presente y que lleva a mirar con pesimismo el futuro, como si nada pudiera arreglarse si no se arregla el pasado, y como esto no es posible, nada vale. Oculta una fuerte ambición y una dificultad de renuncia, que se esconde tras la imagen de no merecer, de ser inferior. La propia intensidad del deseo y la fuerza de la frustración, con el sufrimiento que la acompaña, es la parte en la que uno se siente orgulloso, mejor que los demás.

La envidia se vive como algo malo, como una fealdad moral que, a veces, no llega a la conciencia y se manifiesta indirectamente en los sentimientos de culpa, en una crítica interna muy exagerada y en una exigencia igualmente exagerada de sacrificio y aceptación del sufrimiento. El sufrimiento y el sacrificio sí son conscientes.

La envidia es una vanidad insatisfecha, una vanidad que nunca llega a sentirse colmada, porque está siempre midiendo la distancia, midiendo todo lo que le falta para llegar a cumplir con los requerimientos de su vanidad. Naranjo dice que es una combinación de cobardía con vanidad, que tiene más de vanidad que de cobardía, como si la vanidad estuviera muy impedida por la inhibición que da la cobardía.

Según la descripción de Horney, la envidia encajaría en la que lo llama "solución de la modestia o recurso del amor", pero, en este caso, no queda clara la diferencia con la pereza, que se movería en esta misma solución.

Avaricia

Es la pasión dominante del eneatipo 5. En la avaricia hay un sentimiento de carencia resignado. La carencia se oculta con la imagen de un mundo interno muy rico, lo bastante rico como para poder sobrevivir sin necesitar nada de fuera, como para sentirse libre de ataduras y dependencia. El aspecto resignado deriva de la profunda desconfianza en recibir nada desde fuera.

La imagen de ese mundo interno especial, distinto, rico y distante compensa los sentimientos de torpeza, de ineptitud social. Para ello necesita un cierto engrandecimiento, un cierto orgullo que convierte a las personas en las que predomina esta pasión en distantes, altivas y retiradas. Se retiran del mundo porque el mundo no es bueno, partiendo de una actitud de suspicacia, esquizoide, muy introvertida y volcada hacia uno mismo. Implica una gran sensibilidad a la invasión, a sentirse importunados, quieren tener un territorio libre y privado en el que nadie pueda interferir. Detrás encontramos un anhelo de fusión y un profundo miedo a que este anhelo le lleve a perderse en el otro. Ante cualquier cosa que perciban como invasión reaccionan con una pasividad agresiva, se olvidan de hacer lo que la otra persona espera. El significado del olvido es claramente agresivo, pero se siente inocente.

El avaro tiene una disposición psicológica acumulativa, ahorrativa en un sentido que va más allá del dinero: no se da. Ésta es su manera de agredir, defenderse y aislarse y también de protegerse de su miedo a lo fusional con la pérdida de identidad que se le atribuye.

Entraña una posición desconfiada ante la vida, una suspicacia implícita.

Hay pereza, una pereza de acción, como una economía de esfuerzo. Asimismo hay un esconderse de sí mismo y de los demás. Son personas muy despiertas a su mundo interno, muy sensibles, muy vulnerables, que no olvidan las heridas del pasado ni las del momento. La fantasía de una vulnerabilidad extrema, que no siempre responde a la realidad del presente, permite justificar y mantener el aislamiento y la frialdad, renunciando a las relaciones, a los compromisos.

Para Horney, la avaricia sería la solución de la renuncia: el recurso de la libertad.

Miedo

Es la pasión dominante del eneatipo 6. Proyecta en el mundo más peligrosidad de la que hay. Implica una creación de fantasmas. Y podemos interpretar esa creación de fantasmas que a uno lo pueden agredir, como una transformación de la propia agresión rechazada, como una proyección.

No sólo se trata de miedo a cosas concretas, sino también del miedo a sentir miedo, a la reproducción de la angustia básica.

El miedo está muy ligado a la alta agresividad, tiene matices de ira, pero también de avaricia. La experiencia de la rabia es muy fuerte; el miedo es, en parte, miedo a la rabia. Se pueden comportar como un perro que ladra para ahuyentar su miedo y amedrentar al otro.

Hay en el miedo una desconfianza básica que puede estar vertida hacia sí en forma de inseguridad, o hacia el mundo, mostrando una gran suspicacia. La desconfianza en los propios impulsos, en las propias capacidades, el no fiarse de los propios recursos, puede llevar a la necesidad de apoyarse en otros, en una ideología y caer en el fanatismo. A veces, el miedo a sentir el miedo conduce a actitudes temerarias, incluso heroicas.

El miedo nos hace necesitar demasiadas seguridades, para no equivocarnos, y también conlleva una tendencia a quererlo todo como una manera de no errar, una grave dificultad a la hora de tomar decisiones. Por otra parte, el miedo a equivocarse y la desconfianza en los propios impulsos llevan a una intensa búsqueda de la verdad que tiene un elemento de mucha honestidad intelectual, y mucha honestidad asimismo en la percepción de sí.

El miedo nos convierte en enemigos de nosotros mismos, contrae la mente y paraliza la acción, dificulta el sentir y el hacer. Cuando el miedo nos atrapa perdemos contacto con el corazón, nos vamos a la cabeza y nos paralizamos con las fantasías destructivas y negativas.

Hay un miedo específico a la culpa, un gran temor a dañar a los otros y a que su consecuencia, la culpa, no nos deje

vivir en paz. Desde aquí, el miedo conlleva una actitud so-
breprotectora hacia los demás, que se llega a convertir en
una carga, sobre todo cuando el temor a hacer daño alimenta nuestras renuncias y nos lleva a sentirnos faltos de libertad. No vemos nuestras dificultades para comprometernos
con nuestros deseos y atribuimos al otro la culpa por lo que
no hacemos.

Gula

Es la pasión dominante del eneatipo 7. Se entiende la gula
como hedonismo, como una excesiva esclavitud al placer, a
lo agradable.

Se puede ver como una manifestación del miedo, de la
angustia. El refugiarse en el placer es un huir de la angustia
a través de aferrarse a algo grato, un sentirse seguro a través
de la gratificación. Esta apetencia excesiva de placer tiene un
fondo angustioso, pero tiene también un componente de impulsividad, una dificultad para la contención.

La gula es permisiva consigo misma y con los demás. Esta
actitud externa a menudo conlleva una exigencia interior de
perfección angustiosa e inalcanzable de la que hay que huir
y que se transforma en autoindulgencia, algo que contiene
un punto de resignación, de saber que nunca se va a llegar a
la meta exigida. Los caprichos suponen una compensación a
esa resignación, pero son utilizados como recompensa cuando uno logra cumplir alguna tarea.

En la gula no sólo hay un apetito de placer sino de algo
más, una insaciabilidad. Nunca se satisface con una única experiencia, siempre se desea más; parece que pudiera tragarse
el mundo. La insatisfacción no se expresa directamente, sino
simbólicamente en el deseo de más.

Esta pasión por lo placentero tiene un fondo avaro, un fondo carencial negado.

Implica una actitud de mucha seducción, simpatía y rebeldía, un deseo de destacar, sobresalir, una necesidad de brillar, de complacer a todos para obtener el aprecio, pero sin creerse demasiado la imagen que proyecta para ser apreciado.

Hay una gran dificultad con la disciplina, aunque sea autoimpuesta. La tendencia es a romperla, como si, al contrario de lo que ocurre en el 1, en la batalla entre el deber y el placer ganara siempre este último.

Como parte de la gula, hay un deseo de expandir los límites de lo conocido, de que sean ciertas las cosas misteriosas y, complementariamente, un cierto desdén hacia el mundo, un cierto aburrimiento de lo común y corriente. Gula de lo desconocido, de lo extraordinario, porque un camino para ser extraordinario es conocer cosas extraordinarias, en las que apoyarse para impresionar a los demás. Saber qué es lo "realmente" verdadero da un poder muy grande que permite satisfacer las necesidades desde una posición no abiertamente dominante, sino aparentemente benévola.

La gula es más fácil de llenar con la fantasía porque es menos costosa que la realidad: en proyecto se puede tener todo, no hay que renunciar a nada.

Lujuria

Es la pasión dominante del eneatipo 8. En la lujuria, el riesgo se torna en una forma de vida. Implica una negación de la impotencia, una búsqueda de poder, en la que se hace necesario reprimir el miedo, arriesgarse y desensibilizarse.

La experiencia de dolor, de impotencia es negada y sólo podemos ver la magnitud de la herida en proporción con la dureza manifiesta.

Literalmente lujuria conecta con el sexo, con los placeres carnales, pero aquí la entendemos como una pasión por la intensidad, una pasión de exceso, una búsqueda de lo excesivo. Y lo sexual se presta muy bien a llenar esa pasión de intensidad, que puede expresarse de otras maneras, en lo emocional y también en lo sensorial: alimentos fuertes, velocidad, etcétera. Hay un hambre de estímulos y un deseo de traspasar los límites. Se refiere a todo aquello que exceda los límites de la moderación. La tendencia a excederse implica un sistema de supervivencia en el que primero se produce el acto y después el pensamiento. Así, los impulsos no son controlables.

La lujuria es, pues, la pasión por lo intenso, lo excesivo y fuerte, es un sentirse vivo a través de estar al borde de la muerte, de situaciones extremas. Pero el que necesita tantos extremos para sentirse vivo tiene que tener una cierta anestesia, tiene que carecer de la evidencia de su vitalidad. Como es arrasadora, pasional, salvaje y rebelde parece espontánea, pero no lo es verdaderamente, es reactiva.

Para mantener una posición de poder y seguridad, la lujuria ha de demostrar su fuerza, con un orgullo implícito y una tendencia al desdén, a menospreciar a los otros.

La lujuria se da la libertad de tomar lo que quiere. Su hedonismo es más duro que el de la gula, no necesita racionalizaciones ni justificaciones, se da gusto aunque a otros no les plazca y se puede complicar, en los niveles más fuertes, con una actitud sádica, con la que goza no sólo por tener el poder sino por poner al otro en una situación de inferioridad, de humillación.

Pueden dar mucho, una verdadera lujuria de generosidad, pero, como compensación, pide una aceptación sin límites.

Para Horney estaría incluida en la "solución de dominio: el recurso del poder", correspondiendo al tipo que llama "vindicativo arrogante".

Pereza

Es la pasión dominante del eneatipo 9. Cuando hablamos de la pereza no nos referimos a la pereza del hacer, a una pereza exterior, sino a una pereza del alma: acedia. Este término se utilizaba para referirse a quienes entraban en una vida retirada, a fin de dejar el mundo atrás y dedicarse a Dios y luego tenían dificultades a la hora de meditar, orar, se distraían fácilmente. También tiene el sentido de no hacer lo que uno quisiera o pudiera hacer de verdad, como una actitud de omisión, de olvido. Es una pereza con relación a la interioridad en general, con respecto a mirar hacia adentro. Y lleva al oscurecimiento de la conciencia. La inconsciencia que genera el no verse tiene dos formas de expresión, una es la expresión propiamente psicológica: uno no se conoce, no conoce sus emociones, no sabe, no ve claro lo interior, actúa mecánicamente, aunque, a veces, podríamos decir que sí sabe, sí conoce sus emociones y ve con claridad sus sentimientos, pero no quiere saber, se oculta ante los demás y ante sí mismo, no dándole legitimidad a su mundo interno, restándole importancia. También el oscurecimiento de la mente tiene una dimensión espiritual: junto con el no conocerse psicológicamente, hay un olvido de sí mismo, de la experiencia de ser y una trivialización de las vivencias de profundidad espiritual.

Hay un tabú a sentir lo que uno siente, a conocer sus emociones y sentimientos. La acedia implica una especie de política del avestruz, a veces encubierta por una búsqueda activa y siempre insatisfecha.

Desde la pereza se puede actuar mucho, olvidándose de sí mismo en el hacer, para narcotizarse. Aunque por otra parte, el mundo interno siga funcionando en paralelo, desvinculado de lo que uno hace o cómo se presenta, tapado pero no totalmente olvidado, como si, no haciendo caso, se le restara importancia sin conseguir hacerlo desaparecer.

Hay poca vanidad, poco interés en ser visto, por eso no hay mucho interés en brillar, sino más bien en ser una persona común y corriente. Hay, en el trasfondo, un sentimiento masivo de no tener un lugar en la vida, de no tener derecho a vivir.

Se parece al miedo en la dificultad de decidir, en cierta timidez.

La pereza es la emoción de no incomodarse, de evitar los conflictos, de mantener la tranquilidad que, en el aspecto cognitivo, lleva a cerrar los ojos psicológicamente, a desconectar, pero que, a nivel relacional, tiene mucho que ver con no incomodar a los demás.

En la pérdida de la interioridad, provocada para no sufrir, se produce una pérdida de sutileza: no hay más que lo concreto. El rechazo a la interioridad se manifiesta en el sentimiento de que en el mundo hay muchas cosas importantes que hacer, que uno no puede estar todo el tiempo mirándose el ombligo, que es una pérdida de tiempo. El hacer sostiene el sentimiento de ser, pero es un hacer desconectado del verdadero impulso. El mundo interno, al que no se presta atención, es complejo y oculto a la mirada de los demás.

Para Horney, la pereza encajaría en la "solución de la modestia: el recurso del amor", pero con muchos matices de "la solución de la resignación".

LAS FIJACIONES

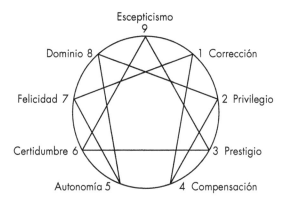

Fijaciones

Las fijaciones son los errores cognitivos que van asociados a las pasiones y que llevan a interpretar el mundo y las relaciones desde una óptica peculiar. Son ideas establecidas en el momento de la constitución del carácter, o sea, en la infancia, bajo la presión de la pasión y sin las herramientas intelectuales de la edad adulta y que se mantienen luego como verdades incontrovertibles en lo profundo de nuestro ser, determinando nuestro sistema de valores y nuestra conducta. Naranjo habla de ellas como "ideas locas". Para él, la pasión contamina el mundo intelectual, de forma que se produce una lectura emocional que se aleja de la razón y que se constituye en verdad.

Nosotros pensamos que la fijación está relacionada también con la reestructuración del narcisismo primario, cuando el yo ideal roto se reorganiza como ideal del yo (narcisismo secundario). El ideal del yo genera una aspiración inconsciente a recuperar el yo ideal perdido: que alguien haya renunciado a creer que es el yo ideal no significa que haya renunciado a la creencia de que puede llegar a serlo. Creemos que este ideal del yo se encuentra detrás de la fijación, entendida como la forma "correcta" de ver el mundo que nos va a devolver algo de la omnipotencia del yo ideal. Por eso resulta tan difícil romper la fijación, porque, a nivel inconsciente, es la llave que nos va a permitir que "un día lleguemos": un día seremos el yo ideal.

El de "fijación" es un concepto cercano a lo que Bleichmar denomina "creencias matrices pasionales", que se constituyen cuando un suceso concreto de la historia personal se formula en términos genéricos, codificando situaciones diversas con el mismo sentido que tuvo la original. Al establecerse una generalización sin las herramientas del pensamiento adulto cometemos el error lógico de tomar la parte por el todo. A veces son convicciones que se establecen por inoculación de los otros significativos (padres primordialmente) que transmiten al niño sus propias creencias, que se matizan en función de las experiencias y el psiquismo individual. En la vida adulta, esas creencias matrices pasionales, mientras no sean cuestionadas, siguen dirigiendo y limitando lo que se puede pensar o sentir.

Scheller nos alerta para que no caigamos en la idea de que todo lo que percibimos de nuestro mundo interno sea correcto, también aquí hay engaños, de la misma manera que hay engaños perceptivos en la percepción externa, de los que podemos encontrar múltiples referencias. Sólo a título de curiosidad mencionaremos aquí la anécdota contada por John E. Nelson relativa a cómo hay constancia escrita de que, en uno de los viajes de Magallanes al extremo sur de Sudamérica, los indios no podían "ver" los barcos en los que llegaron los conquistadores, aunque vieran perfectamente sus propias embarcaciones, porque "era imposible" que existieran y sólo el chamán podía percibirlos y hablar de ello; de esa misma manera, hay engaños en la percepción interna. Desde el punto de vista de Scheller, lo que enferma no son los procesos psíquicos ni las vivencias, sino la manera en que estas vivencias son interpretadas y juzgadas y los errores y engaños perceptivos. La terapia para él tiene como intención última liberarnos de los autoengaños, poder mirar nuestra vida de la forma más clara posible.

Volviendo a los errores cognitivos que se constituyen como "fijación", desde la óptica de Naranjo podríamos decir que la anécdota (o la serie de ellas) sobre la que se constituyen las generalizaciones a las que se refiere Bleichmar provoca determinadas emociones que tienden a reproducirse en situaciones que presentan cierta similitud con la original, siguiendo el funcionamiento habitual del inconsciente, carente de lógica racional.

A.H. Almaas ve la fijación desde otra perspectiva que no enfoca tanto hacia la invasión del mundo intelectual por parte de las pasiones y los errores de pensamiento que las acompañan, sino hacia el hecho mismo de la pérdida de contacto con el centro intelectual superior que se produce en paralelo a la pérdida de contacto con el centro emocional superior. Para él, es la falta del entorno de apoyo adecuado, del ambiente facilitador, lo que produce una desconexión que se experimenta como una pérdida, una caída (mito del paraíso).

Lo que se pierde, en su criterio, es la percepción directa de la realidad como unidad y, entonces, desde la creencia en la dualidad (yo-mundo) surge una idea distorsionada, errónea, que denomina "ilusión". Aceptando que esto sea así, no deja de ser un planteamiento complementario del anterior, pues es la pasión la que va a determinar la forma concreta que adquiere esa ilusión, la "ilusión específica". No podemos perder de vista que la forma en que se constituyen las ilusiones viene determinada por la carencia infantil de herramientas de pensamiento.

Sostiene, siguiendo el planteamiento de Winnicott sobre "falso *self*", que la falla en el entorno de apoyo conduce a la falta de confianza que provoca que el niño "reaccione" en lugar de continuar el despliegue espontáneo de su ser, que queda interrumpido. En cada eneatipo se produce una "reacción específica" de desconfianza que sostiene la ilusión y que tiene que ver con la manera peculiar de elaborar las circunstancias de realidad que a cada uno le ha tocado vivir.

Por otra parte, la pérdida del apoyo conduce a una sensación de deficiencia que se experimenta como un estado doloroso y difícil que constituye la "dificultad específica" que ha de afrontar cada rasgo. Su hipótesis es que a partir de la reacción específica y de la dificultad específica se forma el núcleo de cada eneatipo, del que nacen patrones emocionales y de comportamiento asociados con dicho tipo.

Vamos a combinar estos dos planteamientos. Partimos siempre del término utilizado por Naranjo para la fijación, intentaremos encontrar, en algunos casos, términos alternativos que reflejen más específicamente la relación de la fijación con la manera de percibir el mundo y veremos luego los tres aspectos "ilusión", "reacción" y "dificultad", de los que habla Almaas, dándoles una lectura más psicológica que la espiritual de la que él habla.

Creemos que la fijación posee un matiz en cuanto a la creencia implícita que está en función de los rasgos emocionales, instintivos o intelectuales. En los emocionales, la creencia tiene que ver con uno mismo, con el propio ser, aunque tiña luego la visión del mundo; en los intelectuales tiene que ver con cómo tengo que actuar en el mundo, y en los instintivos, con cómo es el mundo.

La fijación del 1 es el "perfeccionismo". Este término se refiere a la actitud de querer cambiar para mejor. En el perfeccionismo hay una cierta oposición a la naturaleza, que es percibida como caótica e imprevisible, como una amenaza frente a la que se recurre al control, el orden y la ley.

Proponemos la palabra "corrección" como referencia más directa a lo mental que subyace a la actitud perfeccionista. La mirada sobre el mundo del eneatipo 1 destaca su imperfección, la distancia entre cómo son las cosas y cómo deberían ser, que lleva implícita la idea de que el mundo puede mejorar gracias a su intervención. El mundo es mirado bajo el prisma de lo correcto o incorrecto, de lo bueno y lo malo.

La creencia implícita, dado que es un rasgo instintivo-motor, un rasgo de acción, tiene una incidencia directa en su hacer: hay una manera correcta de hacer las cosas, "la" manera, y todo lo que no se ajuste a ella es censurable, no es válido. Si gracias a la fuerza de la voluntad, al control y a la disciplina uno consigue hacer las cosas de esa manera, está a salvo, tiene derecho a la vida. Aunque se cometan errores no se puede perder de vista "como deberían ser las cosas". El ego se alimenta de la idea de que yo al menos sé cómo deberían ser las cosas. Saberlo e intentarlo otorga legitimidad.

La "ilusión específica" que sostiene esta creencia es que algunas cosas son buenas, y otras no, que existe algo objetivamente bueno y algo objetivamente malo, que ha de servir de guía a nuestra conducta. Yo lo sé, a diferencia de otras personas, y por eso puedo establecer juicios comparativos sobre lo que está bien y lo que no. Son valores objetivos e intemporales y, por tanto, incuestionables por lo que resultan difíciles de modificar, pues poseen cierto carácter definitivo. Los juicios se establecen de una vez por todas y la rigidez se transforma en la herramienta que mantiene la ilusión.

La "reacción específica" en la que se apoya esta creencia tiene que ver con la experiencia vital de un amor muy condicionado a la conducta. Si tal como soy no sirvo, no soy aceptado, tengo que cambiarme, pero, al menos, yo sé cómo debería ser y lo voy a conseguir. Desemboca en una actitud obsesiva de cambiarnos, juzgarnos y criticarnos en un afán de intentar mejorarnos. Esta actitud también se produce con respecto a los demás. Es como si rastreáramos cualquier imperfección para corregirla. En el intento de mejorarnos hay un resentimiento implícito, pues asumir que no valgo tal como soy es doloroso y produce rabia. Nos solemos encontrar con niños muy impulsivos, espontáneos y que han sido recriminados por ello, así como también con progenitores rígidos y exigentes que han transmitido el patrón ideológico y conductual, o con lo polar, padres tan poco normativos que el niño ha tenido que hacerse sus propias reglas.

La "dificultad específica" tiene que ver con ese convencimiento de que hay algo mal en nosotros, puesto que mientras creamos que es así, nos odiaremos. Y para convencernos de que es así, no tenemos más que echar mano de nuestra cara oculta, lo agresivos, vagos o sexuales que nos podemos volver si dejamos de mantener el control. Es frecuente encontrar la idea de que si uno se descuida, si no se controla, puede terminar abandonado, como un mendigo o una puta. Buscamos argumentos que justifiquen esa sensación, pero lo que la sostiene no son esos argumentos sino una convicción muy profunda, basada en situaciones en las que hemos sido rechazados. Nos sentimos imperfectos en relación con una imagen de perfección con la que nos comparamos, y ese ideal de perfección es elaborado por el superyó que internaliza aspectos concretos de las exigencias del entorno, como si nos hubiéramos hecho a la idea de que hay una determinada manera de ser con la que inevitablemente conseguiríamos la aprobación. Si no consigo el amor es porque no lo estoy haciendo lo bastante bien.

La fijación del 2 la llama, Naranjo, "pseudoabundancia". Preferimos el término "privilegio". La idea es que somos especiales y que eso nos da derecho a una posición de privilegio. Aunque no siempre se tenga conciencia del porqué, siempre hay una búsqueda y un sentimiento de derecho a ese privilegio. En el fondo se sustenta en la convicción de que poseemos algún don que nos convierte en especiales, que consigue que todo el mundo nos quiera y podamos lograr todo lo que deseemos sin despertar envidia. Hay una imagen interna sobrevalorada, pero, y aquí está la debilidad, necesitamos que los demás nos lo confirmen, otorgándonos esa posición privilegiada y reconociéndonos como especiales. Todo esto implica una inflación de la imagen, que se sostiene en no reconocer las necesidades propias y sentirnos capaces de cubrir las ajenas. Esto nos otorga mucho poder y alimenta la fantasía de lograr todo lo que se desee. Parece conservar algo de la omnipotencia mágica de la infancia, y también de la intolerancia infantil a la frustración.

La "ilusión específica" es la de la ausencia de límites, la idea de que podemos tenerlo todo. Una especie de pensamiento mágico relativo a que mis deseos y mis proyectos se van a cumplir, por el hecho de que yo lo deseo. La creencia es que podemos conseguir todo lo que nos propongamos, que podemos controlar las cosas que no nos gustan y cambiarlas, que podemos hacer que las cosas vayan como nosotros queremos, y que esto no tiene necesariamente que implicar esfuerzo, basta con que de verdad lo deseemos. Para mantener la ilusión es necesaria la represión de todo lo que no encaje en este esquema, así como la negación de los esfuerzos y sacrificios reales que se llevan a cabo para conseguir las metas.

La "reacción específica" es una obstinación en conseguir que las cosas sean como queremos. Se produce como una negación de la verdadera necesidad (afecto, ternura, libertad…) que se sustituye por el privilegio. A menudo son niños que han satisfecho el narcisismo de los padres y que han recibido un amor muy matizado por ese narcisismo parental. El halago narcisista de los padres provoca que se sientan llenos, aunque en el fondo esté lo carencial, por ser un halago vacío que está más relacionado con el narcisismo parental que con el ser real del niño. Por eso quedan dependientes del halago, confirmador de su valía. Por otra parte, sienten que tienen tanta capacidad para satisfacer al otro como la tuvieron para satisfacer a sus padres. El niño aprende muy temprano lo que de él le gusta a sus padres y no le resulta demasiado difícil convencerse de que él es sólo eso que gusta. Renunciar a otros aspectos de sí mismo no es demasiado costoso si lo que se logra a cambio es la aprobación. La seducción está al servicio de mantener la seguridad, y la manipulación, al de conseguir lo deseado sin perder la aprobación. El afecto, que no hemos obtenido por el hecho de ser, lo conseguimos a través de conductas seductoras con las que logramos agradar a los demás, ya que existe una desconfianza muy profunda en alcanzar, sin más, la aceptación vitalmente tan necesaria.

La "dificultad específica" estriba en la frustración, en que el hecho de no conseguir lo que se necesita del entorno se experimenta como que no hemos conseguido imponer lo que queremos, y esto pone en duda nuestra categoría de ser especial que nos da derecho a la vida. Implica una gran dificultad de aceptar la realidad con sus limitaciones y los propios límites y una actitud de tozudez que se afana en conseguir que las cosas sean como nosotros deseamos. El estado emocional que acompaña a la vivencia de frustración es de humillación. Puesto que partimos de la creencia de que podemos imponer nuestra voluntad y hacer que las cosas vayan como nosotros queremos, la pérdida del apoyo ambiental, incluso una simple crítica, se experimenta como un gran golpe a nuestro orgullo, con la sensación de que el mundo está contra nosotros, en una especie de "delirio autorreferencial". No es posible aceptar que los demás tengan algo contra nosotros, nos envidien o no les gustemos, puesto que es tan fuerte el empeño puesto en la seducción. Pero es el mismo deseo de agradar, con su mezcla de reclamo y generosidad, lo que termina produciendo un olvido del otro y de uno mismo.

La fijación del 3 es la "apariencia". Preferimos utilizar el término "prestigio", pues es a través de la imagen de prestigio o de éxito como se valora uno mismo y valora a los demás. El vacío interior de la vanidad lleva a identificarse con la apariencia, otorgándole a ésta toda la entidad. Pero es la apariencia que los demás aprueban, de ahí el término "prestigio" que tiene la connotación de reconocimiento social de la apariencia o imagen elegida. Implica todo un esfuerzo puesto en aparentar, en adaptarse a los patrones o cánones de actuación, bondad, belleza… imperantes porque no se ha llegado a constituir una verdadera identidad, que se construye en los ojos del otro.

En el momento evolutivo de la omnipotencia fusional, madre y bebé son uno, un solo ser con dos polos. La ruptura de la continuidad en el desarrollo del ser, aquí, más claramente que en ningún otro rasgo, se produce al romperse la fusión con la madre, y constituirse la identidad desde el polo materno de esa unidad fusional previa y no desde el polo del infante.

No hay conciencia de falsedad, incluso uno puede considerarse muy auténtico porque llega a creerse que realmente es tal como se muestra, porque hay un automatismo en la imitación del "modelo" que puede llevar a perder de vista incluso que todo se hace para otro. Desde el alejamiento de quién soy yo, de los verdaderos sentimientos, se elige un modelo y se pone todo el esfuerzo en cumplir ese modelo, sin que los auténticos deseos tengan importancia. A menudo, ese modelo cuenta con otro aspecto polar muy temido y rechazado que puede recoger los verdaderos impulsos, que no tienen cabida en el elegido.

La creencia es que yo soy lo que otros ven. Mi belleza, mi adecuación o mi aspecto impecable necesitan de la aprobación, del refrendo constante del espejo que confirme que valgo. Si el otro me ve, me aprueba, le gusto y me reconoce, entonces tengo un lugar en el mundo, no voy a ser excluido. El deseo del otro me constituye. Hay más conciencia del esfuerzo por aparentar, que a su vez es menos natural que la seducción del 2. El tener, el alcanzar logros o éxito, es una manera de confirmar que lo estoy haciendo bien, de conseguir la valoración externa.

En el 3, la "ilusión específica" parte de la creencia de que voy a ser aceptado, no voy a ser excluido si consigo agradar a todo el mundo, y de que puedo hacerlo si estoy suficientemente pendiente de lo que el otro quiere o de cumplir un modelo socialmente valorado. El acento no recae en conseguir lo que uno quiere, sino en complacer al mundo para que me devuelva la imagen de mí que deseo.

La "reacción específica" deviene de habernos sentido abandonados, sin que nadie nos cuide y nos preste atención, y haber reaccionado a fin de conseguirla con una especie de finura para captar el deseo del otro. El esfuerzo en el mantenimiento de esta imagen, gracias a la cual vamos a ser vistos, consigue mantener en la oscuridad los propios sentimientos que han sido rechazados y ocultados en el ámbito familiar. A menudo hay en la historia personal un componente de ocultación de los problemas, una insistencia en aparecer bien a nivel familiar por encima de las dificultades y el sufrimiento, como si los sentimientos fueran algo que a nadie le va a interesar y por lo que vamos a ser rechazados. Genera una necesidad constante de actividad, de esfuerzo, un empeño en conseguir logros, en tener éxito, empeño que nunca se satisface, porque es sólo una tapadera ante la sensación de vacío que implica despojarse de los sentimientos.

La "dificultad específica" es una sensación de soledad y vacío, de no existencia, resultado de la experiencia de un ambiente poco cálido que hace que nos sintamos abandonados, separados porque nadie se ocupa de nosotros de un modo adecuado. Desde ahí dejamos de ocuparnos de nosotros mismos, lo hacemos, igual que el entorno, de nuestra conducta o de nuestros éxitos, de nuestro mundo externo, no de nuestros sentimientos. Nos defendemos de ese sufrimiento del abandono, creyendo que lo importante es "actuar" adecuadamente. Llegamos a creer que la falta de adecuación está en nosotros, no en el entorno, y cuando no somos capaces de hacerlo todo, nos sentimos inadecuados e incompletos y tomamos esto como un fracaso. Nos quedamos con la sensación de que lo que somos no interesa a nadie, ni a nosotros mismos, en cambio lo que hacemos es importante, pero este hacer no viene dictado por el deseo propio como en el 2, ni tampoco por el deber como en el 1, sino por la búsqueda de reconocimiento en la que lo propio, lo que siento, quiero o me gusta puede llegar a anularse, convertido en un obstáculo.

La "fijación" del 4 es la victimización. Proponemos el término "compensación", como una búsqueda insatisfecha de igualdad, sostenida por la idea de que el mundo ha sido injusto. Esto nos provoca rabia y nos da derecho a esperar la compensación. Se apoya en una actitud de constante comparación que lleva a ver que los otros siempre tienen más y a valorar mejor lo ajeno que lo propio. Parece como si el sufrimiento fuera lo que nos diera derecho a la vida, al amor... y a la compensación.

La creencia, polar con la del 2, también tiene que ver con ser especial, pero justamente lo que nos hace especiales es que sufrimos más, somos más sensibles, tenemos menos cosas favorables que los demás, más dificultades en conseguir los deseos. «A mí me ha resultado más difícil que a los otros, pero algún día me llegará la recompensa.»

La "ilusión específica" del 4 es que la capacidad de sufrimiento nos da mayor valor como persona. El sufrimiento, vinculado a la comparación, es de otra clase, es más profundo, y mis sentimientos son más intensos y especiales, aunque los demás no logren verlo y eso también me haga sufrir. La idea es que el sufrimiento me da derecho a que los demás me hagan caso, se ocupen de mí, como si el dolor generara una obligación de los demás a darme lo que no tengo y ellos sí. Implica una actitud reivindicativa, unas veces quejumbrosa, y otras, vindicativa, apoyada en el convencimiento de que el mundo me debe algo.

La "reacción específica" proviene de una experiencia de insatisfacción, de un sentimiento de carencia ante el que se aprende a mirar el mundo de forma comparativa y en el que enseñar el propio sufrimiento es una actitud que mezcla venganza y deseo. Es un reclamo doloroso y cargado de rabia. La demanda implícita provoca culpa en el otro, como si el mensaje no dicho, a veces incluso inconsciente, fuera: «tú eres el culpable de mi sufrimiento y de ti depende que yo deje de sufrir».

Si lo que el otro tiene es mejor que lo mío o lo hace feliz, entonces yo quiero eso, el deseo queda puesto fuera de uno mismo, ya que lo bueno siempre está fuera; en realidad lo que quiero es la satisfacción que el otro tiene. Como eso no lo puedo conseguir, nunca voy a ser el otro anhelado, nunca voy a tener el sitio del otro, esta reacción se convierte en una lucha estéril y desesperanzada. Se hipertrofia la necesidad del otro, a través del cual voy a obtener lo deseado, y se acentúa el control sobre sus acciones para evitar que me abandone. Lo excesivo de la demanda suele conseguir que se produzca el abandono y vuelve a generar la sensación de melancolía, desesperación y tristeza.

La "dificultad específica" es la sensación de vacío, de insatisfacción, de sentirse excluido, de que los demás tienen algo de lo que no participo. De aquí surge la obsesión por la originalidad, por la singularidad, una dificultad de sentirse uno más. A esto se une la necesidad y la búsqueda de ser amado de esa forma especial que confirmaría que realmente soy único. Superar esta dificultad implicaría renunciar a lo especial que tiene mi dolor, a la inversión hecha en el sufrimiento y aceptarlo como normal (palabra temible, sinónimo de vulgar), como algo que está en mi mano aliviar, sin necesidad de que nadie me salve.

La historia personal, en el recuerdo, se carga de dramatismo que sirve para confirmar que el sufrimiento fue mayor, que las circunstancias fueron más difíciles.

La "fijación" del 5 es el "aislamiento". Podríamos llamarlo "autonomía". Hay una idea que tiene que ver con la creencia de que podemos hacerlo todo solos, que no dependemos ni necesitamos a los demás. Además, no se puede confiar en la gente. Quizás sea el tipo en que más dañada está la confianza básica. Esto entraña una actitud desconfiada, que les lleva a la idea de que más vale distanciarse, estar solos, como forma de protegerse. Hay una hipersensibilidad a la invasión, tanto física (su tiempo, su espacio) como emocional. Su aislamiento no es necesariamente físico, a menudo es una actitud de estar en otro mundo.

La creencia acerca de lo peligroso y dañino que puede ser el mundo le lleva a la protección en el único lugar seguro: su mundo interno que no comparte. Implica una búsqueda de libertad que se traduce en una evitación de los compromisos y cuyo precio es el empobrecimiento afectivo.

En el rasgo 5, la "ilusión específica" es la de que somos un individuo aislado, con límites que nos separan de todo lo demás. Creerse que somos independientes conlleva la idea de que no dependemos de los demás, ni necesitamos nada. La relación con el resto del Universo se establece desde el convencimiento de que estamos separados, creando dos universos, el nuestro y el del resto del Cosmos. Por otra parte, como todo lo que viene del mundo es malo, más vale no necesitarlo, más vale protegerse. El mundo no me va a dar nada y, si lo hace, me lo puede quitar y dejarme peor. La idea es que si no me ven, no pueden atacarme, algo polar con el 3, cuya existencia depende de ser visto.

La "reacción específica" es la retirada, que se produce frente a una situación vivida como rechazo. Retirarse es un intento de ocultarse de la realidad, escapar de ella, cortar el contacto puesto que nos sentimos inadecuados para manejarla. Esta reacción vuelve a confirmar la ilusión de separación: tenemos que creer que somos un individuo aislado para pensar que podemos alejarnos de la realidad. De lo que realmente queremos alejarnos es del estado de deficiencia que no nos permitimos experimentar. Este comportamiento evitativo se generaliza y tratamos de eludir todas las cosas en un intento por escapar de la experiencia de cualquier dolor o daño.

La "dificultad específica" es experimentarse a sí mismo como pequeño, aislado, separado, vacío y empobrecido, solo y abandonado y tratar de evitar esta experiencia precisamente aislándose. Sentirse seguro en soledad y seguir viviendo como demasiado arriesgado el hecho de salir al mundo. Detrás del afán por pasar desapercibido hay un deseo muy grande de ser visto y querido y una esperanza de que esto ocurrirá, sin que yo tenga que hacer nada para lograrlo.

La "fijación" del 6 es la "duda", que implica ambigüedad, ambivalencia. Preferimos el término "certidumbre", que es la búsqueda constante del 6, la seguridad que da la certidumbre, que se apoyaría en una perfecta claridad, nunca alcanzada. Hay mucho miedo al error, a equivocarse y a lo irreparable de la equivocación, que paraliza. Esta angustiosa incertidumbre, esta falta de claridad, se produce debido a que el propio miedo dificulta la conexión con las sensaciones y emociones. Sin esta referencia se pierde la conciencia de lo que la persona quiere o necesita. El miedo tiñe las emociones, y sin el anclaje de la conexión interna, la actividad mental toma el mando en un intento de descubrir la verdad, de tomar la decisión adecuada. Pero lo mental, sin el arraigo de las sensaciones, se convierte en un mundo de posibilidades sin fin, donde no es fácil decidir. La búsqueda de la verdad y su compañera inseparable, la duda, quedan establecidas. El miedo calla el corazón, y la cabeza se queda sola buscando la buena decisión, la verdad, en un mundo peligroso donde equivocarse se paga caro.

En la búsqueda de la verdad incontrovertible se puede caer en el fanatismo.

En el 6, la "ilusión específica" tiene que ver con esa búsqueda de la verdad y con la desconfianza en la naturaleza humana, que se manifiesta en forma de cuestionamiento de nuestra propia naturaleza, en un dudar de las motivaciones propias y ajenas. Si lo pienso mucho, si le doy vueltas una y otra vez, encontraré la verdad. Presenta un componente cínico porque la duda se basa en una conclusión ya establecida de antemano y no constituye una exploración de la experiencia para descubrir la verdad.

La "reacción específica" que deriva de esta suspicacia defensiva hacia el mundo es la duda. Es la expresión de la desconfianza y contiene miedo y paranoia, agresividad y hostilidad. Sospechamos y dudamos de los demás, ponemos en entredicho sus intenciones, estamos alerta, inquietos, a la defensiva, siempre oteando el peligro. Si los demás pueden hacernos daño, la manera de protegernos es no confiar, poner al otro en entredicho, como forma de mantener el control y evitar el daño. La suspicacia se dirige también hacia el interior, haciéndonos sospechar de nuestras motivaciones y desconfiando de nuestros impulsos.

La "dificultad específica" estriba en un sentirse inseguros y asustados, vulnerables, frágiles y faltos de apoyo al mismo tiempo. No hay donde sujetarse ni dentro ni fuera, sino una sensación de angustia permanente. Ante esta situación interna se impone la necesidad de tener las cosas "totalmente claras", lo cual lleva a dar vueltas una y otra vez sobre lo mismo parando la decisión, en una especie de inseguridad temerosa. No sólo sentimos que el apoyo nos falta, sino que llegamos a pensar que nunca podremos obtenerlo. El miedo y la inseguridad juntos forman un estado tan vulnerable que, a veces, se afronta de manera reactiva en conductas autoafirmativas y temerarias.

La "fijación" del 7 es la "planificación". A veces, Naranjo habla de "charlatanería" o de "fraudulencia". Los dos elementos están de alguna manera presentes en la planificación, que es fraudulenta en cuanto confunde fantasía con realidad, y es charlatanería en cuanto sabe venderse a sí mismo y a los demás los planes. Los planes son tan importantes que sustituyen a la realidad; las fantasías, las posibilidades entusiasman más que su cumplimiento. En el mundo del hacer hay dificultades; en la fantasía todo es más rápido. Sin embargo, proponemos el término "felicidad" como el asunto principal en torno al que giran sus pensamientos y su vida, negando el dolor, pintando la vida con tonos alegres y superficiales, llenando el vacío con caprichos gratificantes e igualmente superfluos.

La creencia es que la vida puede ser vivida sin dolor, que el dolor es un error que podemos esquivar si nos tomamos la vida de otra manera, si evitamos las situaciones difíciles, si no indagamos en lo que nos duele, incluso si nos construimos alguna teoría explicativa al respecto. El resultado es la tendencia a vivir en un mundo imaginario, donde no hay límites, todo se puede conseguir y los actos no tienen consecuencias. Estas ilusiones se rompen ante la persistencia de la realidad, y entonces se busca una y otra vez una ilusión mejor, que consiga dulcificarla.

La "ilusión específica" del 7 es la creencia de que podemos planificar nuestra vida, y que si la planificamos bien, todo se va a hacer por sí sólo, sin necesidad de grandes esfuerzos por nuestra parte. Es una especie de pensamiento mágico en el que si yo encuentro la fórmula correcta, todas las piezas van a encajar, superando las dificultades y los límites de la realidad. El esfuerzo se pone en imaginar, tarea gratificante por sí misma, y no en la realización, que conlleva inevitables frustraciones.

La "reacción específica" deriva de dos tipos de situaciones infantiles, una con muy pocos límites, donde todo es posible, y otra con demasiada rigidez, que hace necesaria la escapada a la fantasía. La reacción de "planificación" trata de crear una orientación, puesto que la desconfianza se solucionará a través de la ilusión de que uno puede saber qué dirección tomar. Planificar supone que tenemos una idea en nuestra mente de cómo debemos ser y de cómo debemos vivir, así como de lo que sucederá con nosotros y con nuestras vidas. Nuestra orientación procede de nuestra mente y está determinada por una meta que intentamos alcanzar en el futuro, de modo que no tiene la frescura de lo orgánico.

La "dificultad específica" es la pérdida de la capacidad real de saber qué hacer. Creemos que somos capaces de saber qué hacer basándonos en la ilusión de que podemos dirigir nuestro propio proceso, pero que no sabemos hacerlo porque algo nos falta, o no tenemos suficiente fuerza de voluntad ni disciplina.

La sensación de estar perdidos o desorientados, arraigada en la desconfianza interna y el miedo negado, se perpetúa cuando se combate desde las fantasías. Entonces perdemos contacto con quienes somos, con nuestra interioridad, moviéndonos en un plano superficial en el que necesitamos planificar y dirigir nuestro proceso, desconectados de lo de dentro y desconfiados de lo de fuera. El impulso interno queda mermado y no nos sirve de guía.

En el 8, la "fijación" es la "punitividad" o "venganza". Preferimos el término "dominio", más cercano a la conciencia que el de venganza. Es una posición de poder, reivindicativa, desde la que me siento justiciero y puedo vengarme de la impotencia de la infancia. Hay una sensación de tener derecho a hacer lo que uno quiere y a regirse por valores propios, que no coinciden con los establecidos. La actitud vengativa no es consciente, se manifiesta en el impulso, la compulsión de arreglar algo que estuvo mal, de compensarlo o darle la vuelta; algo que tiene que ver con la impotencia de la infancia que se intenta compensar con el poder del presente.

No suele existir conciencia del aspecto vengativo, difícilmente se nombra como tal la actitud de dominio. Hay que explorar bastante para darse cuenta de que ésta es la reacción a un daño recibido que, a menudo, no es registrado como tal. Es, en ese sentido, una auténtica venganza inconsciente.

La creencia es que hemos de defendernos de un mundo que trata de imponernos unas reglas del juego que resultan dañinas. Por otra parte, no se puede creer que nadie las cumpla, hay un fuerte prejuicio acerca de la hipocresía social donde todo el mundo muestra una cara y oculta la real. Los demás no son mejores, sólo son más falsos; yo me atrevo a decir las cosas como son porque soy más honesto y más fuerte. Uno cree que realmente hay que ser bastante fuerte para poder saltarse las hipócritas normas sociales y establecer las propias.

En el rasgo 8, la "ilusión específica" es la de que "yo puedo", como una negación directa de la impotencia de la infancia. Ser poderoso es lo que te va a dar un lugar en el mundo puesto que las cosas hay que conseguirlas solo, sin esperar que los demás te resuelvan nada. La debilidad no sólo es dañina para uno mismo, sino que facilita a los demás dañarte. Además es despreciable, no merecen compasión los débiles.

La "reacción específica" ante el dolor de la impotencia infantil, ante situaciones opresoras, ante la violencia física o psíquica, es hacerse el fuerte, sobreponerse al dolor, negar la impotencia. A veces se llegan incluso a descargar de significado emocional situaciones de dolor, daño, abandono o sometimiento. La forma de sobreponerse es no sentir el dolor, pero si no sentimos el propio dolor, tampoco podemos sentir el que causamos al otro. Si no es la reacción ante el dolor (que ha sido negado) lo que justifica nuestra agresividad, entonces ésta resulta arbitraria y generadora de culpa. La frialdad y la insensibilidad de la actitud vengativa perpetúan la culpa inconsciente.

La "dificultad específica" es una sensación profunda, dolorosa e indeterminada de maldad inconsciente que se oculta tras la vengatividad justiciera. La fuerte carga energética del impulso agresivo genera ese sentimiento de maldad y culpa inconsciente. Cada vez que la rabia nos domina de forma incontenible y la descargamos contra alguien que se siente muy dañado, del que no nos responsabilizamos y del que no sabemos compadecernos, conectamos con el sentimiento de maldad. La culpa inconsciente actúa; de forma que los actos reparatorios no se ponen en relación con el daño causado, con lo cual no es posible liberarse de la culpa.

La "fijación" del 9 es el "olvido de sí". Naranjo habla también de "sobreadaptación". Consideramos que la adaptación es una consecuencia del olvido, que se produce en las capas más superficiales de la personalidad. El olvido de sí mismo implica una desconexión con el núcleo íntimo del ser, postergar las propias necesidades y deseos, quitándoles importancia, llegando a olvidarlos. El olvido se sostiene con la actividad, bien sea con actividades "distractivas", o con actitudes de abnegación que implican estar pendientes de las necesidades de los demás, no de una manera conscientemente sacrificada, sino de forma casi compulsiva. El olvido de sí mismo hace referencia a una actitud, y la adaptación, a una pauta conductual. Para referirnos al plano del pensamiento erróneo proponemos el término "escepticismo" a fin de definir la actitud mental que subyace bajo el olvido y la adaptación, porque la creencia que sostiene el olvido es la de que nada es tan importante, y sobre todo que nosotros mismos no somos tan importantes. Desde esta perspectiva, no tiene sentido luchar por nada, sino que hay que conformarse con las cosas como son, porque, de todas maneras, no vamos a conseguir cambiarlas. El escepticismo se enraíza en la impotencia vivida y generalizada. Renunciamos a nuestra asertividad, evitamos cualquier conflicto y olvidamos nuestros deseos.

En el rasgo 9, la "ilusión específica" es la de no creernos con derecho a un lugar en el mundo, no creernos dignos de amor. Como una sensación de déficit en la que el alma se siente disminuida. No importa lo que uno posea, lo que haga o pueda hacer: siempre se sentirá inferior. Lo bueno (lo amable) está localizado en un lugar que no es nuestro interior. Eso no nos permite ver nuestras capacidades y atributos y nos desconecta de nuestros logros. Hay una sensación de que Dios nos creó con un fallo. A menudo, la sensación de inferioridad se centra en la imagen física (la belleza y la sensación de ser amados van siempre de la mano) y, en general, buscamos razones para explicar esa sensación de inferioridad que es global y nos desconecta de la posibilidad de ver nuestro propio valor. No sentirse "amable", querible, perpetúa el sentimiento de que algo falla en nosotros, al mismo tiempo que justifica cerrar el corazón, no dejar recibir el amor del otro. Hay un anhelo consciente de ser querido y una dificultad inconsciente para dejarse querer. En un plano más profundo del inconsciente, hay un sentimiento de no ser capaces de amar, de no sentir el amor, que es una secuela del olvido de sí. La abnegación trata de compensar en la acción la ausencia de sentimientos amorosos.

La "reacción específica" al no sentirnos amados es la de olvidar y restar importancia a nuestras necesidades y sentimientos. El hecho de olvidar tiene que ver con el de resignarse. Pero este resignarse contiene un matiz vengativo.

Hay una gran dificultad para enfrentarnos a la verdad íntima, un temor de que si descubrimos o descubren lo que realmente somos, podremos o podrán descubrir que somos más "feos" de lo que imaginábamos, podremos ver que no podemos sentirnos dignos de amor porque somos incapaces de amar. Algo que hemos necesitado mantener muy alejado de nuestra conciencia, proyectando en los demás la incapacidad de amar, son los otros los que no me aman, ni me amarán haga lo que haga, por mucho que me esfuerce. La "dificultad específica" que refleja la sensación de inseguridad tiene que ver con la inercia: si intuimos que nuestra alma es deficiente y no queremos verlo y tenemos la convicción profunda de que no somos amados, no tiene sentido trabajar con nosotros mismos y nos perdemos en detalles y actividades de la vida cotidiana, nos distraemos con lo exterior, nos adaptamos a la realidad consensuada y nuestra actuación en el mundo se mantiene en los límites de lo convencional.

LOS INSTINTOS

Según la visión del eneagrama hay tres instintos básicos, que se expresan en cada uno de los rasgos dando origen a veintisiete subtipos. Estos instintos son: conservación, social y sexual, y su predominio matiza las formas en que se presentan los distintos caracteres. Sin embargo, en nuestra experiencia el hecho de que domine uno u otro no significa que los demás no se vivan desde la propia pasión dominante, de manera que nuestro comportamiento en el ámbito sexual, social o autoconservativo siempre va a estar teñido por las actitudes y emociones que caracterizan a nuestro rasgo principal. Por otra parte, en diversos momentos de la vida pueden apasionarse distintos instintos.

En el eneagrama el instinto agresivo es obviado. Intentaremos ver cómo se manifiesta en las diferentes estructuras caracteriales, de acuerdo con la experiencia clínica.

Los instintos no tienen un centro superior. Según este esquema, el instinto se enferma cuando se apasiona, cuando la pasión lo invade. Basta desactivar esa invasión para que el instinto recupere la salud. No son, como las emociones o los pensamientos, positivos o negativos, simplemente son.

Instinto de conservación

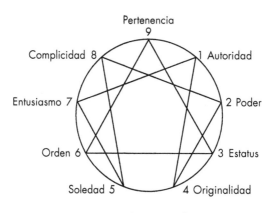

Instinto social

Instinto sexual

LOS TRES INSTINTOS
O EL SISTEMA PULSIONAL DESEANTE

Bleichmar aborda el tema de los instintos desde otro punto de vista. Dice que en el ser humano el instinto animal se inscribe en el psiquismo en términos de deseos. Los deseos se hunden en lo pulsional autoconservativo y en lo pulsional sexual. En el planteamiento del eneagrama se introduce un tercer instinto, el social.

Bleichmar establece dos pulsiones básicas (conservación y sexual), pero su sistema pulsional deseante incluye cuatro subsistemas, el de apego y el narcisista, además del de conservación y el sexual.

En los instintos o pulsiones podemos distinguir tres aspectos: la fuente, el fin y el objeto. La fuente hace referencia al estado físico-emocional del sujeto en el que se activa la pulsión; el fin es siempre la satisfacción, pues aunque el "principio de la realidad" puede hacernos postergarla, esta satisfacción es el fin ineludible; y el objeto, el destinatario de la pulsión, el otro, que en el caso de las pulsiones de autoconservación es uno mismo, así como lo es también en el narcisismo. Aunque si lo miramos con más profundidad, sea cual sea el objeto de la pulsión, el fin que persigue es la satisfacción del sujeto, y en este sentido podríamos considerarlas todas como narcisistas.

Desde el punto de vista del objeto, aunque las pulsiones se activen en el sujeto, tienen al otro como destinatario y, por eso, establecen formas de vínculo.

Las formas de vínculo establecidas desde el sistema pulsional deseante que Bleichmar analiza son:

- Deseos de ser alimentado, protegido, de que el otro apacigüe la angustia ante una crisis de pánico o ante el sentimiento de impotencia, que correspondería al instinto de conservación del eneagrama.
- Deseos de satisfacción sensual-sexual o de canalización de impulsos agresivos, en relación con el instinto sexual.
- Deseos de respuesta emocional del otro, que se mueve entre el instinto social y el sexual en la óptica del eneagrama.
- Deseos narcisistas de reconocimiento y valoración, que encajarían en el instinto social.

El instinto social del eneagrama estaría a caballo entre los deseos de respuesta emocional por parte del otro y los narcisistas. En este mapa no se contempla el narcisismo como un instinto. Desde nuestro punto de vista, el narcisismo sostiene la estructura del carácter, manteniendo la identificación con la imagen más valorada de nosotros mismos. Como dice Horney, el «sistema del orgullo» nos obliga a convertir «necesidades en virtudes» y así transformamos determinados aspectos y límites de nuestra personalidad en valores positivos. Nombramos la sumisión como amor, la agresividad como fuerza, el miedo como prudencia, la ira como justicia, etcétera. El trabajo con el carácter exige como primer paso renombrar nuestras emociones, quitándoles el tinte narcisista y volviendo a llamarlas por su nombre.

Siguiendo con el planteamiento de Bleichmar, él dice que esos cuatro tipos de deseos se hallan presentes en todo sujeto, pero varía la importancia que adquiere cada uno de ellos. Es precisamente esta dominancia relativa del tipo de deseo la que genera importantes tensiones en el vínculo y produce serios desencuentros cuando no coincide. Nos abre con ello una interesante posibilidad de trabajar con los vínculos poniéndolos en relación con los subtipos. Sin profundizar en algo que requeriría un estudio mucho más concienzudo, queremos comentar las dificultades que estos desencuentros generan en las parejas simplemente, por ejemplo, cuando el sistema motivacional dominante para uno es la conservación y para el otro lo es el social o el sexual y la diferencia es leída en términos de desinterés o desamor.

Siguiendo con la influencia entre los sistemas pulsionales y las relaciones personales, observa que los estados emocionales tienen, en la expresión de los afectos, un aspecto expresivo y otro conativo: son formas de comunicar al otro estados del sujeto, de promover ciertos afectos en el otro que lo conduzcan a hacer algo en relación con el sujeto. Considera interesante analizar los medios empleados para conseguir que el otro satisfaga los deseos: seducción, castigo, provocación de sentimientos de culpa... Aunque cualquier estructura caracterial tenga a su disposición cualquiera de estos medios, lo más habitual es que se "especialice" en alguno, por ejemplo, para el 2, la seducción, para el 4, la provocación de sentimientos de culpa, para el 1, el castigo...

Por otra parte, el propio sujeto también percibe sus afectos como una instrucción de hacer algo y reacciona ante ellos. La forma en que los padres reaccionaron ante los afectos del niño se constituye en un sistema codificador de cómo se debe reaccionar ante los propios afectos. A nivel interno, cada sujeto utiliza fórmulas estructurales en relación con sus deseos y su regulación: negarlos, satisfacerlos, desconocerlos, rechazarlos... Satisfacerlos es característico del 8 y del 7, desconocerlos es lo habitual en el 3, negarlos en el 9, rechazarlos en el 1.

Todos estos aspectos aportan una dimensión interesante a la hora de analizar cómo se apasiona el instinto: ver la dominancia del tipo de deseo, las dificultades vinculares que nos ha producido, la forma en que tratamos de manejar al otro para que satisfaga nuestros deseos y la reacción ante los deseos del otro y los propios. Elementos a tener en cuenta en el trabajo de la "observación de sí".

Instintos e identidad

Aunque desde el punto de vista del eneagrama es el rasgo principal el que va a determinar la identidad global del individuo, resulta interesante el planteamiento de Bleichmar en cuanto a aspectos parciales de esa identidad vista desde los sistemas motivacionales dominantes que pueden servir para identificar el instinto predominante en los diferentes subtipos de cada rasgo.

Desde los sistemas que le dan forma, las identidades pueden ser:

- – Auto/heteroconservación: perseguidor o perseguido, protector o protegido.
- – Apego: abandonado, abandonante.
- – Sensual/sexual: seducido o seductor, frustrante o frustrado...
- – Narcisista: admirador o admirado, superior o inferior.

Como es obvio podemos identificarnos con cualquiera de estas identidades sin que eso excluya a las demás, puesto que aunque uno de los instintos o sistemas motivacionales sea el predominante, esto cambia a lo largo de nuestra vida y siempre mantenemos todos, de forma que uno puede identificarse primordialmente con la identidad de seductor que corresponde al instinto/sistema sexual y, al mismo tiempo, en el plano narcisista ser admirado, en el sistema del apego, abandonante, y en el de conservación, protector, o cualquier otra combinación posible. En este esquema, el impulso agresivo está incluido en el mismo paquete que el sexual, aunque destaca que la agresividad puede matizar estas identidades y dar forma a sus manifestaciones.

Por otro lado, estas identidades se mueven en un interjuego entre lo interno y la intersubjetividad en el que van emergiendo ciertas estructuras intrapsíquicas que fijan las modalidades con las que el sujeto se relaciona con los otros y consigo mismo. Las que Bleichmar observa son representaciones fantaseadas que pueden ser de dos tipos:

• Representaciones fantaseadas del sujeto, representación de su cuerpo y mente en múltiples niveles, como la valoración estético-narcisista, intelectual, o de la potencia o impotencia para satisfacer los deseos o protegerse de los peligros. Estas representaciones que forman los núcleos básicos del sentimiento de identidad no se quedan en simples imágenes, sino que constituyen identidades funcionales desde las que el sujeto actúa.

• Representaciones fantaseadas de los otros con los que el sujeto estaría en relación: personajes terribles o salvadores, con supuestas intenciones respecto al sujeto.

Considera que se trata de un verdadero escenario mental, dominado por la fantasía inconsciente, en el que los personajes que lo pueblan, incluido el sujeto, son representados como atacándose o amándose, protegiendo o abandonando, reaccionando con desdén o con simpatía. Estas relaciones internas de objeto constituyen el producto de interacciones reales del pasado, de identificaciones con figuras significativas y de la creatividad de la fantasía inconsciente.

Las representaciones fantaseadas se moverían ya en el plano de las fijaciones, ilusiones o creencias, o como queramos llamarlas, que tienen que ver con la traducción, a nivel cognitivo, de la autoimagen y de la imagen del otro.

Analizar en nosotros mismos todos estos factores, tanto las identidades imaginarias como las formas de relacionarnos con otros, así como cuáles son las estructuras internas que los sostienen y la manera peculiar de cada uno de llevarlo a la vida, nos abre vías de autoobservación.

SISTEMA NARCISISTA

Desde nuestro punto de vista, el sistema narcisista apuntala el carácter. En el narcisismo no estamos hablando de un instinto propiamente dicho, estamos hablando más bien del "objeto" de un instinto, y ese objeto es el propio yo. Pero no el "verdadero yo", sino el "falso *self*" que se ha constituido en el carácter, en cuanto máscara con la que nos identificamos, en la que valoramos determinados aspectos y negamos otros.

Según Horney, una vez que construimos defensivamente el "falso *self*", nos enfrentamos al siguiente paso que considera ineludible: potenciar lo que valoramos y rechazar lo que no encaja en nuestra imagen idealizada. Así tratamos de mantener la imagen interna que más valoramos. Entra en juego el sistema narcisista interno o sistema del orgullo, como lo llama, evitando el término narcisismo, ya que se utiliza en la literatura psicoanalítica en un sentido más amplio que el que ella propone, que se limita al «sentido descriptivo original de estar enamorado de la imagen idealizada».

El sistema del orgullo actúa como una especie de censura que prohíbe llegar a la conciencia a todos aquellos sentimientos que contrarían la imagen valorizada: la envidia, por ejemplo, si lo valorado es la arrogancia, o, por el contrario, la arrogancia si lo que se valora es la modestia. Desde esta óptica, la forma de solucionar el conflicto es ocultarlo y disminuirlo suprimiendo uno de sus aspectos y dando predominio al otro. Exiliamos a nuestro verdadero yo y así el conflicto entre yo verdadero y yo falso desaparece de la conciencia. No olvidemos que no reconocer el verdadero yo es una medida de autoprotección, dictada por la necesidad de supervivencia. Pero el peligro del que hubo de protegerse en la infancia ya no es tal, la realidad adulta es otra que la infantil y el verdadero yo, con todo su potencial genuino, tiende a aflorar a la conciencia, de la misma manera que ocurre con los materiales reprimidos.

Este conflicto nuclear del ser humano entre la autoimagen idealizada que ha sustituido al ser real y el verdadero yo, conlleva, a nivel emocional, una incertidumbre fundamental acerca del sentimiento de identidad (¿cómo me experimento?, ¿quién soy yo?), a nivel intelectual, una angustia que deriva del temor a equivocarse (puesto que no sé quién soy ¿cómo voy a estar seguro de mis decisiones?), y, a nivel físico, una dificultad para actuar según los genuinos impulsos o para contenerlos. Volveremos sobre este tema al hablar del triángulo central del eneagrama.

Cuando nos identificamos con aspectos parciales como si fueran todo nuestro yo, es imposible encontrar respuesta a la pregunta de quién soy. Gurdjieff, como ya hemos visto, habla en un sentido semejante de que los hombres creemos que tenemos una mente única y que esa mente puede ocuparse de todo, y que esa idea de la mente única viene ligada a la ilusión de que el hombre es uno, una unidad que tiene una voluntad y un yo permanente, que posee plena consciencia y conocimiento de sí y que tiene el poder de hacer. El hombre –dice– se aferra a lo que se imagina que él es y, al aferrarse de este modo a lo que no existe, hace que sea imposible existir y ser real, es decir, llegar a ser lo que podría ser.

Volviendo a Horney y a la imposibilidad de encontrar respuesta a la pregunta de "¿quién soy?" desde la identificación con aspectos parciales de nuestro ser, ella considera que el conflicto entre el yo real y la imagen idealizada es lo bastante fuerte como para desgarrar al individuo y que, si no se logra disminuir la tensión resultante, provoca angustia. Por eso, las tentativas de solución se producen automáticamente.

Obviamente, su planteamiento no es el mismo que el del eneagrama, donde contemplamos la existencia de nueve pasiones básicas que determinan los diferentes estilos de vida. Sin embargo, recogemos aquí, brevemente, sus "soluciones" al conflicto porque destacan lo que se potencia o se niega en la autoimagen (y todos los eneatipos potencian o niegan aspectos de su ser), y la reflexión en torno a lo potenciado o negado de cada uno nos parece una buena manera de empezar a discriminar el "rasgo principal". Por otra parte, desde una óptica diferente, como es la forma de solucionar el conflicto básico en el que está implicado el narcisismo, logra descripciones de tipos más cercanos a los descritos a través del eneagrama, que los de cualquier otra de las caracterologías que hemos consultado.

Para ella son tres las soluciones "mayores" al conflicto básico entre el yo valorizado y el rechazado:

Las soluciones expansivas: el recurso del dominio

Esta solución conlleva un sentimiento de superioridad consciente (porque el individuo se identifica con su yo idealizado) que determina gran parte de la conducta y de las actitudes. Supone una determinación de vencer todos los obstáculos, todas las adversidades del destino, las dificultades de cualquier situación, los problemas intelectuales, los conflictos con otras personas y los propios. Tiene la creencia de que debería ser capaz (y que lo es) de hacerlo. El *dominio* es la clave. El aspecto polar, que se trata de negar con la posición de dominio, es el terror a la impotencia.

Distingue tres subtipos: el *narcisista,* la persona enamorada de su imagen idealizada, con la que se siente identificada; el *perfeccionista,* que se identifica con sus principios y se siente superior a causa de la altura de tales principios, morales o intelectuales, desde los que desdeña a los demás, y el *vindicativo arrogante,* que está identificado con su orgullo y cuyo principal motor es la venganza y el triunfo.

Los tres tipos que recurren a una solución expansiva cultivan todo lo que signifique dominio, que supone la necesidad de ser superior en algún aspecto.las tendencias modestas se reprimen para mantener la convicción subjetiva de superioridad, negando cualquier asomo de duda o de culpa, así como también cualquier fracaso. La contrapartida de esto es el temor constante a ser un *bluff* y a que los demás lo descubran.

• El narcisista: es la persona enamorada de su imagen idealizada. Corresponde bastante bien al tipo 2 del eneagrama. Frecuentemente ha sido el niño favorito. De la creencia en su ser especial vienen su alegría y encanto fascinador, su capacidad de gozar de la vida. De ahí deriva también el sentirse con derecho al privilegio. Su sensación de dominio reside en la convicción de que no hay nada que no pueda lograr ni nadie a quien no pueda conquistar, pero necesita la constante afirmación de los otros. Es tanta su necesidad de admiración que consigue ser realmente encantador, impresionar a la gente y mantener ante sí mismo y ante los demás la imagen de alguien con gran capacidad de amar. Para ello derrocha generosidad, con una deslumbrante ostentación de sentimientos, halagos, favores y ayuda.

Puede soportar las bromas, pero no se le puede discutir seriamente. El hecho de que otros tengan deseos u opiniones que contradigan los suyos, lo siente como una humillación y puede derivar en arrebatos de rabia.

No tiene en cuenta sus limitaciones y sobrestima sus capacidades. Pasa por alto sus defectos. Cualquier fracaso o rechazo lo aplasta: su odio y desdén de sí mismo contenidos pueden expresarse entonces con toda su fuerza. Se manifiesta como depresión, episodios psicopáticos o anhelos de destrucción.

Aparentemente, su sentimiento hacia la vida es bastante optimista, pero hay corrientes subterráneas de desolación y pesimismo.

• El perfeccionista: se identifica con sus principios y se siente superior a causa de la altura de tales principios, morales o intelectuales, desde los que desdeña a los demás. Su arrogancia la intenta envolver en amabilidad. Correspondería al tipo 1.

Hace grandes esfuerzos por estar a la altura, cumpliendo con sus deberes y obligaciones. Son minuciosos y puntuales, buscan la palabra exacta o la ropa adecuada. Estos son aspectos superficiales de su necesidad de alcanzar la impecabilidad de su conducta. Pero además de esta perfección convencional intenta ser una buena persona a través del cumplimiento de los principios morales. Proyecta su autocondena y mantiene el autoengaño exigiendo a los demás que vivan de acuerdo con sus principios de perfección y despreciándolos si no lo hacen.

Para confirmar la buena opinión de sí necesita el respeto de los demás. Es como si hiciera un "trato" con la vida: como es justo y cumplidor de los deberes, tiene derecho ser tratado con justicia. El sentimiento de dominio se lo proporciona la convicción de la existencia de una justicia infalible.

Cualquier cosa positiva que logre es más la confirmación de su virtud que algo de lo que hay que disfrutar. Por el contrario, cuando no logra sus objetivos puede llegar a desequilibrarse, bloqueado ante la impotencia, la rabia y el sentimiento de injusticia.

Otros puntos vulnerables son el conflicto entre los "debieras" contradictorios y reconocimiento de un error o fracaso que puede desencadenar el odio hacia sí reprimido. Horney llama "debieras" a los dictados interiores que nos marcan cómo deberíamos ser.

• El vindicativo arrogante: está identificado con su orgullo. En su descripción aparecen mezcladas características del eneatipo 8 y del 4 sexual. Su principal motor es la necesidad de un triunfo vindicativo. Se impone la necesidad de venganza y triunfo ya que su impulso es poderoso y el freno que suponen para otros el amor, el miedo o la autoconservación es insuficiente.

Es muy competidor, no puede tolerar que nadie quede por encima. Derrota y humilla compulsivamente a sus rivales, pudiendo llegar a poner en peligro su vida.

Es arrogante y violento, no es amable y no le importa, no se preocupa de agradar aunque, a veces, lo oculte bajo una capa de seducción. Desconfiado y receloso, explota a los demás sin tener consideración hacia sus sentimientos, aunque no siempre sea consciente de ello.

Se siente con derecho a que sus necesidades se respeten. Critica abiertamente a los otros, pero no tolera ser criticado. No soporta la frustración, pudiendo manifestar explosiones de cólera violenta, con las que intimida a los demás.

La vindicación encuentra su origen en la niñez, donde hubo experiencias muy duras (humillaciones, brutalidad, hipocresía). Para sobrevivir se endurece, ahogando los sentimientos tiernos. Sus pretensiones son demandas de retribución por el daño sufrido. Ésta es la deuda que la vida tiene con él. Para sostenerla ha de, o bien mantener vivas las injurias (4) y dar salida a su resentimiento, o bien tener la "prudencia" de mirar con desconfianza a todo el mundo (8).

A fin de negar su vulnerabilidad tiene que probarse constantemente su valor. No se permite sentir las heridas, se exige estar por encima del dolor y el sufrimiento. Si, a pesar de todo, la herida penetra la coraza protectora, se hace insoportable el dolor.

Considera que sus actitudes no son más que las armas indispensables en un mundo hostil y traidor. Desprecia la hipocresía de la gente que pretende mostrarse mejor de lo que es. Él no es peor que los demás, sólo es más sincero. Algún día se demostrará que lo han juzgado mal (4). Desprecia en los demás todo lo que reprime y odia en sí, el anhelo de amor, las tendencias conciliadoras, la hipocresía… El odio de sí es cruel y despiadado, por eso su proyección en los otros sirve a los intereses de la autoconservación. La actitud punitiva y la frustración a la que somete a los demás son proyecciones de las tendencias autocondenatorias y autofrustradoras, además de ser expresión de la venganza. Los esfuerzos que tiene que hacer para no verse aplastado por el odio inconsciente de sí son tan tremendos como su arrogancia o su sadismo. Su ausencia de compasión, su dureza, es tanta para los demás como para sí.

La solución de la modestia: el recurso del amor

El individuo que adopta esta solución tiende a subordinarse a los demás. Cultiva y exagera la impotencia y el sufrimiento. Lo que anhela es ayuda, protección y entrega amorosa. Le inquieta cualquier actitud por parte de los demás de admiración o reconocimiento.

Correspondería al tipo 9, aunque en algunas cosas se mezcla su descripción con la del 4.

La dirección de la solución de la modestia es opuesta a la de las soluciones expansivas.

Cree no estar a la altura de sus "debieras" y por ello se siente culpable, inferior y, a veces, despreciable (4). El orgullo es tabú, se niega o no se reconoce. Reprime cuanto denote ambición, vindicación o triunfo. Cultiva la abnegación. No hace uso de la posición de privilegio cuando la tiene. No sabe defenderse cuando lo tratan mal, y cuando se aprovechan de él se da cuenta tarde y reacciona con una cólera violenta, dirigida en primer lugar contra sí mismo y luego contra el agresor.

Teme al triunfo. Evita los actos públicos y no puede atribuirse el mérito si logra el éxito en alguna empresa: le quita importancia o lo atribuye a la buena suerte. "Sucedió", no es algo que él ha hecho. Sólo reconoce el valor personal indirectamente porque "los otros lo creen", pero no lo experimenta en forma emocional.

Además tiene que evitar todo pensamiento, sentimiento o gesto que sea "presuntuoso". Se olvida de lo que sabe, del bien que ha hecho, de lo que ha logrado… Cede fácilmente, no defiende su postura. Todo lo que contribuye al proceso de autodisminución se mantiene mediante poderosas creencias: «hay que contentarse con lo que se tiene», «no hay que desafiar al destino»…

Desprecia el egoísmo casi tanto como la presunción. Aunque es capaz de gozar de las cosas, le cuesta disfrutar solo, las cosas compartidas ganan sabor y significado. Siente como "natural" querer compartir los placeres, algo, por otra parte, absolutamente necesario para él. Le cuesta gastar dinero en su persona, aunque lo puede derrochar por otros. Puede incluso llegar a descuidar su apariencia, preocupándose de ella sólo cuando es para complacer a alguien. Derrocha tiempo y energía en hacer cosas de cara a los demás, pero le cuesta dedicarse tiempo a sí mismo.

Tiene la sensación de que todo lo que hace por sí o para sí carece de sentido; su salvación está en los demás, en la sensación de ser aceptado, querido, amado y apreciado.

La agresividad es otro de los grandes tabúes. Tiene mucha dificultad en expresar la hostilidad, de hecho le cuesta mucho sentirla. Le aterra que alguien sea hostil hacia él y prefiere ceder, comprender y razonar. Las tendencias vindicativas permanecen inconscientes y sólo se expresan de modo indirecto y en forma disfrazada. Abiertamente no puede exigir nada.

Todos estos tabúes constituyen un freno que impide la expansión de la persona, su capacidad de luchar y defenderse, su interés por sí mismo, por todo lo que puede acrecentar su desarrollo y su propia estima. Esta actitud se puede reflejar en lo físico en un encogimiento que reduce artificialmente su estatura.

La violación de los tabúes desencadena pánico, culpa y autocondena. El miedo al ridículo se proyecta hacia afuera, pensando que los demás van a encontrar ridículas sus pretensiones. La imagen idealizada es una combinación de abnegación, generosidad, consideración, comprensión, amor y sacrificio. Inconscientemente supone glorificar también el desvalimiento, el sufrimiento y el martirio. Amor y sacrificio están muy unidos en su mente: debería ser capaz de sacrificar todo por amor. Esta hondura de sentimientos es parte de su imagen (4).

Aunque el orgullo sea algo muy prohibido, está orgulloso de sus valores. Por otra parte, valora en los demás aquello de lo que él carece, la confianza en sí mismo, la capacidad de autoafirmación. De hecho, lo que valora es todo aquello que él tuvo que suprimir. La negación de su asertividad y la admiración de estas características en los otros son determinantes de su actitud dependiente. En el fondo, se desprecia por su docilidad y cobardía. Así, si rechaza hacer un favor, se siente malo, pero si lo hace, se siente tonto.

La necesidad de poner freno a la agresividad, el miedo a las consecuencias que su despliegue podría tener, le llevan a aferrarse más a la solución adoptada. Este tipo suele crecer en una situación propicia a despertar miedos, a veces con una figura de autoridad muy fuerte, ante la que no pudo rebelarse. Lograba el afecto, o al menos una cierta tranquilidad, gracias a la sumisión. Las rabietas se acabaron, se volvió dócil y aprendió a apoyarse en los que eran más fuertes y temibles. Su hipersensibilidad a la tensión y su miedo a la violencia lo llevaron a convertirse en una persona conciliadora. Su miedo al enfrentamiento le lleva a pasarlo por alto o explicarse de alguna manera las acciones contra él, anulando la evidencia.

Esta solución tiene como punto débil el esconder y no desarrollar los valores personales y la evitación de lo expansivo. El proceso de autodisminución es un medio de aplacar el odio, un medio que parece no dejar lugar al orgullo, el cual, sin embargo, reaparece en la posterior valoración que se hace de la solución elegida.

Mide su valor con la medida del amor, vale tanto como lo quieren, necesitan o aman. Estar solo es la prueba de no ser querido, y no ser querido le quita su derecho a estar en el mundo, por tanto es algo que resulta muy importante evitar. El amor se torna tan indispensable como el oxígeno. Y esta necesidad se convierte en derecho, en exigencia, que basa en sus esfuerzos por ser amable y útil, en su sufrimiento y en el sentirse víctima.

Los fuertes sentimientos de venganza han de permanecer inconscientes. De no ser así pondrían en peligro la imagen de bondad que lo hace digno de amor. La rabia deriva en síntomas psicosomáticos o en depresión. De esta forma consigue que los demás se sientan culpables, y ésta es su venganza. Su sufrimiento acusa a los demás y lo excusa a él.

Cuando el sufrimiento es muy fuerte puede aparecer la idea de destruirse o la determinación inconsciente de llevarlo a cabo. La destrucción puede suponer un gran atractivo, como la única salida a sus dificultades: renunciar a la lucha desesperada por el amor.

La solución de la renuncia: el recurso de la libertad

En cierto aspecto es la más radical de todas las soluciones, porque supone una renuncia a la vida activa (5). Esta actitud reduce la vida al mínimo. Así evita las penas, pero se queda también sin las alegrías. La posición de indiferencia parece otorgarle una cierta paz interior.

La persona se convierte en espectador de sí mismo y de su vida. Ser el espectador de sí mismo significa no participar activamente en la vida e inconscientemente negarse a hacerlo. Evita ver los conflictos que esto le genera.

Estrechamente ligada con esta no participación en la vida aparece la ausencia de cualquier lucha seria para lograr algo y la aversión al esfuerzo, pues la perspectiva de la actividad le cansa antes de comenzar. A esto se une una ausencia de metas y planes, como si no supiera qué quiere realmente hacer con su vida.

La esencia de la resignación es la restricción de los deseos. La persona resignada cree, consciente o inconscientemente, que es mejor no desear ni esperar nada. Nada ni nadie debería ser tan importante para que él no pueda prescindir.

Cuando tiene amistades duraderas, ha de mantener la distancia. En este punto es el polo opuesto del tipo modesto, que presenta la necesidad de fundirse con el compañero. Sus deseos de fusión, más aún que cualquier otro deseo, han de mantenerse en el inconsciente para no derribar todo el edificio construido sobre el desapego.

Puede ser atento, pero no hablar íntimamente de sí mismo; puede insistir en contar con tiempo para estar solo y poner muchos límites a las relaciónes. Los sentimientos profundos permanecen en su interior, son asunto de él y de nadie más.

Es hipersensible a la presión, coacción o ataduras de cualquier clase. Le puede molestar cualquier cosa que los otros esperen de él. Se rebela interiormente, y puede consciente o inconscientemente frustrar a los demás en su forma pasiva, no respondiendo u olvidándose. Tiene miedo de que alguien con deseos más fuertes se pueda imponer a él y empujarle a hacer algo. Como no experimenta sus propios deseos o preferencias, fácilmente siente que cede a los deseos de otro, aunque, en realidad, no sea así.

La aversión al cambio, a todo lo nuevo, acompaña a la resignación. Prefiere soportar la situación que cambiar.

Toda la actitud de resignación puede ser consciente; en tal caso, la persona la mira como una muestra de sabiduría, pero la mayoría de las veces sólo se da cuenta de su desapego y de su sensibilidad a la coacción.

Aunque prevalezca la resignación, ni las tendencias expansivas ni las modestas son suprimidas. Si son más fuertes las tendencias expansivas, se pueden manifestar en fantasías grandiosas. Frecuentemente se siente superior: está orgulloso de su desapego, de su estoicismo, de su capacidad de bastarse a sí mismo, de su independencia, de estar por encima de la competencia, pero, en realidad, todo nace de su necesidad de proteger su torre de marfil. Las tendencias expansivas ya no constituyen una fuerza activa, sólo alimentan la fantasía. Si prevalecen las tendencias modestas, las personas resignadas tienden a subestimarse. Pueden ser tímidos y pensar que valen poco. Se sienten inermes ante las imposiciones y ataques. Pueden tener mucho cuidado con no herir y tienden a ser dóciles, sin embargo, esta última tendencia no está determinada por la necesidad de afecto, como en el tipo modesto, sino por la necesidad de evitar conflictos. El recurso del amor que da a las tendencias modestas su carácter apasionado, falta en el tipo resignado, decidido a no querer ni esperar nada de los otros y a no relacionarse emocionalmente. Quiere mantener sus sentimientos en lo privado de su corazón, considera más seguro que nadie sepa lo que le pasa, para que no puedan utilizarlo contra él.

La persona resignada pone un freno en su tendencia natural hacia la autorrealización.

La mayoría de las características básicas en que se manifiesta la resignación concuerdan con la búsqueda de libertad: cualquier lazo o necesidad fuerte limitaría su libertad. Si dependiera de sus necesidades, fácilmente dependería de los demás. Desea hacer lo que quiera y cuando quiera. La libertad significa hacer lo que quiera. Pero como ha hecho todo lo posible por congelar sus deseos, no sabe lo que quiere y a menudo no hace nada.

En su infancia hubo alguna hostilidad contra la que el niño no se podía rebelar, así como una falta de respeto a su individualidad. Se sintió desgarrado entre su necesidad de afecto y el resentimiento puesto que no le dejaron ser. Resuelve este conflicto retirándose de los demás, poniendo una distancia emocional. La libertad le da la posibilidad de una independencia interior, pero le obliga a reprimir todos los deseos y necesidades para cuya satisfacción necesite a los demás. Así, las necesidades de comprensión, de experiencias compartidas, afecto, simpatía y protección quedan relegadas. Se esfuerza para dominar sus sentimientos sin que nadie se entere hasta que aprende no sólo a dominar el sufrimiento sino a no experimentarlo. Cuantos menos deseos tenga, más seguro estará en su retiro y más difícil les será a los demás tener algún poder sobre él.

Todo este desarrollo le deja solo, carente de confianza en sí mismo y sintiéndose mal equipado para la vida real.

Su imagen idealizada es una combinación de autarquía, independencia, serenidad, estoicismo y ecuanimidad. Suelen ser poco prácticos y difíciles de tratar cuando entra en juego su actitud reactiva a ser influidos.

Estas soluciones implican un sistema de ideales bajo los cuales el sujeto se representa como digno moralmente: ideales de no agresión, de protección del objeto, de fidelidad, de cuál debe ser el deseo... A este sistema de ideales lo llama Horney la *tiranía del debiera*, los dictados interiores acerca de todo lo que debiera hacer, ser, sentir, saber y los tabúes de todo lo que no debería ser. Los "debiera" dañan la espontaneidad de los sentimientos, pensamientos, deseos y creencias, y hacen que se diluya la frontera entre lo que deberíamos sentir, pensar o desear y lo que realmente nos pasa. Se imponen como resultado de la necesidad que siente la persona de convertirse en su yo idealizado y de su convicción de que puede hacerlo. El precio que pagamos es muy alto. Por otra parte, muchas de las exigencias interiores no se pueden cumplir, desbordan los límites de lo humano. De nada sirve entenderlo, estas exigencias son más fuertes que la razón, operan con desdén hacia la realidad humana: nada debería ser imposible para uno y no es necesario tener en cuenta condiciones ni límites. La sola voluntad debería ser suficiente. Es difícil renunciar a esta idea, pues hacerlo supone aceptar la falta de omnipotencia. Y la renuncia a la omnipotencia infantil es la más difícil que ha de llevar a cabo un ser humano para llegar a convertirse en un adulto maduro.

Mientras logre mantenerse de acuerdo con sus dictados interiores, una persona puede funcionar bien, pero cada vez que no los cumple, la reacción es de angustia, desesperación e impulsos autodestructores. La situación es aún más difícil cuando los "debieras" son contradictorios, porque mantienen la misma intensidad dentro de la contradicción, cosa que suele ocurrir cuando los sistemas de valores de cada miembro de la pareja parental son muy diferentes. En el momento en que la persona se da cuenta de que no está a la altura de sus dictados interiores, se odia y se desprecia. El orgullo y el odio hacia sí son inseparables, son expresiones del mismo proceso: uno elige de qué ha de estar orgulloso, y lo que debe rechazar, despreciar y odiar. Una vez más, amor y agresividad van de la mano, pues lo que nos hace amar determinados aspectos es lo mismo que lo que nos lleva a odiar a otros.

Horney considera además que cuando un individuo traslada su centro de gravedad a su yo idealizado, éste se convierte en «la vara con la que mide su ser real», y desde la perspectiva de perfección que imponen los "debieras", el ser real, con sus limitaciones, es un auténtico estorbo en el camino hacia la perfección. El odio por el verdadero yo no es consciente, se evidencia en sus consecuencias: sentimientos de culpa, inferioridad, tormento. Se puede dirigir tanto hacia el propio yo como hacia la vida, el destino, la gente, las instituciones...

La actitud destructiva y la autodestructiva las considera consecuencias inevitables del sistema del orgullo. En lo que se refiere a lo autodestructivo distingue seis manifestaciones o formas de expresión del odio hacia sí: exigencias despiadadas, autoacusaciones inexorables, desdén, frustración, autotormento y autodestrucción, que se pueden manifestar en cada uno de nosotros, cambiando sólo los contenidos argumentales.

• Exigencias despiadadas que generalmente son desorbitadas y omnipotentes, pero cuyo incumplimiento desata rabia interior.

• Autoacusaciones condenatorias por no alcanzar los ideales que, a veces, parecen racionales. El odio y la culpa que generan no se debe a que los autorreproches sean válidos en parte (como suele ocurrir, por eso son tan engañosos), sino que es algo previo. Una persona se puede acusar de actitudes no sólo inofensivas sino legítimas e incluso deseables (cuidar de sí, tener en cuenta sus deseos…).

• Desdén de sí, que se manifiesta en las diversas maneras de minar la confianza (empequeñecerse, ridiculizarse, dudar, desacreditarse…) por medio de la autodenigración. Como consecuencia aparecen la hipersensibilidad al rechazo y la crítica y búsqueda de respeto o admiración de los demás.

• Autofrustración relacionada con la anulación de la libertad de elección (que impone la tiranía del "debiera"), y de los deseos (por el tabú del placer).

• Autotortura como derivado inevitable del odio. A veces, las tendencias autoatormentadoras son pasivas, como ocurre en la hipocondría o en la avaricia, otras veces son activas y se exteriorizan en fantasías sádicas.

• Autodestrucción como culminación del odio hacia sí. Se expresa en actos de autodestrucción, llevados a la práctica o realizados en la imaginación. El suicidio real es la forma más extrema y expresión final de la autodestrucción. Los impulsos autodestructores pueden ser inconscientes y exteriorizados en forma de conducción, montañismo, pruebas de riesgo. También aparece en personas que dañan su salud con el alcohol o las drogas. Y, en general, podemos verlo en la tendencia a estropear las oportunidades vitales.

A veces, las personas están tan llenas de desdén hacia sí que sus fuerzas constructivas no pueden contrarrestar el impacto de las tendencias de autodestrucción. La ampliación de la conciencia lleva a darse cuenta de cómo desaprovechamos oportunidades que nos brinda la vida y luego atribuimos a un destino aciago el no conseguir lo que necesitamos o deseamos.

En cualquier estructura de carácter podemos ver esta combinación de idealización de la solución encontrada, de exigencia y desdén, aunque los contenidos de lo que uno idealiza, se exige o rechaza y odia sean absolutamente diferentes.

Bleichmar aporta una mirada diferente sobre el sistema narcisista. Para él, este sistema está constituido por:

- Representaciones valorativas del *self*.
- Sistema de ambiciones heroicas.
- Conciencia crítica

Las "representaciones valorativas del *self*" que el sujeto tiene sobre sí mismo, constituyen una especie de archivo. En el trabajo se trata de ver cuáles son las áreas, dentro de las múltiples representaciones valorativas de sí mismo, que resultan más significativas, y cuáles, siendo significativas, están más reprimidas, cuáles se utilizan para compensar las representaciones más insatisfactorias y qué contextos –circunstancias y personas– activan unas u otras.

En estas representaciones, las creencias inconscientes (creencia matriz pasional) adquieren la máxima importancia, condicionando la imagen de la propia eficacia, potencia, capacidad de superar las dificultades... Estas representaciones derivan de:

• Discursos sobre el sujeto por parte de sus otros significativos.
• Identificación con la identidad parental.
• Experiencias concretas de eficacia y poder. El primer núcleo del sentimiento de eficacia se logra en los tempranos intercambios con los padres. Si éstos no responden a los gestos de acercamiento del niño, se va creando un sedimento que es el sentimiento de ineficacia de la propia acción. Winnicott habla del periodo en que el niño y la madre forman una unidad, no hay integración en el sujeto infantil y éste necesita del yo auxiliar de la madre para ir integrándose. Habla también de la omnipotencia en un sentido más primario que el utilizado por Melanie Klein (el deseo del niño hace que aparezca el objeto-madre-pecho). Para Winnicott, la sensación infantil es que el deseo crea el objeto, no hay un objeto externo al margen de su necesidad. Y cree que es necesario este periodo de omnipotencia, facilitado por la preocupación maternal primaria, paulatinamente disuelto luego, para que el infante pueda ir integrándose y elaborando más tarde el sentimiento de poder.
• Fantasías desde las que el sujeto reestructura, selecciona o codifica los componentes anteriores con las que establece la creencia (matriz pasional) en una identidad imaginaria nuclear bajo la que se representa. Es este componente del narcisismo el que se halla en la base de la identificación con el carácter. Hay distintas áreas de autoevaluación –belleza, inteligencia, logro social, valores morales...– con di-

ferente peso relativo y cuya jerarquía, a veces, es estable y otras depende del contexto y de los momentos interpersonales. En ocasiones, también hay contradicciones entre las representaciones inconscientes y las conscientes o entre las representaciones dentro del mismo inconsciente o dentro de la consciencia.

Las imágenes internas de nosotros mismos son muy difíciles de modificar, tanto más cuanto más tempranamente se hayan establecido, pero desde nuestra óptica, aunque se trate de imágenes muy desvalorizadas siempre tienen un componente de lo que Horney llamaría orgullo. La imagen que llegamos a construir de nosotros es la que mejor podemos soportar y, en cierto sentido, es elegida. A menudo, por ejemplo, mantener una imagen muy denigratoria tiene la compensación de saber que somos muy exigentes y que tenemos unos altos ideales, menos conformistas que los de los demás, y que, si los mantenemos, es posible que algún día lleguemos a ser magníficos. No estamos hablando de trastorno narcisista de la personalidad, sino de la personalidad/carácter como un trastorno narcisista.

En cuanto al "sistema de ambiciones heroicas", éstas vienen representadas por modelos concretos de grandiosidad, de yo ideal, figuras idealizadas, héroes y dioses personales con los que el sujeto aspira a identificarse.

Bleichmar distingue ideales:

• De género: ideales de masculinidad y feminidad, en cuanto a lo físico, belleza, sexualidad, maternidad, paternidad...

• Interpersonales: identidades que se desean asumir, dominante, autónomo, protector, salvador...

• Logros sociales que se desean conseguir: estatus, riqueza, poder (para conseguir la admiración de los demás o para lograr su sometimiento).

• Morales.

• Intelectuales

Es importante especificar las contradicciones que pueda haber entre ambiciones grandiosas y normas superyoicas o ideales morales que cuestionan la legitimidad de tener deseos grandiosos e impiden las conductas conducentes a su satisfacción.

Por último, la "conciencia crítica" es una función del superyó, que puede mostrar distintos grados de severidad y tolerancia, así como una mayor o menor tendencia a la auto-observación. Es la que controla el grado de ajuste entre nuestra representación interna y nuestra vida. Evalúa la distancia entre nuestros ideales y ambiciones y nuestros logros, llegando, en ocasiones, a convertirse en un auténtico tirano que no permite que aparezca nada que no encaje en lo valorado en nuestra autoimagen. El aspecto defensivo del superyó intenta adelantarse a un posible rechazo exterior.

Puede mostrar múltiples matices: pueden existir normas elevadas de cuyo cumplimiento se sigue la autoaceptación e incluso momentos de exaltación narcisista, y puede ocurrir asimismo que el superyó no se sienta nunca satisfecho, y marque siempre la distancia con los ideales, elevando las metas o rebajando la autoimagen, siempre con la intención de atacarse, buscando e inventando defectos y faltas, en una actitud sádica similar a la que recibiera de sus figuras significativas. Esto mantiene una postura rabiosa, en la que los ataques sádicos también se dirigen a las figuras externas. A veces, esta actitud no es constante, sino que aparece sólo en momentos de insatisfacción en el logro de aspiraciones narcisistas y toma, a menudo, la forma de un superyó iracundo que se estructura de forma similar a la de los estallidos de los padres.

De acuerdo con el tipo de ideales cuyo cumplimiento vigila podemos diferenciar un super-yo moral (no dañar a otros) o narcisista (serás el mejor, no cometerás errores). Uno u otro tipo puede ser dominante.

Para Bleichmar, el equilibrio narcisista se sostiene, básicamente, en el adecuado balance entre la imagen interna del yo, las exigencias del superyó y la conciencia crítica. Mientras este equilibrio se mantiene, uno no se cuestiona su carácter, pero cuando por razones externas o internas se rompe, el sufrimiento narcisista que ocasiona (sentimientos de malestar, vacío, aburrimiento, impotencia, vergüenza...) puede llevar a plantearse la pregunta sobre "¿quién soy yo?" que posibilita la revisión de las estructuras caracteriales.

Muchos son los mecanismos que se ponen en juego para tratar de evitar ese sufrimiento. Los que enumera Bleichmar son:

– Fantasías grandiosas de prepotencia, megalomanía, negación de las necesidades (2).
– Retracción social, para evitar sentimientos de vergüenza (5).
– Oposicionismo en forma de autoafirmación narcisista (8-1).
– Agresividad, sadismo narcisista, abusos, crueldad como reafirmación del sentimiento de poder (8).
– Masoquismo narcisista: narcisización del sacrificio (superioridad moral) (4-1-6).
– Renuncia masoquista como forma encubierta de sadismo: se renuncia a funciones y placeres para castigar al otro (9).
– Satisfacciones sustitutivas: adicciones, bulimia, juego compulsivo, conductas de riesgo, promiscuidad, donjuanismo... (7-9).
– Anorexia como intento de compensar, mediante una imagen corporal ideal, el sentimiento de insatisfacción narcisista global (3).

– Uso del otro como objeto narcisizante, que permite la fusión con el ideal (2-9).
– Uso del otro como objeto de identificación proyectiva de aspectos denigrados del sujeto, haciéndoselos vivir al otro como si le pertenecieran (6).

Puesto que nosotros consideramos que el sistema narcisista sostiene la elección caracterial, nos interesa analizar lo que ocurre en cuanto al narcisismo, pues completa una faceta del carácter que no está contemplada como tal en el contexto del eneagrama, quizás porque los trastornos narcisistas parecen en gran medida fruto de nuestra cultura.

Los aspectos valorizados y los negados en cada rasgo los analizamos al hablar de la autoimagen en la descripción de los eneatipos, pero aquí vamos a analizar brevemente el equilibrio (o desequilibrio) narcisista, en función de la interrelación entre la imagen, las exigencias y la conciencia crítica.

En el 1:

• Autoimagen: elevada, apoyada en el buen hacer y los buenos principios.
• Exigencias: muy altas, acordes con los principios.
• Conciencia crítica: severa, pero muy respetada en sus imposiciones, de forma que se mantiene el equilibrio porque, habitualmente, se cumplen.

En el 2:

• Autoimagen: valorizada, incluso inflada, apoyada en sentirse especial y en el reconocimiento de los demás.
• Exigencias: elevadas, pero combinadas con escasa conciencia del esfuerzo para conseguir estar a la altura.

• Conciencia crítica: relajada, todo le está permitido a alguien especial, que no acepta límites y que tiende a la autoindulgencia justificatoria.

En el 3:

• Autoimagen: dependiente de la aprobación o el rechazo externo, que pueden subirla a los cielos o enterrarla en el cieno.

• Exigencias: elevadas, siempre insatisfechas. Nunca la aprobación externa es suficiente porque cualquier crítica tira por tierra los aplausos y la exigencia es la de gustar a todos y en forma absoluta. A otro nivel, además, se sabe que es la imagen y no el yo la que ha conseguido la aprobación.

• Conciencia crítica: muy rígida y extensiva a las personas del mundo externo, cuyas críticas tienen un efecto devastador aunque provengan de personas en las que no reconocen ningún valor.

En el 4:

• Autoimagen: denigrada, en cuya constitución influye la existencia de sentimientos de envidia y odio, no siempre conscientes, que se manifiestan en una descalificación generalizada de todo lo propio.

• Exigencias: elevadas, compensatorias de la mala imagen, que, al mismo tiempo, la sustentan.

• Conciencia crítica: rígida, nunca es bastante, nunca habrá tolerancia con la imagen rechazada.

En el 5:

• Autoimagen: elevada, sustentada en ser diferente.

• Exigencias: bajas, sin que eso signifique una especial tolerancia, sino más bien desinterés, resignación, especialmente en lo que se refiere a logros sociales.

• Conciencia crítica: muy despierta y muy volcada hacia lo
interior. En lo referente al mundo interno hay una sobrevaloración, pero en lo que se refiere a las relaciones con el mundo
externo el juicio es autodescalificador y muy poco indulgente.

En el 6:

• Autoimagen: insuficiente, nunca a la altura de lo que podría llegar a ser.

• Exigencias: a menudo inalcanzables y siempre genera-
doras de culpa, tanto por lo difícil de su cumplimiento como
por la rebeldía que lleva a saltárselas.

• Conciencia crítica: severa y cruel, a menudo injusta en
su valoración, que alimenta la culpa.

En el 7:

• Autoimagen: satisfactoria, gratificante.

• Exigencias: escasas y manejables, siempre se pueden
postergar.

• Conciencia crítica: autoindulgente, permisiva y tolerante.

En el 8:

• Autoimagen: fuerte y poderosa. Valorizada.

• Exigencias: centradas en mantener una posición de poder y dominio, muy intolerante con la debilidad.

• Conciencia crítica: negada, sin apenas distancia entre las
exigencias y la autoimagen.

En el 9:

• Autoimagen: minimizada, restando importancia a los valores y logros personales.
• Exigencias: elevadas en relación con la bondad y muy escasas en otros aspectos.
• Conciencia crítica: poco despierta, tolerante, justificada por la imagen minimizada.

Por supuesto, junto a todo esto, que de alguna manera es lo que se ve, están los aspectos inconscientes y menos evidentes, especialmente importantes en lo que se refiere a la autoimagen, que ya tendremos ocasión de analizar.

LA CONSTITUCIÓN DEL RASGO

En este punto vamos a desarrollar una serie de hipótesis explicativas acerca de la constitución de los distintos tipos, aglutinándolos en torno al triángulo.

Naranjo señala que en el mapa del eneagrama siempre aparece un triángulo central que une los puntos 9-6-3. Las interconexiones que aparecen entre estos tres puntos, en forma de lados del triángulo, constituyen conexiones psicodinámicas, de tal forma que cada una sirve de base a la siguiente en la secuencia que reflejan las flechas que los unen.

Centrándonos en el eneagrama de las pasiones, el vértice superior, el 9, representa la pasión más básica, la pereza o acedia; a su derecha, el 3, la vanidad, y a la izquierda, el 6, el miedo. Naranjo considera que estos tres estados son las "piedras angulares" de todo el edificio emocional.

La falla en el desarrollo de la confianza básica genera miedo (6); la estrategia para superar el miedo es desarrollar la vanidad (3), entendida como identificación con una imagen, y esta identificación lleva al olvido de sí, a la acedia (9). El círculo vicioso está establecido y se mantiene: podemos decir que el olvido de sí (9) priva al individuo de una base desde la que actuar y esto desemboca en el temor (6). Como debemos actuar en el mundo a pesar de nuestro temor, nos sentimos forzados a actuar desde una imagen falsa (3). Construimos una máscara con la que nos identificamos y enfrentamos al mundo. Cuanto más nos identificamos con nuestra máscara, más olvidamos quiénes somos, perpetuando el olvido que sustenta el temor. Podemos iniciar el círculo vicioso desde cualquiera de los puntos. Por ejemplo, podemos ver que la pérdida del estado fusional hace necesario establecer una identidad para funcionar en el mundo, un personaje con el que identificarse (3); como ese personaje no responde a nuestra verdadera identidad, tenemos miedo (6), entre otras cosas a que nos descubran y, como tenemos miedo, nos olvidamos de nosotros y nos ocultamos (9).

Para Naranjo, los estados situados entre estos tres pueden ser interpretados como interacciones en diferentes proporciones de ellos.

Ahora nos centraremos en la manera de entender los rasgos en relación con los puntos centrales del triángulo, que plantea Palmer, como alas (emocional –2,3,4–, intelectual –5,6,7– e instintiva –8,9,1–) en las que se expresan de otra manera el mismo problema en cada uno de los puntos que rodean al central (por ejemplo en el 2 y el 4 en relación con el 3), porque esta aportación de ella nos sugirió la idea de profundizar en este esquema.

Resumiremos brevemente lo que plantea para seguir luego con nuestro desarrollo. Plantea que el triángulo central apunta a tres núcleos de preocupación mental, concretamente la imagen para el 3, el miedo para el 6 y la abnegación para el 9, a los que corresponden tres pasiones emocionales que serían "¿qué estoy sintiendo?" en el caso del 3, el temor en el caso del 6 y la ira en el del 9. Los puntos que comparten cada ala serían variantes de las personalidades centrales.

Tratando de entender un poco más nos remontamos al origen, a la observación de lo que nos ocurre como individuos y como especie. Partimos de la base de que todos los mamíferos nacen en una situación de precariedad muy similar a la del cachorro humano: no pueden valerse por sí mismos, ni defenderse y necesitan un entorno de apoyo que los sujete. En cualquier especie superior, los cachorros tienen un lugar de privilegio: la conservación de la especie depende de que ellos puedan llegar a desarrollarse como adultos normales, y el peso de la conservación de la especie prima sobre los intereses del individuo e incluso sobre la autoconservación.

En la especie humana no ocurre así. El proceso de individuación-separación del grupo es mucho más fuerte que en cualquier mamífero y los intereses individuales llegan a pesar tanto que entran a menudo en conflicto con los de la especie. Por otra parte, en los humanos los instintos ya no son tan directos, vienen mediatizados por el yo, la cultura, lo mental… Y el desvalimiento inicial es mayor y más prolongado que el de cualquier otro mamífero. Esta característica que es la que nos permite una mayor plasticidad y un margen de evolución mucho más amplio que el de los restantes animales es, a la vez, la que nos hace tan frágiles e inseguros.

El ambiente de apoyo, el sostén maternal que necesita cualquier mamífero adquiere una gran complejidad en el caso del humano. Por un lado, el instinto maternal de cualquier animal criado en su medio facilita que la madre desarrolle su función de una manera absolutamente efectiva y plena hasta que el cachorro alcanza su autonomía. Los animales no tienen dificultad en desarrollar su potencial y adquirir la confianza básica que se lo permita, aunque puedan mostrar temperamentos distintos.

El instinto maternal ha de transformarse en la especie humana en "amor maternal" que, aunque se apoye biológicamente en el instinto, no posee ya la fuerza de su ceguera y su perentoriedad, sino que, por el contrario, aparece limitado por las experiencias y características personales de la madre, así como por las circunstancias socioculturales.

La inmadurez con que un ser humano llega al mundo hace que su maduración tenga que completarse en los primeros meses de la vida. Rof Carballo habla de una especie de pseudoherencia, que pone en relación con el proceso constitutivo de la personalidad en función del entorno. Sería como una trama sobre la que se constituye la vida humana, entretejiéndose el programa hereditario con la relación transaccional que se establece con las personas que se ocupan de la crianza. A esta trama la llama "urdimbre constitutiva". Esta urdimbre constitutiva se transmite a través de las generaciones porque se apoya en la "continuidad psicobiológica" de una maduración que se realiza en el ámbito de las primeras relaciones personales, relaciones transaccionales entre dos sistemas que se influyen recíprocamente. La urdimbre constituye una realidad programadora que va a modelar las pautas de conducta, de percepción de la realidad y de reacción emocional, así como el tipo de relaciones que se establecerán posteriormente con otras personas.

Podemos imaginar en el centro del círculo que rodea al eneagrama, al yo-fusión, al yo no separado aún de la madre, como el punto de partida. Ese yo dispone de ciertas características heredadas y otras que van a constituirse al salir del entorno fusional. Durante los primeros meses, en la etapa del yo-fusión, no hay diferencia entre yo y no-yo y esta indiferenciación protege de las angustias básicas y permite la sensación de omnipotencia. Una omnipotencia que creemos cercana al concepto que de ella tiene Winnicott en el sentido de que son los deseos del bebé los que "crean" la realidad que los satisface. Al empezar a constituirse el yo como "otro", al irse separando de la madre, los sentimientos de angustia, impotencia y desintegración se disparan: el mundo existe más allá de sus deseos y no siempre los satisface. El yo ha de ir integrándose con los escasos recursos propios de que dispone, no puede hacerlo sin el sostén del entorno y esto genera una profunda angustia de desintegración. Creemos que este proceso se manifiesta en el triángulo, en la constitución de esos tres puntos clave en la comprensión del carácter según el eneagrama.

Freud hablaba de *hilflosigkeit* y Bleichmar recoge este término destacando el escaso eco que ha tenido en la clínica psicoanalítica, a pesar de que Freud lo consideró central en el desarrollo, tanto como para considerar que «podría explicar la emergencia de las formas particulares de angustia» (Bleichmar, 1997). En nota a pie de página (46) dentro del capítulo «Una deuda del psicoanálisis: el desarrollo de una clínica de la *hilflosigkeit* freudiana (impotencia/desvalimiento)», se plantea matizaciones en la traducción del término. Habla de que implica esa sensación de desamparo, de desvalimiento, ese estado interior de impotencia del bebé que necesita una ayuda externa para satisfacer sus necesidades. Por eso apuesta por la traducción como impotencia/desvalimiento. Nosotros añadiríamos el matiz de desamparo. Mientras las dos primeras tienen más que ver con la sensación interna, el desamparo se refiere a la necesidad del otro. Creemos que estos tres términos definen la situación objetiva en que se encuentra cualquier bebé humano: la impotencia, en cuanto incapacidad de satisfacer por sí mismo las necesidades y deseos, el desvalimiento en cuanto debilidad o fragilidad que implica esa impotencia, y el desamparo en cuanto necesidad de ayuda externa. Si hablamos de sensaciones quizás habría que utilizar otros términos, pues si bien la impotencia además de describir la situación objetiva puede ser identificada como una sensación, para los otros dos términos propondríamos "soledad" como correspondiente al desamparo e "indefensión" en relación con el desvalimiento. En cualquier caso, nos encontramos con tres aspectos profundamente interrelacionados y que suponemos han de tener una correspondencia en el mundo interno del bebé y dejar su huella en la memoria celular de cualquier ser humano.

En relación con el triángulo, cada punta podría expresar uno de estos aspectos, como si la sensación básica incidiera más en uno u otro matiz de la *hilflosigkeit*. La impotencia sería lo nuclear en el caso del 9 (y su ala 8-1), la indefensión o desvalimiento en el del 6 (5-7) y la soledad y el desamparo en el del 3 (2-4).

No tener recursos genera la sensación primitiva de impotencia que consideramos nuclear en los rasgos instintivos (8-9-1), la separación de la madre sostenedora hace conectar con el vacío del propio yo, que encontramos en los rasgos emocionales (2-3-4), mientras que la sensación de angustia, de peligro, de temor indefinido a la propia desintegración aparece con mayor claridad en los intelectuales (5-6-7).

Pensamos que hay tres funciones de la "urdimbre constitutiva" (Rof Carballo) que tienen que ver específicamente con la constitución de esta estructura triangular. En primer lugar, la función *tutelar* o amparadora. Sin este amparo el ser humano no podría sobrevivir. Las fallas en esta función tutelar inciden en la impotencia, en el "yo no puedo", que genera una sensación muy profunda de déficit, como si algo no estuviera bien en nosotros; no poder, no tener recursos se confunde con no tener lugar en el mundo. Las fallas en el sostén perpetúan la impotencia. En el fondo de los rasgos instin-

tivos-motores (8-9-1) encontramos esta sensación, converti-
da en creencia. La función tutelar ha de ser combinada con
la *liberadora*, que va a permitir la constitución de la propia
identidad, saberse, sentirse uno. Las dificultades con la identidad son especialmente notorias en los rasgos emocionales
(2-3-4). En ese desarrollo natural del ser humano en la búsqueda de la autonomía, es necesaria una ordenación del mundo: función *ordenadora* de la urdimbre. El orden pone límites, pero también genera un encuadre de seguridad porque
proporciona las coordenadas básicas donde moverse y una
forma de controlar lo instintivo. Cuando algo falla en la urdimbre de orden, cuando no es contenedora, cuando las normas son equívocas, se pierde la confianza en los impulsos
instintivos y necesitamos explicarnos el mundo para poner
orden en nuestro interior. Las fallas en la urdimbre de orden
parecen reflejarse más claramente en las dudas y ambivalencia de los rasgos intelectuales (5-6-7).

La *impotencia* apoya una emoción básica que tiene que
ver con la rabia. La rabia se gestiona de una manera distinta
en cada uno de los rasgos instintivos, como plantea Palmer.
En el 9 se tiñe de resignación, se olvida, como si asumiera la
idea de que ese derecho a estar en el mundo que no tiene, se
lo va a dar su adaptación y negara la rabia que se considera
muy peligrosa, que puede producir mucho daño en el otro. En
el 8, la rabia tiende a ser actuada, algo así como si dominara
un sentimiento que tiene que ver con "ahora que si puedo...
lo haré", dándose el derecho que, supuestamente, los demás
no le dan. El 1 trata de encontrar una justificación racional a
su rabia, de recuperar el derecho a estar en el mundo a través
de la "bondad" de sus acciones que se ajustan a normas rígi-
das que, a su vez, trata de imponer a los demás.

El *desamparo* dificulta alcanzar la autonomía por la excesiva conciencia de la necesidad del otro. La falla en la urdim-

bre liberadora mantiene esa sensación de desvalimiento. Se traduce en el sentimiento de que solo no soy nada. La emoción básica que esta situación desata tiene que ver con la carencia, con la necesidad del otro. En el 3 se maneja mediante la identificación con la imagen, una imagen que se supone que al otro le va a gustar, a través de la cual se intenta anular el sentimiento de soledad, de vacío. En el 4 se acentúa la expectativa de que llegará un día en que alguien lo sacará de su soledad, o en el que todos se darán cuenta de que lo necesitan tanto como él necesita a los demás. En el 2 se niega la carencia, lo tengo todo y por eso puedo conseguir a cualquiera, no soy yo quien necesita a los demás, son ellos los que me necesitan.

El *desvalimiento*, o la *indefensión*, hace especialmente necesario el establecimiento de una confianza básica, que se apoya en la idea de que nadie me quiere dañar, de que me cuidan. La indefensión le pone en contacto con el sentimiento de fragilidad y puesto que soy frágil, los demás, si quieren, me pueden dañar. La desconfianza está justificada. La sensación de estar en peligro deviene de un entorno normativo en que el apoyo y la frustración no son coherentes, de manera que el niño no puede regirse, para sentirse seguro, por los resultados que origina su conducta. La angustia, entendida como emoción básica, se maneja en el 6 como búsqueda de la verdad universal e indiscutible, que le haga sentirse seguro, en el 5 recurriendo a la soledad, a refugiarse en el mundo interno para protegerse, y en el 7 tratando de convertir el mundo en un lugar seguro y lleno de placeres. En los tres casos, "entender" el mundo es crucial para conseguir lo buscado.

Partiendo de la experiencia básica de impotencia, en los rasgos instintivos (1-8-9) surge, junto a la emoción básica de rabia, el tema mental básico que es el del escepticismo en todo lo que no sean cosas concretas y tangibles. El mundo, desde el escepticismo, se ve como "mentira". Y la impotencia trata de resolverse a través de la acción.

En los intelectuales (5-6-7), partiendo de la indefensión, la emoción básica derivada es de angustia y los temas mentales básicos se relacionan con la desconfianza, con la incertidumbre. El mundo se ve como "peligro". Lograr la posesión de la verdad (a través del pensamiento) sería la forma de resolver la indefensión, de tener poder.

En los emocionales, el origen estaría en el desamparo. El desamparo conlleva una emoción básica de vacío, causada por la necesidad del otro, y el tema mental básico giraría en torno a la identidad. El mundo se vive como "espejo". La carencia y la necesidad del otro tratan de resolverse a través de la manipulación.

En resumen, los temas emocionales que consideramos básicos son: *rabia, angustia, necesidad.*

Los rasgos instintivos que comparten el tema emocional de la rabia lo resuelven a nivel conductual de distinta manera. Lo mismo ocurre en los otros casos. En esquema, nuestra hipótesis de esa traducción a nivel conductual sería:

Rabia: en el 9 negada evitando los conflictos.
En el 8, actuada vengativamente.
En el 1, justificada y sostenida por muy buenas razones.

Angustia: en el 6 se evita hacer cualquier cosa que pueda aumentar la angustia o la culpa, al mismo tiempo que se mantiene una actitud hipervigilante para descubrir los peligros del mundo.

En el 5, el aislamiento se convierte en un refugio contra la angustia, como si el mundo interno fuera más seguro.

En el 7, crear un mundo de placeres y fantasías, evita la conexión con el dolor generador de angustia.

Necesidad: en el 3 se trata de resolver mediante la identificación con el otro.

En el 4 se hipertrofia la necesidad, que de alguna manera otorga derecho a recibir.

En el 2, se niega la necesidad, y uno se convierte en el necesario para los otros.

Siguiendo con este punto de vista, consideramos que los temas intelectuales básicos son: *escepticismo, desconfianza, identidad,* en relación con el área instintiva, intelectual y emocional respectivamente.

La hipótesis que manejamos desde ahí es que estos temas mentales básicos se reflejan en la manera de situarse ante el mundo, según el esquema:

Escepticismo: en el 8, estar por encima de las convenciones y normas sociales.

En el 9, adaptarse.

En el 1, agarrarse a las normas propias.

Desconfianza: en el 7, negar el peligro, convirtiendo el mundo en un lugar seguro, libre de dolor.

En el 6, buscar la protección y proteger a los que le rodean.

En el 5, evitar la invasión.

Identidad: en el 2, soy el que da.

En el 3, soy como otros me ven.

En el 4, soy el que necesita.

Almaas hace un planteamiento interesante poniendo en relación otros dos triángulos basados en las líneas que unen 8-2-5 y 1-4-7. Es una perspectiva distinta porque enlaza un rasgo emocional, uno intelectual y otro instintivo en una relación de sentido, que también es válida para 3-6-9.

La hipótesis que nosotros manejamos para estos triángulos es:

En el caso del triángulo 8-2-5 vemos que ante las situaciones de impotencia infantil se reacciona, a nivel instintivo (8) negando la sensación interna que genera la impotencia y sustituyéndola por una actitud de poder, "yo puedo". Complementaria con ella, en el plano emocional (2) es la posición de que mi deseo es suficientemente poderoso como para conseguir cualquier cosa. Así todo lo que "yo deseo" lo puedo conseguir y el mundo no debe oponerse, no debe imponerme ningún límite. En el plano intelectual, estas dos convicciones se traducen en la idea de que "yo soy independiente", no dependo de nada ni de nadie, yo solo puedo conseguir lo que necesito. Para ello he de protegerme de un mundo en el que no se puede confiar y de las personas que intentan invadirme.

La emoción compartida por estos tres rasgos es la del *orgullo*, que tiñe de un color emocional específico tanto la venganza como el aislamiento.

En el caso del triángulo 1-4-7, partiendo igualmente de situaciones infantiles de impotencia, alimentadas por la incertidumbre generada por el hecho de que ciertas acciones consigan el amor y la aprobación, mientras que otras no, la defensa instintiva se traduce en que "yo sé" (1) lo que es bueno y lo que no, sé cómo deben ser las cosas y cómo debo ser yo. Esto me permite emitir juicios comparativos y de esa comparación nace el sentimiento de que "yo me esfuerzo" (4) más que los otros. Y también sufro más porque en la comparación compruebo, una y otra vez, que me tocó la peor parte. Mi sufrimiento y mi esfuerzo deberían darme derecho a alcanzar mis deseos. Y puesto que tengo esta conciencia y esta capacidad de sacrificio, alguna vez voy a conseguir que las cosas sean como "yo planifico" (7). puedo encontrar la fórmula que me permita conseguir la plenitud de una existencia placentera, sin dolor, en la que ya no será necesario esforzarse más.

La emoción compartida, en este caso, es la *envidia*, el deseo de algo que aún no poseo.

Desde este punto de vista, por lo que se refiere a la conexión 3-6-9, la defensa instintiva frente a la impotencia infantil tiene que ver con la renuncia a la lucha. En lugar de luchar hay que conformarse con las cosas tal como son. Nada tiene importancia, "yo me conformo" (9), ni puedo ni quiero, porque sé que por mucho que quisiera no iba conseguir lo deseado. Puesto que no me permito desear nada, lo importante es cumplir el modelo que satisface a los otros, el modelo que van a reconocer, "yo soy reconocido" (3) y eso me da derecho a existir. Para lograr este reconocimiento es muy importante no equivocarme, tener las cosas claras, estar seguro. "yo dudo" (6) porque busco la verdad, ante la angustia de equivocarme. Y busco la verdad que me dé seguridad en este mundo tan peligroso.

La emoción compartida es la *vanidad*, la falta de conexión con los sentimientos profundos.

ENEATIPOS

El diagnóstico del carácter es muy difícil de establecer por uno mismo, puesto que las dificultades para una observación "realista" son grandes. Tampoco es fácil hacerlo por la observación exterior del aspecto físico o de las conductas observables. Hay que analizar las estructuras que sostienen el mundo emocional, mental y conductual; además, hay que llevar a cabo una observación rigurosa con la que uno pueda atravesar las defensas establecidas para mantener una imagen que es la que mejor nos permitió la convivencia con nosotros mismos. Romper las barreras, llamémoslas mecanismos de defensa o "amortiguadores", es delicado y tiene que realizarse lentamente porque la construcción de esas defensas tiene un sentido de protección y evitación de la angustia. Por parte de uno mismo y el terapeuta, en el caso de que lo haya, se deben tocar con precaución.

Desde el punto de vista terapéutico es muy importante el respeto, puesto que si el hecho de observar un fenómeno ya sabemos que interfiere en su desarrollo, mucho más habrán de interferir las intervenciones que tratan de guiar al paciente en su tarea de autodescubrimiento, pues a la influencia del observador se añade la de la transferencia y la autoridad concedida al terapeuta. Y aquí, a menudo, nos encontramos con nuevos engaños, con una pseudocomprensión limitadora que trata de calzar la información de que disponemos con la persona real que somos.

Por otra parte, el hecho de que nuestro carácter cristalice en un rasgo principal, que condiciona y determina nuestra visión del mundo, nuestra manera de reaccionar emocionalmente y nuestras actitudes y conductas, no significa que todas las demás pasiones nos sean ajenas. Todas se refieren a emociones básicas, que ya hemos dicho que no son otra cosa que maneras de oponernos a la realidad, compartidas por todos los humanos. También esto dificulta el diagnóstico, porque poseemos aspectos de todos los otros caracteres. Consideramos parte muy importante del trabajo de observación de sí, el poner atención a cómo todas esas emociones, seamos del rasgo que seamos, están en nosotros, aunque se expresen de forma peculiar, teñidas por nuestro rasgo principal. Hacerlo de esta manera, mirando en cada uno de nosotros todos los rasgos amplía nuestra consciencia. Es un trabajo global, con distintos aspectos de lo humano, muy rico para desperdiciarlo, centrando todo nuestro interés en establecer un diagnóstico.

Poder verlo así facilita no sólo la comprensión profunda de los otros caracteres, gracias al hecho de ponerse realmente en el lugar del otro, sino que además evita la caricaturización que se produce cuando nos identificamos con nuestro rasgo principal, dejando fuera todo lo que no se ajusta a la estereotipia del personaje.

Al final de la descripción de cada eneatipo hemos incluido la de algunos personajes de *La Comedia Humana* de Balzac, sin una intención de facilitar el autodiagnóstico, sino de poder ver en estos personajes literarios algo que resulta menos arduo que la descripción clínica. Aunque hemos encontrado los veintisiete subtipos, tres correspondientes a cada rasgo, según el instinto predominante, hemos elegido, en cada caso, un solo personaje, un solo subtipo.

Tipo 1. Carácter iracundo

Cuando la rabia derivada de la sensación de impotencia se asocia a la idea de que "las cosas" están mal y deberían ser de otra manera, se constituye la ira como pasión y el carácter iracundo encuentra su sentido en el esfuerzo por arreglar, por mejorar lo que está mal, aunque ese esfuerzo se quede, a menudo, solamente en la crítica de la realidad tal como es. Su ojo se muestra especialmente alerta a cualquier imperfección, en el mundo, en los demás y en uno mismo. Casi todo debería ser de otra manera, y el hecho de denunciarlo, de decirlo, es vivido como una aportación necesaria, como si los demás no se dieran cuenta de las cosas que están mal. A partir de ahí se siente el tipo 1 legitimado para indicar a los otros lo que tienen que hacer, lo que deberían hacer con sus vidas y, por supuesto, para decírselo a uno mismo. Manifiesta una especial arrogancia: la arrogancia de creer que las cosas deberían ser diferentes de cómo son y que él lo sabe. Algo más cercano a la soberbia, a la *hybris* de los griegos, que la consideraban el gran pecado contra los dioses, el que más les ofendía.

Su agresividad necesita a la hora de expresarse "estar cargada de razón" y quizás sea eso lo que la hace tan temible para los demás. La ira se alimenta de una especie de resentimiento y enfado porque el mundo no es perfecto, no es como debería ser. Hay una constante oposición a la realidad frustrante por su imperfección, que es vivida como injusta y por eso se puede luchar contra ella. El enjuiciamiento y la crítica son la manera habitual de enfrentarse a las situaciones y a las personas, midiéndolo todo siempre con el rasero de la supuesta perfección que es posible conseguir.

Son personas que habitualmente consiguen controlar la expresión directa de la ira, muestran una ira "sorda", pero cuando explotan pueden ser muy violentos. Su propia violencia les produce miedo, se sienten capaces de hacer cualquier cosa cuando la ira los desborda, y por eso vuelven a reprimirla, confirmando que es muy peligrosa. Como su resentimiento aparece justificado por la imperfección de un mundo que ellos tratan de mejorar, les resulta muy difícil admitir que los demás rechacen sus bienintencionadas "orientaciones". La única justificación posible para que esto ocurra es que los otros no lo hayan entendido bien, y entonces vuelven a explicarlo una y otra vez, "matizando" los aspectos verbales para conseguir que les entiendan. Están tan convencidos de la corrección y de lo adecuado de sus puntos de vista que resulta muy difícil que puedan cambiar su enfoque, mostrando una tozudez intelectual que comparten con el 8 y el 9, y que aun en los casos de las personas con mejor dotación intelectual, capaces de análisis muy finos cuando su emocionalidad no está implicada, los hace aparecer como torpes y rígidos.

Una pareja que vimos en terapia acudían a consulta, como es habitual, por "problemas de comunicación". La convivencia se había vuelto más difícil desde que el marido hubo dejado de fumar por un problema de salud y quería que su mujer hiciera lo mismo. Ésta aceptaba los límites de no fumar en su presencia o dentro de la casa, pero no quería dejarlo. El planteamiento que el marido hacía era que si nosotros podíamos convencerlo de que fumar era bueno, él aceptaría la situación y las dificultades derivadas de este desacuerdo desaparecerían.

El bien y el deber se convierten en el criterio para mejorar el mundo y mejorarse; el deber como una especie de norma interna que todos deberíamos seguir, una especie de imperativo categórico kantiano: «obra de tal modo que tu conducta pueda ser la norma universal». Parece como si ellos conocieran esa norma universal y se convirtieran en jueces de sí mismos y de los demás. Aunque no siempre puedan cumplir sus propias normas, al menos saben cuáles son y eso les da una posición de autoridad y arrogancia. La autoestima está puesta en la capacidad de cumplir con el deber y eso les lleva a anteponerlo al placer y perder espontaneidad. Las exigencias llegan a ser tan fuertes que, a menudo, generan la existencia de una doble vida, una disociación de la personalidad en la que junto a la seriedad y formalidad habituales, aparece otra cara rompedora de las normas y dirigida por el placer, que no se integra con la anterior y que no se muestra al mundo.

En algún momento temprano, el iracundo ha tenido que reprimir sus impulsos, ha sido reñido o castigado por ellos hasta llegar a sentir maligna su impulsividad y a renunciar a ella para conseguir la aceptación. Posteriormente es el propio superyó el que no acepta y considera peligrosa la impulsividad, tanto agresiva como sexual.

A nivel cognitivo, su actitud se sustenta en la idea de que hacer las cosas bien dará buenos resultados, de forma que uno no es tan impotente, puede dirigir su vida. Implica adoptar una posición de dominio como defensa de la impotencia y genera la idea de que se puede conseguir lo que desea si se hacen la cosas como se debe y que, cuando no se consigue, es que algo está fallando en esa escala de perfección normativa. No ser perfecto genera un cierto odio hacia sí mismo (cosa que se confirma cada vez que lo reprimido salta las barreras de la represión) y una desilusión respecto a los demás.

El perfeccionismo en el tipo 1 se halla de alguna manera relacionado con el hacer, necesitan hacerlo todo perfectamente, ser los mejores porque hacen las cosas mejor que nadie. Es como si a través del bien hacer recuperaran su sentimiento de bondad, porque el iracundo vive su agresividad (y también su sexualidad) con mucha carga negativa, de la que necesita redimirse haciéndolo todo bien. Parece que si "hace las cosas bien" se asegura de que "es bueno". No en vano el mecanismo de defensa más habitual en el tipo 1 es la "formación reactiva", que consiste en el intento de transformar un instinto en su opuesto. El instinto no es manipulable, pero la conducta derivada del instinto sí, por ello lo que se modifica es la acción. Esto conlleva una actitud vital controlada y poco espontánea. La consideración de los impulsos como malos que se establece muy pronto en la historia del individuo implica una actitud enjuiciadora muy constante que, a menudo, coincide con un gran desarrollo de lo intelectual, que le sirve para orientarse entre lo bueno y lo malo, para no equivocarse, para poder hacer siempre lo bueno. Y no sólo para ellos, también intentan dirigir a los demás con el fin de que hagan las cosas bien. Esto provoca que sean percibidos como autoritarios o mandones, sin que ellos tengan conciencia de serlo: están cargados de razón, las cosas no pueden ser de otra manera, sólo como ellos las ven. De lo que sí tienen conciencia, a poco que hayan explorado su mundo interior, es de que éste es como un juzgado de guardia, por el que pasan todas las personas y todas las acciones. Un paciente llevaba esta percepción un poco más lejos, hablando del asesino en serie interior, como alguien que se siente capaz de matar a otro por los errores cometidos y que, de hecho, lo "mata" internamente aunque el otro siga viviendo. De alguna manera, los errores de los demás y los aciertos propios son los que dan derecho a la posición de dominio, a la actitud autoritaria.

El tipo iracundo presenta una gran dificultad para manejarse con el mundo instintivo, que es lo considerado malo y lo que intenta controlar mediante la razón, que es lo bueno, el indicador de lo que es justo y razonable. Son individuos de dotación genética instintiva muy fuerte, que desconfían profundamente de su mundo instintivo y que han sobrevivido a base de controlarse. Tienen dificultad para permitirse el placer; el principio del placer ha sido sustituido eficazmente por el principio de la realidad, el mundo del placer por el del deber, que les proporciona mayor seguridad. Tanto en el mundo de lo sexual como en el de lo agresivo su instinto, habitualmente tan contenido, se dispara, en ocasiones, en forma descontrolada que sirve para alimentar la idea de lo peligroso que es. El instinto agresivo, que matiza el carácter, es a la vez fuerte y controlado, pero se evidencia más en el subtipo sexual y es menos claro en el de conservación, donde la preocupación se tiñe de interés por el otro y buenos deseos. La fantasía de destructividad que asienta su fundamento en la fuerza del instinto agresivo, se mantiene a raya gracias al autocontrol, a la fuerza de los principios y al rechazo consciente de la agresividad.

Naranjo plantea la descripción de la estructura del carácter en términos de los atributos subyacentes. En el caso del tipo 1, estos atributos son: crítico, exigente, dominante, perfeccionista, controlado, disciplinado, rígido. Describe las relaciones estructurales entre estos atributos.

Los aspectos críticos, exigentes y dominantes los vincula a la ira, mientras que la autocrítica, el control y la disciplina los relaciona con el perfeccionismo. Podríamos verlo también como lo dirigido hacia los otros y lo dirigido hacia uno mismo.

La dinámica existencial del eneatipo 1, siguiendo con el planteamiento de Naranjo, se mueve entre la pereza y el orgullo. Con la pereza comparte la inconsciencia y la terquedad que dificulta verla, y con el orgullo, la arrogancia, un mirar desde arriba, desde la altura de sus principios.

En nuestra opinión, el ser se confunde con el "ser bueno", a través del buen hacer. Las buenas acciones ocultan el sentimiento de que "como soy no valgo" y mantienen la ilusión de que el deber puede sustituir al ser, el cumplimiento del deber corregir los fallos de la espontaneidad del ser.

Según el instinto que se halla apasionado nos encontramos con tres subtipos. También aquí propondremos otro término cuando el tradicional no refleje la motivación dominante que dirige la conducta, pues creemos que esto puede clarificar el matiz fundamental que aportan los instintos en cada rasgo. Por otra parte, intentaremos que los términos hagan referencia a "lo que se necesita", en el caso del instinto de conservación, "lo que se busca", en el del social y "lo que se desea" en el sexual, siendo tanto la necesidad como la búsqueda o el deseo "apasionados", egoicos. Mantenemos los términos tradicionales, los que nos han llegado a través de Naranjo, porque son los más conocidos y aportan imágenes actitudinales significativas. También nos parece importante tener en cuenta que las actitudes derivadas del apasionamiento tienen que ver más con el "yo", en la conservación, con "los otros", en lo social, y con el "tú" en lo sexual.

a) Conservación-Preocupación. La ira se transforma en una constante preocupación por todo y por todos, en una preocupación que enmascara la agresión, porque da derecho a intervenir en las vidas ajenas, en una imperiosa necesidad de tenerlo todo bajo control. Es por la presencia de esta necesidad por lo que proponemos el término "Control". Posee un fuerte componente de ansiedad, inseguridad, preocupación porque no le ocurra nada a él ni a sus seres queridos. Mantener el control es la garantía de que no va a ocurrir nada malo. El control se relaciona con el buen hacer, como si subyaciera un pensamiento mágico acerca de que las cosas mal hechas son catastróficas, mientras que hacerlas bien da una cierta garantía. La vida me va a respetar si yo hago las cosas bien. El control, justificado por la preocupación, es la forma distorsionada de manifestar el amor.

b) Social-Inadaptación. Se manifiesta por una dificultad en seguir las costumbres y la vida social, por un regirse por sus propios principios. Es la forma más rígida del carácter. En su visión es el mundo el que está mal, la gente no cumple las normas. Parece como si sólo él supiera cómo tienen que ser las cosas, como si siempre tuviera razón. Busca principios y normas universales e inamovibles y trata de imponerlos. Por eso elegimos el término "Autoridad". La autoridad que le da el hecho de saber cómo deben ser las cosas. Esta actitud moralista le lleva a estar en oposición al mundo, en una crítica permanente de los errores cometidos por los demás, a los que busca corregir para que sean mejores. Se empeña en una cruzada de adoctrinamiento, como si su motor fuera convencer a los demás de la corrección y justicia de los principios que él sostiene y que los otros deben acatar. La consecuencia es la inadaptación.

c) Sexual-Celo. En la propia sexualidad hay una mezcla de control y descontrol, parecido al celo animal. Existe una fuerte tensión entre la alta instintividad, no controlable por su propia naturaleza, y el miedo a lo que supondría la pérdida de control. Se refugia en una actitud puritana, donde los actos son controlados, pero las fantasías mantienen la intensidad del deseo. Es la proyección de la instítividad no controlable lo que lleva a una actitud celosa, que da por hecho que los demás no van a poder controlar sus propios impulsos y da derecho a intervenir y someter al otro. Desde el agotamiento que produce este control hipervigilante hay un deseo de encontrar a alguien a quien poder someterse, que tome el control, ante quien uno no pueda hacer nada, evitando la responsabilidad por el propio deseo. Las fantasías de descontrol son tan temidas como añoradas y, a veces, se instaura una especie de doble vida, donde actúa todo lo que se considera sucio o sádico o perverso, que así se mantiene en un mundo separado de la ortodoxa vida cotidiana. Proponemos el término "Sometimiento", con un doble matiz pues alude al deseo de encontrar a alguien a quien someter, controlar y, al mismo tiempo, al deseo de alguien que sea capaz de someterme y descontrolarme.

La motivación en los tres casos es la misma: superar a través del dominio la posición infantil de impotencia, cambiando los papeles, siendo ahora quien sabe y controla, quien puede, transformando la impotencia en su contrario, el dominio, que se juega en terrenos diferentes.

Millon plantea un esquema de ocho tópicos que se han de valorar dentro de cada uno de los caracteres que él reconoce. El sentido que para nosotros tiene hacerlo así es que permite comparar los distintos caracteres sobre bases comunes. En todos los estudios sobre el carácter se destacan algunos aspectos, los más conocidos por el autor o los más relevantes, de manera que a veces resulta muy difícil el diagnóstico. Esto es especialmente importante en el eneagrama, donde partimos del planteamiento de que todos compartimos todas las emociones que están en la base de las pasiones, y simplemente hay una que se convierte en principal, la cual al apasionarse, tiñe a las demás y predomina sobre ellas. Por eso vamos a intentar seguir el esquema descriptivo de Millon en cada uno de los rasgos. Los parámetros son: comportamiento observable, comportamiento interpersonal, estilo cognitivo, autoimagen, representaciones objetales, mecanismos de defensa, organización morfológica y estado de ánimo/temperamento. En lo que se refiere a la organización morfológica, no hemos encontrado somatotipos generalizables. Pese a ello hemos elaborado descripciones del aspecto físico, utilizando, a veces, términos bioenergéticos. A todos estos parámetros hemos querido añadir unas líneas sobre el manejo de la agresividad y la sexualidad, pues aunque las diferencias individuales puedan ser muy marcadas, en función de la fuerza instintiva genética, creemos que hay estilos diferentes dentro de cada estructura.

En el caso del 1:

– *Comportamiento observable*: dominante, mantiene una actitud de cierta superioridad, justificada en sus convicciones elevadas y en su comportamiento correcto, sostenido por la rigidez y el autocontrol. El control y el estricto sometimiento a la norma ocasionan rigidez y ésta, a su vez, es necesaria de

cara a mantener el autocontrol. La consecuencia es la dificultad para funcionar en situaciones no estructuradas. El control
se extiende más allá de la conducta al funcionamiento psicológico en general, limitando el permiso de expresión de lo
instintivo, bloqueando la creatividad intelectual, dificultando
la expresión emocional.

– *Comportamiento interpersonal*: exigente y crítico. La
exigencia tiene que ver con que los demás se adapten a los
criterios correctos de cómo deben ser y hacer, con tanta intolerancia a los errores ajenos como a los propios. Su exigencia, a veces no explícita, tiene una especial facilidad para
inocular en los otros un sentimiento de culpabilidad, basa-
do en la desaprobación, transmitida en forma directa o indirecta, en ocasiones sin clara conciencia de la severidad de su
crítica. La desaprobación y los reproches morales tienen un
aspecto manipulador al servicio de una exigencia no reconocida: «tú deberías hacer lo que yo quiero y además deberías
hacerlo sin que yo te lo diga, porque tú deberías saber que eso
que yo quiero es lo que está bien». Hay una tendencia, justificada en las buenas intenciones, a dirigir la vida de los demás.
A veces adoptan un papel de consejeros que se acepta y que
genera que muchas de las personas con las que se relacionan
acudan a ellos en busca de orientación.

Por otra parte, la sensación de inadecuación conduce a
una primera fase, en cualquier tipo de relación, en que se lleva a cabo un intento de adaptación, de contener la exigencia
para lograr la pertenencia, que se rompe cuando la crítica y el
juicio vuelven a aflorar.

– *Estilo cognitivo*: obsesivo, de pensamiento muy estructu-
rado, con dificultad para cambiar de criterio, lógico y metódi-
co. Sus intuiciones dejan de tener la frescura del pensamiento
intuitivo cuando se convierten en convicciones inamovibles,
que se sostienen con una especial tozudez. Cuando sus argu-

mentos no consiguen convencer al otro, se empeñan en explicar y matizar sus opiniones pues, como para él, son tan evidentes, resulta muy difícil aceptar que el otro no las comparta y es más fácil pensar que no lo haya entendido bien o no hayan logrado expresarlas con suficiente claridad. El perfeccionismo se instala también en el área del lenguaje y esto lleva a una corrección en el hablar, a una cuidada selección de las palabras.

– *Autoimagen*: la autoimagen de personas intachables, bondadosas y justas coexiste con la idea de ser alguien que puede descontrolarse y convertirse en peligroso. Por ello se vuelven autoexigentes y perfeccionistas, buscando demostrar y demostrarse que son mejores que los demás. La autoimagen bondadosa, que deriva de la elevación de los ideales y principios y del esfuerzo por cumplirlos, convive con una severa autocrítica y un menosprecio de sí mismo y una imagen muy negativa, que proviene de la imposibilidad de cumplir las propias exigencias y de la fantasía de una agresividad sin límites, muy destructiva. Si lo vemos siguiendo el criterio de Horney (aspectos valorizados y aspectos enajenados), podríamos decir que lo valorado es ser una persona de principios, cabal y correcta, con un gran sentido del deber y la responsabilidad, con ideales elevados y con capacidad crítica; por otra parte, lo enajenado, aquello que no se enseña y que uno mismo no quiere ver, se relaciona con la frialdad, la implacabilidad, la actitud de anteponer las normas a las personas, la violencia y la destructividad y con el sentimiento profundo de que haga lo que haga y por bien que lo haga seguirá habiendo algo malo y dañino en su interior, capaz de dañar profundamente a los demás, de lo que no puede desprenderse ni aceptar.

– *Representaciones objetales*: los otros son, o bien seres que fallan, que no son como deberían ser, o modelos que se han de seguir. Pero siempre con el sentimiento de la imperfección de los humanos que necesita ser corregida, con una preocupación obsesiva por lo bueno y lo malo.

– *Mecanismos de defensa*: los mecanismos habituales son la conversión en lo contrario y la formación reactiva.

– *Organización morfológica*: personas con una fuerte carga energética contenida. La contención de la instintividad, sobre todo de la agresividad, produce una contracción muscular que deriva en rigidez. Las principales áreas de tensión son los músculos largos del cuerpo y la base del cuello.

Es frecuente observar un aire aristocrático en el cuerpo, una majestuosidad relacionada con la exigencia perfeccionista, también en la postura.

La arrogancia se manifiesta en la mirada enjuiciadora, que los demás perciben como crítica.

– *Estado de ánimo/Temperamento*: sanguíneo e iracundo, activo y dominante. La ira que no se expresa abiertamente de forma habitual se experimenta emocionalmente como resentimiento, irritación y reproche, en conexión con sentimientos de injusticia o incorrección.

– *Manejo de la agresividad*: la exigencia y la crítica implacable son las formas en las que habitualmente canalizan los aspectos agresivos. La persona objeto de esta agresividad puede vivirla como muy dañina y destructiva, como si la descalificación siempre fuera dirigida a algo profundo y doloroso, a un punto sensible, aunque sólo sea verbal. No suelen tener mucha conciencia de la dureza de su agresividad porque entra en conflicto con la imagen bondadosa, valorizada. Las explosiones, cuando llegan a ocurrir, generan mucho miedo, tanto en la persona que la recibe como en el tipo 1 que se ha dejado dominar por ella y se da cuenta de su fuerza y crueldad, de su capacidad para dañar. El sentimiento de culpa es tan insoportable que una vez pasada la explosión se olvida la explosión en sí misma y el contenido que la desencadenó.

– *Manejo de la sexualidad*: el control característico del eneatipo 1 activa la desconfianza frente al descontrol propio de la sexualidad. Como son personas dotadas con una alta instintividad, su control se vuelve especialmente necesario y la tensión producida por la combinación de alta carga sexual y control puede ser muy fuerte.

Por otra parte, la sexualidad es vivida como un deber, donde adquiere vital importancia "hacerlo bien" y el reconocimiento del otro. El resultado, muchas veces, es que el placer es anulado.

El control, en ocasiones, se rompe y la sexualidad estalla de forma descontrolada, con lo cual se confirman los temores y resulta necesario reforzar más aún el control. La fuerte escisión entre lo bueno y lo malo provoca que la sexualidad descontrolada, sentida como mala, se viva aparte, como en una vida paralela. Cuanto más fuerte es esta escisión, más perversa puede ser la sexualidad.

Si la pareja valora y se permite el placer sexual, pueden permitírselo ellos también y ser sexualmente muy libres, pero, a veces, lo critican y ahogan tanto su propio placer como el del otro. Son especialmente sensibles a las críticas acerca de su libertad sexual y su priorización del propio placer sobre el del compañero sexual.

Hemos querido incluir a la descripción de cada eneatipo la de un personaje de Balzac. En todos los casos citaremos textualmente al autor, por lo expresivo y adecuado de sus comentarios, que, a veces, no requieren ninguna explicación.

Para el 1 hemos optado por una mujer, Angélica Bontems. Este personaje aparece en su obra *Una doble familia*. Creemos que ya la elección del nombre es significativa de las características de la personalidad que va a describirnos, con un punto de sarcasmo.

La historia trata de una relación de pareja, entre Angélica
y el Conde de Granville, su marido, un abogado que llega a
ser magistrado. Una vez casados, Angélica impone su orden
y la rigidez de sus principios a la vida doméstica, hasta el
punto de hacerla insoportable para su pareja. Hemos de tener
en cuenta que el personaje con el que se casa es un 6 que, en
su desilusión, refleja su propio carácter

Ya en la descripción inicial está incluido este aspecto relacional porque habla de la imagen de Angélica y también de
cómo ésta encaja en el ideal de su futuro esposo que logra
además no enterarse o interpretar a su gusto rasgos que, a la
larga, van a ser los que lo lleven a rechazarla, pero que, en el
momento de conocerlo, le hacen romper con su propósito de
no aceptar este matrimonio, convenido por los padres. La encuentra en la iglesia, mirando hacia el altar:

«[…] vislumbró el joven una cara que hizo que todas sus
resoluciones flaqueasen. Un sombrerillo de blanco moaré ponía el marco perfecto a un rostro de una regularidad admira-
ble […] Sobre una frente estrecha [ya veremos lo que dice al
final sobre esta estrechez], pero muy bonita, unos cabellos de
color oro pálido separábanse en dos crenchas y volvían a caer
en torno a las mejillas […] Los arcos de las cejas aparecían
dibujados con una corrección […] Casi aquilina, la nariz poseía una rara firmeza de contornos […] Si Granville advirtió
en aquel rostro algo de silenciosa rigidez pudo atribuirlo a los
sentimientos de devoción…». [pág. 679, tomo I.]

Cuando sus miradas se cruzan, la joven lo reconoce y se
ruboriza y él se siente satisfecho, interpreta su rubor como un
triunfo, un triunfo de su amor venciendo, rompiendo la devoción, pero:

«[…] su triunfo duró poco. Bajóse el velo Angélica, adoptó una actitud serena y reanudó su canto sin que el timbre de su voz revelase la más leve emoción». [pág. 680.]

En este relato del primer encuentro parece como si Balzac diera cuenta de todas las pistas que podían haber alertado al futuro esposo, y que sigue desarrollando al describir cómo discurrían sus visitas:

«[…] sorprendía casi siempre a su futura sentada ante un cuadrito en madera de Santa Lucía y ocupada en marcar ella misma la ropa blanca que había de constituir su ajuar.»

No tenía ninguna necesidad de ocuparse de esta tarea que podía encargar, pero que un cierto sentido del ahorro se lo impedía. Cuando el conde, intentando resquebrajar la fe de la joven, se atrevía a hacer algunos comentarios maliciosos sobre «[…] ciertas prácticas religiosas, la linda normanda lo escuchaba, oponiéndole la sonrisa de la convicción». [pág. 680.]

Por otra parte, considera que era bastante difícil, en estas circunstancias, sospechar nada porque la felicidad de Angélica encubría su rígido sentido del deber porque su deber y su deseo coincidían y podía soltar un poco su control y abandonarse a unos sentimientos permitidos:

«[…] sintiéndose tan feliz Angélica al conciliar la voz de su corazón y la del deber…».

Pero lo que no podía saber su enamorado es que:

«Si la religión no le hubiese permitido a Angélica entregarse a sus sentimientos bien pronto habríanse agotado estos en su corazón…».

Siendo ésta la situación, justifica que su prometido no se diera cuenta de cómo era en realidad su futura esposa pues:

«¿Podía un enamorado amado reconocer un fanatismo tan bien encubierto? [...] Atentamente observada, parecióle Angélica la más mansita de todas las mujeres e incluso, sorprendióse dándole gracias a Madame Bontems que, habiéndole inculcado tan fuertemente sus principios religiosos, haíala, en cierto modo, moldeado para las contrariedades de la vida». [pág. 681.]

Las cosas empiezan a complicarse cuando Angélica elige el decorado de su casa, permitiendo que su carácter se dejase traslucir en la decoración:

«[...] el joven abogado quedóse sorprendido ante la sequedad y la solemnidad fría que reinaba en sus aposentos; nada había allí de gracioso».

Pues había conseguido imprimir al aire de la casa el mismo «espíritu de rectitud y mezquindad» que había en la casa de sus padres y no permitiendo que hubiera en la suya «[...] cosa alguna que recrease la vista». «[...] Ninguna de todas las invenciones del lujo imperial obtuvo carta de naturaleza en casa de madame de Granville». [pág. 682.]

Balzac trata de justificarla por su ignorancia que podía llevarle a pensar que la dignidad de un magistrado requería de toda esta seriedad, pero también lo atribuye a sus temores y a su puritanismo.

Por lo que se refiere a la vida social en la que tiene que acompañar a su marido, aquí se pone en juego la contradicción entre deber y placer, y su sometimiento al deber en cuanto los dos se disocian: en todo lo que se refiere a reuniones "serias" no tiene ninguna dificultad en adaptarse, «pero sí supo, durante algún tiempo, pretextar jaqueca siempre que se trataba de un baile». [pág. 684.]

Cuando ya no puede seguir negándose, cuando, por fin, el esposo consigue convencerla y llevarla, medio engañada, a un baile se presenta inadecuadamente ataviada para desilusión y enfado del conde que le reprocha su incapacidad a la hora de cumplir con las obligaciones mundanas y lo desgarbado de su *toilette*, así como la intolerancia frente a este tipo de actividades y lo rígido de su actitud. Ella no lo entiende y él se lo explica así:

«Se trata de tu expresión, querida. Cuando un joven te habla y se te acerca pones una cara tan seria que un guasón podría creer en la fragilidad de tu virtud [...]. Pones realmente una cara que parece como si le pidieras perdón a Dios por los pecados que pudieran cometerse en torno tuyo.» Intenta convencerla de que tiene «[...] el deber de seguir las modas y los usos del gran mundo». [pág. 684.]

Angélica no entiende nada y le reprocha su actitud:

«Pero ¿querrías que exhibiese mis formas como esas mujeres desvergonzadas que se dejan un escote como para que las miradas impúdicas se sumerjan en sus hombros desnudos [...]?» [pág. 685], marcándonos así Balzac las fantasías de las que tiene que defenderse.

El conde sigue insistiendo y, pareciendo intuir esta necesidad de que se sienta respaldada por la adecuación de su conducta a las normas y obligaciones de su moral, la desafía para que escriba a Roma, puesto que ella no estaba dispuesta a dejarse convencer y no piensa cambiar, ya que está segura de lo correcto de su conducta y tampoco piensa bailar en su vida. Quiere que pregunte directamente al Papa:

«[…] sobre la cuestión de saber si una mujer podía descotarse sin comprometer la salvación de su alma e ir a bailes y teatros por dar gusto a su marido». [pág. 685.]

La respuesta del Papa no se hizo esperar y en ella le dice que debe ir donde la lleve su marido, pero esto sólo sirve para que se aferre más a sus ideas y llegue a la conclusión de que el Papa se equivoca y que ella va a seguir sin cambiar sus principios y sus conductas.

Así que su casa va tomando un aire cada vez más "lóbrego" y "triste", más "implacable". Habla Balzac de la "beatería" y de cómo ésta se traduce en el ambiente de la casa. Por beatería podemos traducir la rigidez y el fanatismo de cualquier tipo de principios que llevan a creerse poseedor de la verdad, aquí está expresado en la religión, pero igual puede ser cualquier ideología que se fanatiza. «En sus casas está uno cohibido…». [pág. 686.]

Así que el magistrado Granville no tuvo más remedio que dejar de engañarse y de esperar ningún cambio por parte de su esposa. Ahora puede ver lo que en sus primeros encuentros le había pasado desapercibido:

«[…] contempló el magistrado a su mujer sin pasión; notó, no sin vivo pesar, la estrechez de ideas que delataba el modo cómo le nacían los cabellos de la frente baja y ligeramente deprimida; advirtió en la regularidad tan perfecta de sus facciones no sé qué de parado, de rígido, que no tardó en hacerle odiosa la fingida dulzura con que le sedujera […] una expresión seria que mataba la alegría en quienes se acercaban […] [una] natural sequedad […] la más dulce de sus fra-

ses enojaba; no obedecía a sentimientos sino a deberes [...]
pero no hay nada que pueda combatir la tiranía de las falsas
ideas...». [pág. 687.]

Aquí nos está hablando no sólo de la rigidez del carácter
1, sino también de la manera de transformar la ilusión en de-
cepción y rechazo justificado del 6.

Al fin, va dándose cuenta Granville de que:

«No congeniaba en nada con su esposa».

Y esto le resulta difícil y penoso, generándole sentimientos de culpa.

«Inmensa fue la desdicha del joven magistrado; no podía
ni quejarse. Porque ¿qué tenía que decir? Era dueño de una
mujer joven, bonita, apegada a sus deberes, virtuosa, modelo
de todas las virtudes». [pág. 687.]

Granville fue alejándose de ella y construye una vida aparte. Al enterarse ella de esta posibilidad a través de su confesor y
de una amiga que le infunden sospechas acerca de la fidelidad
de su marido, se despiertan sus celos. Trata por todos los medios de hacerlo volver, de acogerlo «con dulces palabras» y de
renunciar a sus reproches. Pero este sistema ya no funciona y

«... con una sola palabra solía destruir la labor de una se-
mana entera». [pág. 690.]

Los celos la van haciendo enfermar, minando su salud física.
Entonces, su confesor le descubre que su marido tiene dos
hijos ilegítimos. Por una parte no puede creerlo, pero por otra
necesita confirmar la información que le han dado, así que se

presenta en la dirección que le han proporcionado como la de la amante. Para creerlo tendría que verlo con sus propios ojos. Y así ocurre. Efectivamente, lo encuentra allí. Se desmaya, se siente morir y cuando recobra el sentido, moribunda, le pregunta:

«[...] contemplando a su marido con tanta indignación como dolor: ¿No era yo joven? ¿No te parecí hermosa? ¿Qué tenías pues que reprocharme? ¿Te he engañado yo alguna vez, no he sido siempre una esposa virtuosa y discreta? Sólo tu imagen ha guardado mi corazón, sólo tu voz han escuchado mis oídos ¿A qué deber he faltado, qué te negué nunca?». [pág. 692.]

Y la condesa acepta morir si él no puede ser feliz a su lado. No puede entender que su marido tuviera otras necesidades, ni que su buen hacer la haya conducido a un final tan desgraciado.

Para terminar citaremos los atributos que, referidos a ella, Balzac distribuye a lo largo del texto: fría, digna, reservada, escrupulosa, modesta, beatona, con fuertes principios religiosos, con la certeza de caminar por el camino recto, fanática y seca. En cuanto a su físico destaca su rostro de facciones regulares y correctas y la estrechez de su frente como reflejo de la estrechez de sus ideas. Por lo que se refiere a su arreglo personal, la severidad de éste y el ocultamiento de sus rasgos de mujer con ropa poco favorecedora.

Tipo 2. Carácter orgulloso

Cuando al sentimiento de orgullo se une la creencia de que somos especiales, seres de primera categoría, que merecemos el amor y el aplauso de los demás, es cuando el orgullo se convierte en pasión.

El orgulloso muestra una necesidad constante de ser el centro de atención y, para conseguirlo, ha desarrollado una gran capacidad de seducción, al mismo tiempo que trata de agradar con el fin de conseguir la aprobación total, la admiración y el cariño. El aplauso de los demás confirma la propia valía La necesidad de considerarse a sí mismo como especial se satisface mediante el amor del otro. Este amor ha de ser "total", sin fisuras, sin crítica ni desacuerdos que pongan en tela de juicio su ser absolutamente especial. Implica una intolerancia a los límites y a la crítica, así como también la idea de que todo le está permitido, que no tiene que renunciar a nada y que el otro lo va a seguir queriendo haga lo que haga.

Detrás de todo esto hay una intensa necesidad real de amor. Hay una frustración amorosa temprana negada, oculta a menudo por una fuerte narcisización por parte de alguno de los progenitores, cuyo propio narcisismo se ve reflejado en un niño que cumple sus aspiraciones A esta situación se une la "elección" edípica, la valoración privilegiada sobre el progenitor del mismo sexo, que da como resultado una tendencia a buscar el privilegio y a vivirlo como algo natural. Dado que su privilegio deviene de una relación edípica, la búsqueda posterior de ese privilegio y las estrategias de seducción que la acompañan, siempre van a estar marcadas por un matiz erótico cuyo significado se mantiene inconsciente, gracias a la represión.

Tiene un buen nivel de autosatisfacción, una buena imagen de sí, pero la dependencia de la aprobación externa hace que su emocionalidad sea muy inestable. Detrás de la imagen de independencia que se deriva de "no tener necesidades" ni límites, el tipo 2 se encuentra atado por su compulsión de gustar, por su búsqueda constante de aprobación. Su aspecto alegre, incluso ingenuo, se altera cuando el deseo de aprobación se ve frustrado. La rabia, ocasionada por la herida narcisista, se manifiesta, entonces, en forma explosiva y violenta, a menudo con un sorprendente desajuste entre la causa que originó la explosión de rabia y la intensidad de la respuesta.

A nivel cognitivo se manifiesta como sobreabundancia o pseudogenerosidad. La forma de control que el individuo orgulloso ejerce sobre los demás es dar, ofrecer al otro parte de lo que él "tiene" y que lo hace tan especial, compartir con él su mundo. Más que con cosas materiales, lo que da tiene que ver con este compartir, con incluir al otro en su mundo, con ofrecerle su interés y su cariño. Con ello parece garantizarse el amor del otro. Se habla de pseudogenerosidad porque el tipo 2 tiende a dar lo que él quiere dar, no lo que el otro verdaderamente necesita. Desde el egocentrismo le resulta difícil ver al otro.

Se muestran como personas cálidas, sensibles, afectuosas, solícitas e incluso serviciales, pero a menudo esa actitud no se mantiene cuando no están presentes las personas a seducir. Por eso prometen cosas que luego no cumplen, sin que haya intención consciente de no hacerlo, tan sólo, al no estar el otro, lo olvidan o, sencillamente, no lo pueden hacer por imposiciones de la realidad, cuyos límites no han sido tenidos en cuenta al prometer. No se sienten especialmente culpables por no cumplir, porque en el hecho de prometer ya han mostrado su interés por complacer al otro y su deseo genuino de hacerlo.

Su mecanismo de defensa más habitual es la represión. La represión permite mantener en el inconsciente la necesidad, el deseo sexual, la envidia, los sentimientos de carencia…, y sobre todo, lo estrictamente reprimido es el significado de los actos que los evidencian. Para mantener la represión, el orgullo es el arma. Por eso la dificultad de cuestionarse, porque si el orgullo se debilita pueden aparecer todos los fantasmas reprimidos.

A algún nivel hay un secreto reconocimiento del vacío, un sentimiento de insignificancia personal que necesita ser constantemente compensado a través de la autoimagen gloriosa.

Los atributos subyacentes en la estructura del rasgo, según Naranjo, son: intolerancia a los límites, rebeldía, hedonismo, capacidad de seducción y manipulación, emocionalidad intensa e inestable, impaciencia, independencia aparente que oculta la dependencia.

Detrás de la vitalidad y la vistosidad del carácter podemos decir que se esconde un secreto reconocimiento de vacío. Lo que perpetúa el vacío es precisamente dedicarse a la búsqueda de gloria, en la que uno vende el alma al diablo (Horney), porque la energía se implica en la realización de una imagen, de esa imagen a través de la cual uno consiguió ser amado y elegido, y no del propio ser.

Es difícil alcanzar la experiencia de ser si uno está demasiado ocupado en dar vida a una imagen ideal. El placer y la emoción se convierten en sustitutos de la experiencia de ser. La negación del dolor y de los límites cobra sentido porque no se sienten con fuerzas para soportarlos y porque derrumbarían la autoimagen de alguien que logra alcanzar lo que desea, así que no se les puede dar cabida.

La abundancia está condenada a ser una mentira emocional que el individuo no cree completamente: si no sintiera en lo profundo la carencia, no se vería impulsado a rellenar frenéticamente el agujero.

Nos parece que el ser se confunde con "ser elegido". Consciente o inconscientemente uno hace muchas cosas para conseguirlo, sin darse cuenta de la dependencia que eso genera, ni del poder de vida y muerte que se le otorga a personas de cuyo amor y aprobación depende esa elección.

Según el instinto que predomine nos encontramos con estos subtipos:

a) Conservación-Yo-Primero. El orgullo se manifiesta como un impulso para situarse por delante de los demás, para mantener situaciones de privilegio en la realidad o en la imaginación. Contiene un componente infantil, egocéntrico, de niño que se siente con derechos, que necesita ser mimado y mirado. Disimula la posición de dominio haciendo partícipe al otro de su grandeza y mostrándose naturalmente empático. Necesita ser el "Centro" (término de nuestra elección) y para conseguirlo desarrolla los aspectos más brillantes y seductores de su personalidad. Es igualmente encantador frente a cualquier persona que le interese seducir, sea cual sea la condición social que el otro tenga.

b) Social-Ambición. Consideramos que la búsqueda es de "Poder", por lo que preferimos este término. La consecuencia de esa búsqueda de poder es una actitud ambiciosa, donde las verdaderas necesidades son suplantadas por el afán de conseguir una posición de dominio indiscutible, que prueba lo especial que uno es. La capacidad de afrontar riesgos le da un aire emprendedor y aventurero, que enmascara el alto nivel de dependencia de las personas emocionalmente significativas. Pero la ambición está orientada al reconocimiento del mundo o de algunas personas previamente reconocidas como valiosas. Conseguir la aprobación de esas personas puede convertirse en una meta ante la que no importan los riesgos y es más importante que la materialización del logro en sí. Mantener la actitud seductora tiene sentido porque, desde ella, se puede relacionar generosa y benévolamen te con los demás, siempre que éstos lo admiren. Si en lugar de reconocimieto encuentra oposición, la seducción es sustituida por frialdad y dureza que le permiten anteponer los logros personales a cualquier otra cosa.

c) *Sexual-Conquista/Seducción.* El orgullo se juega en el terreno amoroso como un constante deseo de conquistar, por lo que, en este caso, mantenemos el término "Conquista". La seducción, presente en todos los subtipos, se aplica aquí al terreno de la conquista amorosa. A menudo el interés se agota con la conquista. En ocasiones así, no es necesaria la culminación en el acto sexual. En otros casos, la actuación sexual se lleva a cabo para agradar al otro y mantener la seducción. La fantasía conquistadora alimenta la imagen narcisista y el deseo, que se potencia, está a su servicio.

También aquí podemos ver que la motivación compartida en los tres subtipos es la de ser el "elegido", posiblemente como secuela de una situación edípica no resuelta a causa del vínculo narcisista de uno de los progenitores con el niño.

Según los parámetros de Millon en el caso del 2, tenemos:

– *Comportamiento observable*: espontáneo, seguro de sí mismo. Impaciente, sus exigencias se apoyan en un impulso fuerte, desinhibido, que sostenido en el buen autoconcepto les proporciona una especial obstinación para conseguir lo que quieren. Hedonista, con una búsqueda compulsiva del placer, que sostiene la máscara alegre y tiene un componente de negación del dolor. Intolerancia a los límites de la realidad y de las relaciones, y rebeldía, relacionada con ella, como un permiso para hacer lo que le da la gana. Ser especial lo libera a uno de prohibiciones, limitaciones y normas. Consigue ser el centro de atención y, a través de la seducción o de la manipulación, alcanzar su anhelo de privilegio.

– *Comportamiento interpersonal*: seductor, manipulador. Son personas seductoras, brillantes, de carácter cálido y sensible. La seducción conlleva una manipulación histriónica del amor y una dificultad en la entrega. Muestran una incondicionalidad que es más emocional que real. Importa más la conquista que el mantenimiento de la relación, aunque también necesita relaciones estables que le proporcionen seguridad e incondicionalidad. Instrumentos útiles en la seducción son la adulación y el erotismo. Para conseguir el lugar de privilegio que necesita no se apoya sólo en la seducción, sino también en la manipulación, de forma que pueda conseguir lo que quiere y, sin embargo, parezca que le está haciendo un favor al otro.

– *Estilo cognitivo*: intuitivo, ágil. Puede captar y exponer los asuntos de forma muy brillante y seductora, transmitiendo la impresión de que sabe más de lo que él mismo conoce, y, otras veces, sabiendo más de lo que puede reconocer o elaborar. Capacidad para improvisar.

– *Autoimagen*: complaciente y generoso, con una exageración histriónica de la autoimagen idealizada, feliz, cariñoso, independiente. El histrionismo es una forma de centrar la atención. Por otra parte se muestra como alguien que está satisfecho y puede dejar que su satisfacción se desborde, manteniendo oculta su necesidad de ser extraordinario a través de una imagen que ya lo es. Desde el punto de vista de Horney, lo valorado en la autoimagen tiene que ver con la brillantez, la capacidad de centrar la atención, la libertad, la imaginación, el espíritu aventurero, el talante alegre y cariñoso. Lo enajenado está relacionado con la inseguridad, la dependencia afectiva, la dificultad de entrega, la incapacidad para ver al otro y la incapacidad de amar.

– *Representaciones objetales*: los otros son personas a las que puede conquistar y no lo van a rechazar. Hay una especial dificultad para reconocer la envidia o el rechazo de otros, como si desde la situación de privilegio todos tuvieran que estar de mi parte porque lo merezco. Puede haber mucha admiración hacia personas cuyo reconocimiento se trata de conseguir por encima de todos los demás. El halago mutuo es importante y las personas queridas o incluidas en el ámbito de las relaciones personales o profesionales pueden ser muy especiales en cuanto forman parte de su mundo.

– *Mecanismos de defensa*: la represión es el más importante, permite mantener en el inconsciente todo lo que no se adecua a la autoimagen. Implica una cierta disociación de la conciencia.

– *Organización morfológica*: presentan cuerpos redondeados, proporcionados, armoniosos y vivaces. Cuando Balzac describe a estos eneatipos dice que poseen todos los dones de los hijos del amor. El aspecto corresponde al de alguien que está satisfecho con su imagen. Alegres y desenfadados, suelen mostrar un aire adolescente que se mantiene de por vida. Su atractivo erótico sirve de apoyo a la actitud seductora.

Hay una rigidez en la espalda, desde la base del cráneo hasta el sacro, que mantiene el cuello tan rígido que obliga a la cabeza a estar erguida, como un signo del orgullo en el cuerpo.

También encontramos con frecuencia rigidez en las piernas, debido a la tensión que genera el miedo a caer, a la inseguridad que se esconde tras el orgullo.

– *Estado de ánimo/temperamento*: alegre, divertido, con cambios bruscos del estado de humor que puede volverse muy agresivo ante heridas narcisísticas. Emocionalidad impresionable e inestable, se puede conmover fácilmente ante el dolor o la carencia del otro, como también irritarse fácilmente cuando no le otorgan su lugar de privilegio. Se siente amado mediante mimos y toda su ternura puede transformarse en furia cuando no se le complace. Muy poca tolerancia a la frustración.

– *Manejo de la agresividad*: las explosiones de rabia son frecuentes en este eneatipo y tienen un cierto carácter infantil, como la rabieta de un niño, sin que por ello resulten inocuas. Generalmente se producen como reacción a una frustración, frente a algo que tuerce su voluntad, o ante una crítica o desvalorización de algo relacionado con él. Como ocurre en las manifestaciones de ira narcisistas son muy desmedidas, siendo evidente para cualquiera menos para el interesado que no hay una correspondencia entre la provocación y la reacción. También resultan difíciles de integrar en la imagen generosa y complaciente valorizada, y por ello la tendencia es la de olvidar lo que ocurrió.

– *Manejo de la sexualidad*: la sexualidad del eneatipo 2 está muy ligada a la seducción. Muchas veces la conquista es más importante que la consumación, aunque otras ésta se lleva a cabo más como confirmación de la conquista que por una necesidad sexual real. Puede ocurrir que se vean abocados a una relación no deseada por la pérdida de imagen que ocurriría si se retirasen.

Es frecuente que el desencadenante del propio deseo sea el deseo del otro. Es el deseo de ser deseado lo que incita a la relación. No poder responsabilizarse del propio deseo es una consecuencia de la situación edípica, que ha tenido especial incidencia en este eneatipo. El deseo, la erotización de la ternura en la figura parental, ha sido el desencadenante del propio deseo, de la confusión entre necesidad afectiva y necesidad sexual, así como de la compulsión de agradar y la erotización de los vínculos afectivos.

Hay una dificultad para la entrega, la persona puede mantener una relación sin estar realmente presente, más conectada con sus fantasías que con la realidad del encuentro.

El aspecto seductor de su sexualidad queda reflejado en la película *Casanova* de Fellini, evidenciando que la conquista sexual no es más que una reafirmación de la imagen narcisista.

A veces, bajo la apariencia de una mujer "devorahombres" o de un don Juan hay una faceta muy insegura, de mucho pudor y vergüenza.

El personaje de Balzac que hemos elegido para ilustrar este eneatipo es Luciano Chardon. Es un personaje que aparece en varias de sus obras, concretamente hemos elegido fragmentos de las tres novelas que componen *Ilusiones Perdidas* y las tres que conforman *Esplendores y Miserias de las Cortesanas,* aunque hemos dado más espacio a las primeras. En algunos casos aparece nombrado como Luciano de Rubempré. Éste es un personaje que mantiene a lo largo de varios textos y del que narra detalladamente su vida en todos los aspectos: sus relaciones con la familia de origen, con sus amigos, con las mujeres, así como sus logros y fracasos profesionales. Ésta es, pues, la historia que cuenta, la de un muchacho de provincias, con grandes ilusiones y ambiciones, en cuya consecución llega a "vender su alma". Se explaya en la descripción de sus características personales.

Empieza hablando de sus orígenes, como hijo de un farmacéutico que se esmeró en la educación de sus dos hijos, Luciano y Eva, y gastó todo lo que producía la farmacia en sostener a la familia, de manera que no dejó nada con lo que sostenerse, económicamente, al morir antes de que ellos hubieran conseguido situarse en el mundo. Así que:

«[…] no sólo dejó a sus hijos en la miseria, sino que, para mayor desgracia de ellos, los había criado con la ilusión de los más brillantes porvenires […] sus hijos, como todos los hijos del amor, tuvieron por toda herencia la maravillosa belleza de su madre, regalo con frecuencia tan fatal, cuando la pobreza lo acompaña». [pág. 1.217-1.218, tomo II.]

Esa belleza, que Balzac califica de "excesiva", la refiere a «la distinción de líneas de la belleza clásica», al «aire infantil de sus ojos», «a su cara de ángel» y a la elegancia de sus manos en las que se combinan autoridad y seducción «[…] a una seña de las cuales [las manos] debían obedecer los hombres y de esas que gustan de besar a las mujeres». [pág. 1.221.]

Por si estas dificultades para mantener la nobleza de sus ideales fueran pocas, contaba también con que su madre y su hermana centraron todos sus sacrificios e ilusiones en el porvenir del joven, trabajando dura y humildemente para procurarle lo que necesitara, llegando su madre, incluso, a trabajar bajo un nombre falso para no perjudicarlo. El consumía la mayor parte de los ingresos de ambas. Pero, aun así, soportaba muy mal las frustraciones de la pobreza, que le llevan incluso a jugar con la idea del suicidio.

En esta situación se encuentra con un compañero del Liceo, David, que acaba de hacerse cargo de la imprenta de su padre y que le ofrece trabajo, aunque no necesitaba ningún empleado ni su economía se lo permitía. Comparten las ilusiones, los ideales, la fantasía y la pobreza. Y, aunque es David quien le ha proporcionado el trabajo, «Luciano mandaba como mujer que se sabe amada. David obedecía con placer». [pág. 1.222.]

Así que:

«La exclusiva ternura de su madre y su hermana, la abnegación de David, la costumbre que Luciano tenía de verse objeto de los afanes secretos de aquellos tres seres […] engendraban en él ese egoísmo que devora al noble». [pág. 1.248.]

Todo esto explica que se acostumbrara a «creerse grande», le gustara «brillar» y fuera «capaz de querer recoger la gloria sin trabajo». Tenía «sueños de oro», «veía brillar un lucero por encima de su cabeza, soñaba con una bella existencia». [pág. 1.281.]

Por otra parte, como suele ocurrir, sus sueños e ilusiones se veían arropados por el entorno:

«[...] cuantos le rodeaban seguían levantando el imaginario pedestal sobre el que se empinaba»,

y era:

«mantenido en sus ambiciosas creencias por todo el mundo»,

de forma que:

«Luciano vivía en un ambiente lleno de espejismos»

que

«es menester más de una lección amarga y fría para disipar». [pág. 1248.]

Hasta su gran amigo David alimenta esos sueños. Le dice:

«Tú has nacido para triunfar. Las mujeres se volverán locas por tu cara de ángel». [pág. 1.248.]

Actitud que excitaba en Luciano «esa propensión que tiene el hombre a referirlo todo a su persona». (pág. 1.248.) Hace luego una comparación entre la personalidad de Luciano y la del Rey Sol.

Conoce a una mujer de la aristocracia, madame de Bargeton, de la que se enamora: «Amó Luciano a Nais como ama
todo hombre a la primera mujer que lo halaga...». (pág.
1.237.) Destaca aquí la importancia que tiene en este eneatipo el deseo del otro para la constitución del propio. Cuenta
sus amores a su amigo David, que le ponen en guardia sobre
las dificultades de ese amor y la distancia que los prejuicios
pone entre ellos. No puede escucharlo: «La voluntad de dos
amantes triunfa sobre todo». (pág. 1.224.)

Madame de Bargeton quiere que sea acogido por la buena
sociedad y se propone abrirle sus puertas. Hará una fiesta en
su casa donde él pueda leer sus poemas. En ese momento se
siente tan vinculado a David que está dispuesto a no acudir si
no puede hacerlo acompañado de su amigo. Incluso se siente
dispuesto a renunciar a su amor. Escribe una carta pidiéndole
a su protectora que reciba también a su amigo. Aunque, tras
hacerlo «estaba tan inquieto por la contestación de su amada
como un favorito que teme caer en desgracia, después de haber intentado extender su poder». (pág. 1.224.)

Madame de Bargeton le da una respuesta elusiva que él
considera un sí. Y:

«En la embriaguez que le causaba una victoria que le hacía
creer en el poder de sus ascendientes sobre los hombres, asu-
mió una actitud tan altanera, tantas ilusiones se reflejaron en
sus ojos, prestándole un resplandor radiante...». [pág. 1.246.]

Se produjo una «revolución» en el «cerebro y el corazón
de Luciano» (pág. 1.234), porque «Allí donde la ambición
empieza, terminan los sentimientos ingenuos». (pág. 1.235.)

Las palabras de esta mujer tienen cada vez más influencia
sobre él. Le incitaba a olvidar sus obligaciones respecto a su
madre, su hermana y David.

«[...] los hombres de genio no tenían hermanos ni padres; las grandes obras que estaban llamados a llevar a cabo les imponían un egoísmo aparente obligándolos a sacrificarlo todo a su grandeza».

La familia compartiría luego «los frutos de la victoria». (pág. 1.241.) «Coincidían estos razonamientos con los secretos defectos de Luciano.» Así que, aunque, en principio, soñaba con abrir las puertas también a David, pronto se da cuenta de que «las implacables leyes del mundo no se lo van a permitir». (pág. 1.241.)

Luciano «[...] exagera lo bueno y atenúa lo malo» (pág. 1.221) e «iba del mal al bien y del bien al mal con la misma facilidad» (pág. 1.243), enfrentados en su interior el amor por David, por su madre y su hermana, con sus deseos de gloria.

Madame de Bargeton:

«En un periquete hízole abjurar a Luciano de sus ideas populacheras sobre la quimérica igualdad... despertó en él la sed de distinciones, que la fría razón de David aplacara; mostróle la alta sociedad como el único escenario en que debía actuar». [pág. 1241.]

Pero su presentación en sociedad fue toda una humillación:

«[...] pusiéronse todos de acuerdo para humillar a Luciano con alguna frase de aristocrática ironía». [pág. 1.263.]

Desconcertado, herido, sin saber qué hacer ni cómo portarse

«aquel golpe había lanzado de sopetón a Luciano al fondo del agua; pero dio allí con el pie y volvió a la superficie, jurándose dominar a aquella gente… Prometíase sacrificarlo todo con tal de seguir en la alta sociedad». [pág. 1.267.]

Cuando no puede seguir manteniendo su amor en el nivel platónico, le pide a su amante que sea suya. No está dispuesta a llegar ahí madame de Bargeton, que se siente perdida cuando los descubren en una situación comprometida, con Luciano llorando, ante su negativa, sobre su regazo. Noticia que se divulga rápidamente e impulsa a su esposo a batirse en duelo con quien la ha propalado, como una manera de proteger a Luciano y a ella misma. Su esposo mata en el duelo a su oponente y ella se propone irse temporalmente a París. Pero quiere llevarse consigo al joven y hacerlo de inmediato. Para poder cumplir su deseo, Luciano tiene que renunciar a asistir a la boda de su hermana y lo hace.

Su familia ha de hacer un gran esfuerzo para costearle el viaje, esfuerzo que él acepta con naturalidad, convencido, por otra parte, que no le será difícil compensar estos esfuerzos cuando triunfe.

Balzac explica la abnegación que despertaba Luciano, atribuyéndola a su gran capacidad de seducción:

«Quien conociera a Luciano no se asombraría de esa abnegación; ¡era tan simpático, y tenía unos modales tan zalameros, expresaba con tanta gracia su impaciencia y sus deseos…!». [pág. 1.282.]

Sin embargo, Luciano va a encontrarse con dificultades al llegar a París. Su amante lo abandona y lo pone en ridículo. Él se había gastado todo su presupuesto en vestir con elegancia, así que solo en esta ciudad y sin ningún dinero, va a pasar serias dificultades hasta que conoce a D'Arthez y traban amistad. Entonces,

«Feliz por haber encontrado en el desierto de París un corazón en el que abundaban sentimientos generosos en consonancia con los suyos, el gran hombre de provincias hizo lo que hacen todos los jóvenes famélicos de afecto: pegósele como una enfermedad crónica a D'Arthez...». [pág. 1.344.]

Entra en su círculo de amigos, todos lo aceptan, lo protegen y le ayudan, al mismo tiempo que todos vislumbran el poder de su ambición y no confían en él. Desconfianza que más tarde explicitará su primer amigo, D'Arthez, en una carta dirigida a Eva, que le pedía opinión sobre Luciano. Dice:

«Luciano sacrificará siempre al mejor de sus amigos por el placer de lucir su ingenio. De buen grado firmaría un pacto con el demonio si ese pacto le valiese una vida brillante y fastuosa por unos cuantos años [...] Se despreciará a sí mismo, se arrepentirá; pero si la necesidad le acucia volverá a las andadas...». [pág. 1.530.]

Y así ocurre realmente. Luciano entra en el mundo del periodismo, encuentra una amante y se deja llevar. Entra en el mundo del lujo parisiense y se adapta pronto. El lujo obraba un efecto magnético sobre su alma. Su amante era la mantenida de un banquero y esta situación que, al comienzo le inquietaba, dejó de preocuparle.

París empezó a ocuparse de él:

«[...] y hacer que París se ocupe de uno, cuando se ha comprendido lo inmenso de esa ciudad y la dificultad de ser algo en ella, causóle a Luciano goces embriagadores que le marearon». [pág. 1.447.]

En algunos momentos sentía inquietud por el rápido paso de la miseria a la opulencia, como si no pudiera terminar de creérselo. A pesar de ello:

«Vióse arrastrado por una corriente invencible, en un torbellino de placeres y trabajos fáciles. Dejó de echar cuentas […] vivía Luciano al día, gastaba el dinero según lo ganaba…». [pág. 1.460.]

En esta situación:

«[…] se prohibía a sí mismo pensar en el mañana». [pág. 1.468.]

Hasta que:

«[…] el resorte de su voluntad […] para las bellas resoluciones adoptadas en aquellos momentos en que vislumbraba su posición a su verdadera luz, vino a ser nulo». [pág. 1.469.]

Mientras que, por el contrario, lo que ocurrió es que su trato con el gran mundo le desarrolló: «[…] el orgullo nobiliario y las vanidades aristocráticas». (pág. 1.484.). De manera que decide reclamar un título nobiliario que había pertenecido a la familia de su madre.

Pero ocurre que:

«[…] en la vida de los ambiciosos […] hay un cruel momento en que no sé qué poder los somete a rudas pruebas; todo falla a la vez […] ese cruel momento había llegado para Luciano […] había sido demasiado feliz y ahora tenía que ver a hombres y cosas en contra de él». [pág. 1.491.]

Se encuentra arruinado. Su amante enferma y el banquero que la mantenía corta la entrada de dinero. Entonces le presionan para que haga una crítica destructiva de la magnífica obra de su amigo D'Arthez, y la hace, así como también firma unos pagarés con el nombre de su cuñado. Todo se le pone en contra y empieza a reflexionar:

«¿Qué era él en aquel mundo de ambiciones? Un niño que corría tras los placeres y los goces de la vanidad, sacrificándolo todo por ellos; [...] pensando bien y obrando mal. Fue su conciencia para él un terrible verdugo. Finalmente, no tenía ya dinero y sentíase agotado de impotencia y dolor». [pág. 1.499.]

Muerta su amante Coralia, viendo que sus antiguos amigos lo desprecian, se da cuenta de que sólo puede contar con su madre y su hermana y decide volver a casa. Su familia se encuentra en una situación muy apurada porque les reclaman el pago de las letras que él había firmado. A pesar de ello, lo acogen y perdonan. Se da cuenta de la calidad de su amor, aunque percibe también la desconfianza que su madre y su hermana sentían y que ese amor no lograba ocultar. Esta situación le entristecía y le hacía la vida insoportable. Pero todo se le vuelve a olvidar cuando sus conciudadanos, enterados de sus triunfos en París, lo agasajan. Vuelve a sentirse satisfecho y a entrar en la misma dinámica. Se ve de nuevo como un triunfador que podrá solucionar los problemas económicos de su familia. Cuando fracasa esta expectativa decide suicidarse y explica en una carta a su hermana las razones para hacerlo: «Sí, tengo ambiciones desmesuradas que me impiden aceptar una vida humilde [...] He nacido príncipe...». (pág. 1.601.)
Decide ahogarse, pero necesita un lugar de suficiente profundidad para que no pueda ser encontrado su cadáver, pre-

ocupado por el desagradable aspecto que tienen los ahogados y por no dejar esa imagen tras de sí. Buscando este lugar, andando por el campo, se encuentra con el abate Carlos Herrera (8), quien consigue convencerlo para que no actúe así. Él se convertirá en su protector. Establecen un pacto que es una verdadera venta de su alma. El tal abate es un criminal que se oculta bajo esta identidad de clérigo español y que vuelve a llevarlo por el camino de la búsqueda de éxito, dinero y reconocimiento social, fomentando en él la idea de reclamar el título de la familia de su madre y envolviéndolo de nuevo en la misma dinámica de ambición. Por fin, cuando Carlos Herrera es detenido y llevado a prisión y él es acusado de complicidad, creyendo que había sido delatado por su protector y que ya no había salvación, se suicida.

Los atributos con los que describe a este personaje son: belleza, distinción, nobleza de modales, elegancia, apostura y maneras graciosas. Aspecto delicado. Niño mimado, egoísta, con espíritu travieso. Amable, cariñoso, generoso, listo. Emprendedor, activo, audaz, atrevido, brillante, imaginativo, animoso, valiente, aventurero, seductor, vanidoso, ambicioso y acostumbrado a creerse grande. Voluble, impresionable y de débil voluntad.

Tipo 3. Carácter vanidoso

La vanidad se manifiesta en una exagerada preocupación por la imagen, en un vivir para los ojos de los demás. El foco de interés no está en la propia experiencia, sino en lo que va a pensar o sentir el otro respecto a uno. El vanidoso siempre está preocupado por la imagen que puede dar a los demás, y en este afán de gustar pierde su identidad, adaptándose camaleónicamente a lo que imagina que el otro valora.

Hay una intensa necesidad de atención, de ser visto, oído, apreciado. Esta exacerbación de la necesidad de atención proviene de una experiencia temprana que la frustró. La necesidad de ser visto y el sentimiento de no ser digno de atención llevan a la búsqueda constante de una imagen que sí pueda ser vista y valorada. Tiene mucho en común con el 2, pero mientras el orgulloso se sostiene en una autoimagen especial, que los demás deben naturalmente reconocer, en el 3 son los otros los que pueden darle ese carácter especial y él tiene que conseguirlo a través de sus éxitos. De ahí la intolerancia al fracaso

La identificación con la apariencia conlleva una sensación de vacío interior, de superficialidad, un sentimiento de que no hay nadie ahí detrás, que se manifiesta en el temor a la soledad. Por otra parte, únicamente en soledad es cuando pueden permitirse descansar, abandonar la máscara y los esfuerzos para mantenerla. La forma de llenar el vacío se centra en la búsqueda exterior, posesiones, relaciones, éxito y reconocimiento social. La identidad está puesta en lo que tengo, en lo que logro, en lo que represento, en la imagen, en lo que los otros ven y me reflejan de mí.

En la infancia se han sentido amados cuando han cubierto las expectativas parentales, a menudo de carácter narcisista, han sentido el amor condicionado a la conducta y han perdido, en el empeño por ser amados, el contacto con el ser verdadero que no se vive como digno de amor.

La mirada se aleja de lo interno, temiendo encontrar el vacío, y se concentra en la preocupación excesiva por la imagen que venden a los ojos de los demás, en la pasión por complacer y atraer que polariza la atención de la persona hacia la superficie de su ser. En el plano sexual se traduce en un cultivo del *sex-appeal* y de la efectividad, a expensas de la profundidad de la experiencia erótica o emocional. Hacerlo bien es más importante que gozar.

Más allá de que el deseo de aplauso suponga una expresión indirecta del deseo de amor, el hecho de vivir a través de los ojos de los demás y de luchar por la obtención de suministros narcisistas produce un empobrecimiento.

En el plano emocional, la vanidad se manifiesta en una búsqueda de éxito, que implica una cierta eficacia, cierto perfeccionismo en la acción, parecida a la del tipo 1, pero totalmente mediatizada por la búsqueda del reconocimiento público. Lucha por obtener posiciones de importancia en cualquier contexto social en que se mueva y por conseguirlo de la forma más rápida y eficaz posible.

A nivel cognitivo se manifiesta como engaño, como falsedad. El fingimiento inconsciente provoca mucha ansiedad, como si a algún nivel estuviera siempre presente el temor de ser descubierto. No es un engaño deliberado, por el contrario el tipo 3 valora mucho la sinceridad, es un autoengaño, una identificación interna del propio yo con la apariencia que se consigue. Para mantenerlo es necesario un perfecto control de los sentimientos, una pérdida de espontaneidad. La consecuencia de este control es que se pierde la referencia interna a nivel emocional, se termina sintiendo y expresando sólo lo que es adecuado y correcto, aunque lo adecuado en un ambiente deje de serlo en otro. Es muy característica la inadecuación entre los sentimientos expresados y los gestos (sonreír al contar algo doloroso, por ejemplo) en contraposición a la adecuación al entorno. Esta inadecuación entre la expresión y el sentimiento les otorga un aire de frialdad e impenetrabilidad.

El mecanismo de defensa en que se apoya el carácter es el de la identificación; identificación con una imagen ideal construida basándose en una identificación temprana con los valores ideales de las figuras significativas de la niñez. El mecanismo de la identificación es menos rígido, más flexible que el de la introyección, y esto permite que los valores objeto de identificación puedan ir cambiando a lo largo de la vida, manteniendo siempre la característica común de no ser valores internos, sino adoptados de modelos externos. Es muy frecuente encontrar en los tipos 3 dos modelos internos muy polares e inconciliables entre sí, que generan una típica sensación de inseguridad y duda sobre quien quiere uno ser.

El tipo vanidoso tiene una gran dificultad para aceptar la soledad. Se sienten perdidos si no cuentan con un espejo que les refleje quiénes son, puesto que su identidad está sostenida por esa imagen especular. De aquí surge el tremendo temor y el sentimiento crónico de soledad, puesto que, a nivel profundo, hay cierta conciencia de que esa imagen que le devuelven los demás y por la que lo reconocen no corresponde a su auténtico ser. El miedo a ser rechazados si se muestran tal como son, sin máscaras, a no ser vistos, a volver a quedarse solos, perpetúa el cultivo de la apariencia. Les resulta muy difícil admitir nada que pueda dañar su imagen.

La estructura del rasgo, según Naranjo, viene dada por: vanidad, imitación, control sobre uno mismo, sofisticación, habilidad social, manipulación de la imagen, cultivo de la atracción sexual, pragmatismo, actitud alerta y superficialidad.

Pensamos que el ser se confunde con "ser visto".

Según el instinto que se apasione nos encontramos con:

a) Conservación-Seguridad: La necesidad de sentirse seguro a través del dinero, las posesiones, etcétera, aparece en primer plano. Tener se convierte en un símbolo de lo que soy: alguien que sabe cuidar de sí mismo y que logra conseguir todo aquello que los demás desean. Tener todo lo que se pueda desear y haberlo alcanzado gracias a la capacidad de manejarse en el mundo genera una sensación de autonomía y eficacia que permite sentirse seguro, no desamparado. Proponemos el término "Logros" para designar esta necesidad apasionada.

b) Social-Prestigio: La vanidad se manifiesta en el cultivo de la buena imagen ante los demás.

La confirmación de lo que valgo está puesta en lo que se consigue socialmente. Por eso la búsqueda es de "Estatus", término por el que nos decantamos y que también utiliza Naranjo. Implica alcanzar una posición social que los demás reconozcan como exitosa. Hay un fuerte deseo de aprobación social, de aplauso, de gustar. Para mantener el estatus desarrolla un brillo muy particular, una capacidad de conectar con las formas correctas, con la captación de las modas, con las imágenes sociales de éxito.

c) Sexual-Masculinidad/Feminidad: La esfera de lo sexual se halla teñida por la preocupación de la apariencia. La actitud es coqueta y trata de dar la imagen que responde al modelo de lo que la sociedad valora como "sexy". El deseo es ser "Objeto de deseo" (nuestra propuesta terminológica) y la forma de conseguirlo es una identificación enfática con las características sexuales masculinas o femeninas imperantes. La consecuencia es un olvido del propio deseo ya que adquiere mucha más importancia el ser deseado. Por otra parte, la desconexión que supone provoca que el deseo se muestre mucho más intenso e interesante en el plano de la imaginación que en el del encuentro real.

La motivación compartida es la de obtener el éxito en el desempeño personal, social o sexual. La profunda inseguridad derivada de haber tenido que hacerse cargo de sí mismos en una edad demasiado temprana, lleva a esta posición de intentar desempeñarse bien por sí solos y de que los demás lo vean.

– *Comportamiento observable*: hay un cultivo de la apariencia, una adecuación a situaciones muy distintas, en una transformación camaleónica, que tiene como objetivo satisfacer la necesidad de ser vistos y reconocidos. La necesidad de reconocimiento tiene un carácter práctico, que conlleva una gran preocupación por la eficacia, por la obtención de resultados inmediatos, tangibles, cuya evidencia es el éxito. Éxito social que, a veces, implica una lucha por la riqueza y el estatus, y otras se centra más en el aplauso. En la misma línea del cultivo de la apariencia, hay un cultivo de la atracción sexual, una tendencia al embellecimiento y conservación del atractivo. Un atractivo modélico que sigue la imagen de lo que socialmente se reconoce como tal y que no siempre implica un cuidado positivo, pues a menudo uno encuentra muchas cosas que arreglar (cirugía estética) hasta alcanzarlo. La belleza resulta de porcelana, formal y fría y también hay, en su conducta general, una cierta frialdad, falta de espontaneidad, implacabilidad y control necesarios para mantener la apariencia. La apariencia observable es también de seguridad, aunque a nivel interno la ansiedad provocada por el temor al rechazo se traduzca en inseguridad, ansiedad y tensión, que se trata de controlar con un mayor control.

– *Comportamiento interpersonal*: sofisticados y hábiles socialmente, son gente entretenida, con mucha conversación, con brillantez social, en quienes la espontaneidad está muy tamizada por la complacencia, por el tratar de agradar al otro y asimilarse a su comportamiento y opiniones.

– *Estilo cognitivo*: intereses muy variados, pueden conversar de cualquier cosa, pero tienen dificultad para generar y sostener sus propias opiniones. Saber es sólo un paso para "saber qué hacer". En este sentido, su orientación cognitiva es utilitaria, pragmática, con un toque de superficialidad, que puede quedar oculta por la brillantez y la adecuación al entorno. Hay una actitud alerta, vigilante, a fin de mantener el control.

– *Autoimagen*: su autoimagen depende mucho del reconocimiento y los logros externos. Hay una confusión entre el ser y la apariencia que se corresponde con la confusión entre la valoración externa y el valor interno. A un nivel se produce un autoengaño por creer que uno es lo que otros ven, pero a otro nivel hay una frustración crónica de la necesidad de ser vistos porque cualquier reconocimiento se recibe como correspondiente a la falsa personalidad y no al verdadero ser. En un plano profundo, hay una sensación de no tener acceso a los sentimientos genuinos, de no saber quién es, de no conocer los verdaderos deseos, que produce una insatisfacción y una sensación de superficialidad e inseguridad. A menudo hay dos imágenes polares y mucha dificultad para decantarse por una de ellas, como si la identificación fuera vivida como algo que ya no va a permitir cambiar.

– *Representaciones objetales*: los demás pueden hacerte sentir bien contigo mismo o no, en función de su aceptación o rechazo. No hay discriminación, la necesidad es de gustar a todos, incluso a gente que objetiva o racionalmente no valoran. Los demás se convierten en espejos, jueces de mi valía. La dirección por los valores internos que llega a ser tan rígida en el tipo 1, es sustituida aquí por la dirección por los valores del entorno.

– *Mecanismo de defensa*: la "identificación" es el principal mecanismo que permite encontrar la propia identidad a través del otro y llenar la sensación de vacío y desvalimiento. La imitación es la herramienta que permite esa transformación camaleónica con el ambiente.

– *Organización morfológica*: morfológicamente son cuerpos muy cuidados ya que la persona se identifica, en primer lugar, con su imagen física: soy lo que se ve. El cultivo de la estética busca un ideal de belleza, que se ajusta a los cánones del momento. La indumentaria puede cambiar en función de los distintos ambientes, cuidando mucho que resulte adecuada y pudiendo descuidar, al mismo tiempo, lo que no se ve. La búsqueda del ideal de belleza se ajusta a los criterios estéticos sobre masculinidad/feminidad.

Suele haber tensión en los pies, debido a la falta de arraigo. La ansiedad y la tensión que conlleva el control son envueltos en una apariencia de seguridad. Esta tensión se alivia al estar solos.

Los ojos suelen mantener velado el mundo interno, como si su mirada fuera impenetrable.

– *Estado de ánimo/temperamento*: personas agradables pero de trato no demasiado fácil. Su dificultad para conectar con lo que sienten se contagia a los otros. A menudo sus gestos y sus emociones no coinciden, y resulta difícil saber qué sienten.

– *Manejo de la agresividad*: Es una agresividad fría, desconectada del sentimiento. A veces se expresa desde una exigencia de honestidad, de sinceridad, que no tiene en cuenta el sentir del otro. Justificada por la sinceridad puede ser cruel y emocionalmente desimplicada, dificultando mucho la respuesta agresiva del interlocutor, el cual, a veces, tiene la sensación de que no hay nadie con quien pelear ni a quien convencer, nada que argumentar. Como las verdaderas motivaciones de enfado quedan muy ocultas y se atribuyen a aspectos superficiales, resulta muy difícil resolver el conflicto.

– *Manejo de la sexualidad*: la sexualidad del eneatipo 3 está muy teñida por la identificación con una imagen o modelo sexual que se pone en acción.

La atención se pone en "hacerlo bien", en satisfacer al otro, en darle lo que se supone que desea y no defraudarle. Hay un interés por encontrar todos los recursos y técnicas sexuales que van a lograr el máximo placer del compañero y que a uno mismo le reporta la satisfacción de habérselo dado. Hay asimismo un mirarse desde afuera que se vuelve más importante que estar conectado desde adentro.

La satisfacción sexual propia pasa a un segundo término. Junto a esa dedicación a satisfacer al otro, en momentos de baja autoestima pueden recurrir a una actividad sexual donde el otro sólo cuenta como un espejo que valida el propio atractivo y eficacia sexual.

Existe mucha sensibilidad a la crítica puesto que se pone tanto empeño en hacerlo bien.

El personaje de Balzac que vamos a describir para ilustrar este eneatipo es el de la Duquesa de Langeais, descrita en la novela del mismo nombre. Se esmera especialmente en su descripción y en los matices de su personalidad. Cuenta la historia de una mujer que necesita el reconocimiento social y que, habiendo realizado una "buena boda", se siente después abandonada por su marido y dedica su vida a las relaciones sociales y a conseguir un amante que sea un espejo ante la sociedad de su valor como mujer y, al mismo tiempo, le permita seguir conservando su posición junto a su marido.

Nos dice Balzac:

«Era una mujer artificialmente instruida, en realidad ignorante; llena de sentimientos elevados, pero carente de un pensamiento que los coordinase; que derrochaba los más ricos tesoros del alma, obedeciendo a miramientos sociales; pronta a desafiar a la sociedad, pero con titubeos y cayendo en el artificio por culpa de sus escrúpulos […] soberanamente mujer y soberanamente coqueta…». [pág. 111, tomo II.]

Después de describir detenidamente muchos aspectos complejos y contradictorios termina diciendo:

«¿No sería siempre un retrato sin terminar el de esa mujer en que chocaban los tonos más tornasolados [...]? Nada en ella era fingido. Esas pasiones, esas semipasiones, esa veleidad de grandeza, esa realidad de pequeñez, esos fríos sentimientos y esos cálidos arrebatos eran naturales y dependían de su posición, así como también de la aristocracia a la que pertenecía». [pág. 111.]

En páginas posteriores retoma su descripción volviendo a incidir en los aspectos contradictorios de su imagen:

«Mostrábase a trechos alternativamente confiada y astuta, tierna como para conmover y, luego, dura y seca como para partir un corazón. Pero para pintarla bien ¿no sería menester acumular todas las antítesis femeninas? Era, en una palabra, lo que quería ser o parecer». [pág. 121.]

Incide aquí el dibujo que hace de su personaje en la fuerza que tiene la identificación con la imagen, con la apariencia, y poco después vuelve a aludir al punto de artificio con el que se construye esta imagen:

«Conocía la duquesa a maravilla su oficio de mujer». [pág. 126.]

Se casó con el duque que, después de casado, perdió pronto el interés y se retiró de ella para dedicarse a seguir su vida y sus gustos, dejándole bastante libertad. Justifica el desapego del marido en el hecho de haber reconocido su sumisión a los usos del mundo y la frialdad de su corazón. No se siente

en peligro por dejarla sola. Está seguro de que ella no se atre-
verá a romper con las buenas costumbres socialmente apro-
badas. Pero el resultado de su abandono fue:

«[…] una mujer de veintidós años, gravemente ofendida y
que tenía en su carácter una cualidad tremenda: la de no perdonar nunca una ofensa cuando todas sus vanidades femeni-
les y todo su amor propio, y quizás sus virtudes, habían sido
mal apreciadas y heridas en secreto […]. Tal era la situación,
ignorada del mundo, en que la señora duquesa de Langeais se
encontraba…». [pág. 113.]

Vemos aquí la dificultad de mostrar los verdaderos sentimientos ante el mundo y la tendencia a mantener el tipo, la
imagen que se considera valorada por los demás y que no es
la de una mujer rechazada.

A partir de entonces se convirtió en la «reina de la moda»,
seguida siempre por una corte de mujeres distinguidas que le
daban mucha seguridad y le permitían burlarse de los hombres y recibir sus homenajes, llevando una vida «huera», de
«triunfos sin objeto» y de «pasiones efímeras», pero logran-
do ser el centro de todas las miradas, viviendo una «fiebre de
vanidad». (pág. 113.)

Llegó un momento en que esto no fue bastante para ella:

«[…] en que comprendió que la criatura amada era la única
cuya belleza e ingenio podía ser universalmente reconocida».

Esconde su insatisfacción y su necesidad de amor en una
necesidad de reconocimiento social, que dirige su acción.

«¿Qué prueba un marido? Pues que de soltera, una mujer
estaba ricamente dotada o bien educada, tenía una madre lis-

ta o satisfacía las ambiciones de un hombre; pero un amante es el programa constante de sus perfecciones personales».
[pág. 114.]

Su "proyecto" vital cambia y orienta su vida a la consecución de este nuevo proyecto que no anula el anterior, sino que
lo complementa para poder seguir manteniéndolo.

De esta manera, arropada por su corte femenina, decidió
permitirse también otra corte de enamorados, cuyo amplio
número permitía que su virtud no fuera puesta en duda.

«Era coqueta, amable, seductora hasta el final de la fiesta, el baile o la *soirée*; pero luego, cuando caía el telón, volvía a encontrarse sola, fría, indiferente, no obstante lo cual
revivía al día siguiente para emociones igualmente superficiales». [pág. 114.]

Y ésta es la situación cuando conoce a Armando de
Montriveau (1), un digno y honrado general que se enamora
de ella. Decide convertirlo en su amante:

«[…] darle la preferencia sobre todos los demás, apegár-
selo a su persona y emplear con él todas sus coqueterías».
[pág. 118.]

Y como:

«Tenía la duquesa como don natural las condiciones necesarias para hacer el papel de coqueta y la educación se las
había perfeccionado»,

no tuvo ningún problema en conseguirlo, puesto que:

«No le faltaba nada de cuanto puede inspirar el amor, jus-
tificarlo y perpetuarlo. La índole de su belleza, sus modales,
su labia, su actitud, conspiraban para dotarla de esa coquetería natural que en una mujer parece ser la consciencia de su
poder». [pág. 118.]

Pone en juego todas sus maniobras para conquistarlo, sin
comprometerse realmente, seduciéndolo y proponiéndole que
sea para ella un amigo. Sin ningún problema cayó Armando
en sus redes pues

«[...] tenía un prodigioso atractivo para los hombres.
Parecía que habría de ser la querida más deliciosa cuando se
quitase el corsé y depusiese los arreos de su papel [...]. Dejaba
ver que había en ella una noble cortesana a la que desmentían
vagamente las devociones de la duquesa». [pág. 121.]

Poco a poco, el general se va dando cuenta de la falta de
compromiso real de la duquesa y, dolido, la acusa de coqueta,
acusación ante la que ella se defiende en estos términos:

«¡Coqueta! [...]. ¡Cuando odio la coquetería! [...]. Pero
Armando, ser coqueta es prometerse a varios hombres y
no darse a ninguno [...]. Pero hacerse la melancólica con
los humoristas, la alegre con los despreocupados, política con los ambiciosos, escuchar con aparente admiración
a los parlanchines, hablar de guerra con los militares, apasionarse por el bien del país con los filántropos, conceder
a cada cual su pequeña dosis de halago me parece tan necesario como ponernos flores en el pelo y usar diamantes,
guantes y vestidos [...]. ¿A eso le llama usted coquetería?».
[pág. 128.]

No hay mucho que decir ante esta defensa, casi apología, de lo camaleónico del carácter y de su necesidad de gustar a todos y resultar adecuado en todas las circunstancias.

Temiendo perder el amor de Armando y necesitando su fuego para llenar el vacío de su vida, sabiendo que no puede seguir coqueteando con él, le propone un pacto, un compromiso aplazado al futuro, que es, en realidad, una promesa cuyo cumplimiento no está en sus manos y, por tanto, él no le va a poder exigir: será suya si la casualidad, el destino, así lo dispone, en el caso de que el duque muriese. Pero mientras viva habrán de respetar su honor. No veía ningún peligro en esta promesa porque mientras tanto:

«Se daba tan buena traza para revocar al día siguiente las concesiones hechas la víspera, estaba tan seriamente dedicada a mantenerse físicamente virtuosa, que ningún peligro veía ella en unos preliminares que únicamente pueden temer las mujeres muy enamoradas». [pág. 131.]

Así que:

«Si para retener a un hombre cuya ardiente pasión le proporcionaba desacostumbradas emociones [la sustitución de las propias emociones por la identificación con las ajenas se nos muestra aquí claramente] o si, por flaqueza, se dejaba robar algún rápido beso, enseguida salía, fingiendo pavor, se ponía colorada y desterraba a Armando de su canapé, en el momento en que el canapé se hacía peligroso». [pág. 132.]

El general está cogido en esta trampa, ansioso y atormentado, hasta que un amigo de él decide hablarle en contra de la duquesa y ponerlo en guardia contra:

«Esa cortesana con título que hace con su cabeza lo que otras mujeres más francas hacen...». [pág. 140.]

Y le aconseja que se retire de ella, que le haga sufrir para ver si el sufrimiento la ablanda, si logra así inspirarle algún deseo. Como, en principio, no surte efecto, el general decide vengarse y se presenta en su casa una noche dispuesto a hacerle pagar con su vida sus desaires. La recrimina y la trata muy duramente y entonces lo

«... escuchaba la duquesa con una sumisión que ya no era fingida ni coquetamente calculada». [pág. 150.]

Al fin, Armando opta por no cumplir su venganza y la deja marchar con vida.

La duquesa, ante esta situación, «sufría» y aunque «[...] no amaba todavía, tenía una pasión» (pág. 153) que «Rayaba casi en las sensaciones del amor porque en aquella duda de ser amada que la punzaba, sentíase feliz diciéndose a sí misma: ¡Lo amo!». (pág. 154.)

Todo esto la lleva a decidirse a comprometerse con él y la forma que tiene de hacerlo es dejar toda la noche su carruaje ante la casa del general, en definitiva, romper su imagen de virtud, poniendo el escándalo como la más grande prueba de su amor, y le escribe una carta pidiéndole que la ame o la abandone definitivamente y exigiéndole una respuesta inmediata, antes de determinada hora, pues si no la obtiene no le quedará más remedio que recluirse en un convento. La respuesta de Armando se retrasa y la duquesa desaparece.

El general la busca por todas partes y al final consigue saber que se halla en un convento de clausura inaccesible, pero consigue llegar a él, traspasar todas las barreras y encontrarla en su habitación, dispuesto a raptarla. Pero ella ya no quiere aceptar sus propuestas porque «[…] no te veo ya con los ojos del cuerpo…», aunque «[…] te amo ahora mucho más que antes». (pág. 183.)

A lo largo del texto, ya se ha hecho una descripción bastante exhaustiva, pero incluimos igualmente los atributos que van apareciendo a lo largo de sus páginas: orgullosa, zalamera, coqueta, vanidosa, ingeniosa, segura de sí misma, esquiva, con corazón frío y afán de agradar, sumisa a los usos mundanos, reina de la moda. Viva de fantasía, su lenguaje es frívolo y burlón y se muestra alternativamente alegre y melancólica, afable y desdeñosa, impertinente y confiada.

Tipo 4. Carácter envidioso

La envidia se manifiesta como un estado emocional doloroso, un estado de carencia y un ansia por satisfacer esa carencia. Lo excesivo del ansia de amor impide saciarse y estimula mayor frustración y dolor, perpetuando el sentimiento de escasez, de carencia. Nunca se siente feliz con lo que tiene y siempre mantiene una cierta esperanza de obtener lo que le falta, lo que necesita, que se traduce en una constante demanda. Cree que lo que necesita siempre es algo que viene de fuera.

El hambre de amor, la voracidad característica de la envidia tiene su origen temprano en el sentimiento infantil de carencia, de frustración, de celos frente a otra persona que sí posee aquello que uno necesita. La frustración del deseo y la percepción de que otras personas poseen lo que uno desea, genera un sentimiento de impotencia y desesperación, que no renuncia ni se resigna sino que reclama. A veces, el deseo viene marcado por esa idealización de otro que lo tiene todo.

La envidia se origina en la frustración de las necesidades tempranas del niño y el dolor crónico es un residuo del dolor del pasado. La necesidad de amor, real en el pasado, se convierte en el presente en búsqueda compulsiva y exagerada, que no responde a la necesidad real del adulto. Pero hay una gran dificultad de cerrar página y asumir lo que no hubo sin seguir reclamándolo. Esto les permite seguir sintiendo que el mundo les debe algo. Más que el apoyo exterior lo que realmente necesita es la capacidad de reconocerse y amarse a sí mismo.

Es como si hubiera una dificultad especial en cerrar el "libro de cuentas" del que habla Gurdjieff, ese libro en el que llevamos la contabilidad de nuestras heridas y de las deudas contraídas con nosotros por los demás. Es ese libro el que da derecho a reclamar, incluso a justificar nuestras acciones presentes en aquellas deudas del pasado.

La envidia busca recibir de fuera el amor y la aceptación que le faltaron, pero el amor, una vez conseguido, suele ser invalidado o puesto a prueba con tales exigencias que resultan siempre frustradas.

La persecución de un ideal personal impide la aceptación de lo que uno es y de lo valioso que pueda tener, pues el ideal siempre está muy por encima de la realidad y se sostiene en la comparación con personas admiradas o envidiadas. Por otra parte, no se puede renunciar a ese ideal porque supondría la renuncia a la idea de que podremos conseguirlo si nos empeñamos lo suficiente.

A nivel emocional, la envidia se muestra como una constante insatisfacción, una especie de melancolía, una añoranza que nutre el deseo. La competitividad está presente como un impulso de cara a conseguir lo que el otro tiene, unas veces en forma de lucha, otras en forma de queja y otras en forma de acercamiento amoroso. En este caso se puede llegar a ac-

titudes de dependencia, sumisión e incluso humillación a fin
de mantener el amor del otro.

En el plano cognitivo se manifiesta la envidia como
una constante comparación de la que resulta un sentimiento de inferioridad que comporta una continua victimización.
Ocasionalmente, como resultado de la comparación pueden
surgir sentimientos de superioridad que se viven de manera
culpable. La exigencia y la impotencia van de la mano. Las
exigencias son tan altas que son imposibles de cumplir, lo
cual justifica el no intentarlo. Sin embargo, tampoco se puede renunciar a la exigencia, pues hay una idea de que algún
día se conseguirá, y si se renuncia a la exigencia, se renuncia
a la posibilidad futura de conseguirlo. En esta proyección hacia el futuro, cualquier sufrimiento presente resulta soportable como camino para conseguir la meta.

El mecanismo de defensa característico del tipo 4 es la introyección. La introyección es una especie de identificación
muy primitiva en la que lo introyectado no se distingue del
yo. Es una identificación masiva y contradictoria. Se introyecta la imagen primitiva de la madre como ese ser que dispone de todo aquello de lo que uno carece, todo aquello que
uno necesita y no recibe en adecuada proporción a la necesidad: comida, cuidados, calor, cariño... Al mismo tiempo se
introyecta la parte "mala", frustrante y denegadora de amor
de esa madre. Se introyecta también ese conflicto, y hay una
lucha interior constante entre el deseo de amor y la frustración de ese deseo.

El carácter envidioso presenta una especial dificultad de
reconocerse, amarse y apoyarse a sí mismo. Hay un sentimiento profundo de falta de valor, como si el no recibir lo que
uno necesita se explicara porque uno no es amado ni digno de
amor. Hay una tremenda exigencia de hacerse digno de amor
y un marcado sentimiento de odio hacia sí mismo por no con-

seguirlo y hacia los demás por no dárselo. Por otra parte, conseguir ese amor maravilloso que da todo lo que uno necesita sería la meta más buscada porque supone la confirmación
del propio valor, de que se es digno de amor. A conseguirlo
está orientada la existencia con una estrategia masoquista, de
dependencia y sometimiento que nutre el autorrechazo y el
odio. La envidia no se puede permitir el sentimiento de bienestar, de autosatisfacción porque eso supondría renunciar a
seguir buscando a alguien que llene desde fuera la carencia.

La exigencia interior del 4 es muy fuerte y conlleva un cierto perfeccionismo menos activo que el del tipo 1 por cuanto
no se trata tanto de hacer sino de ser, ser "más", ser "mejor".

La estructura del rasgo, según Naranjo, se manifiesta en:
envidia, pobre auto-imagen, centrado en el sufrimiento, adicción al amor, capacidad de sacrificio, emotividad intensa,
arrogancia competitiva, refinamiento, fuerte super-yo.

Opinamos que el ser se confunde con "ser especial".

En función del instinto que se apasione tenemos los siguientes tipos:

a) *Conservación-Tenacidad*: la necesidad es la de hacer
"Méritos" para lograr lo que la vida no nos ha dado y que
otros obtienen sin esfuerzo. El término "Mérito" es nuestra
propuesta. Implica esfuerzo y sacrificio, que nos convierten
en merecedores del amor y el reconocimiento. La forma de
llegar a ser especial es a través del esfuerzo sacrificado, elegido y consciente, que nos convierte en mejores personas y
más bondadosos que los demás, al mismo tiempo que nos re-
dime de la imagen interna de maldad. No es posible renunciar al sacrificio que nos transforma en especiales, aunque
conlleve sufrimiento. La tenacidad es la actitud derivada de
este empeño al que no se puede renunciar, puesto que un día
el sufrimiento tendrá sus frutos y seré reconocido por todos.

b) *Social-Vergüenza*: Hay una búsqueda de "Originalidad", que sería nuestro término, y que implica querer ser visto como alguien especial, distinto, exquisito, sensible, refinado y delicado. Esta búsqueda de originalidad produce vergüenza. Si se consigue mostrar original, especial, se produce un sentimiento ambivalente, mezcla de pudor y orgullo. Si no se logra, hay que afrontar la vergüenza de no estar a la altura de los propios ideales y exigencias y, por tanto, no poder mostrarse ante los demás. Hay una vanidad que se queda frustrada, un sentirse vulgar, que genera resentimiento y odio hacia los demás por no reconocerme y hacia mí mismo por no lograrlo.

c) *Sexual-Odio*: el deseo de amar y ser amado se convierte en "Anhelo", que tiñe el amor de romanticismo. Elegimos el término "Anhelo" porque implica desear lo que no se tiene. La consecuencia es el odio por no poder alcanzar eso tan deseado. En la relación primitiva con la madre, el vínculo que se establece es muy ambivalente porque tiene lo que yo deseo, y por eso la amo y por eso la odio. También me odio a mí mismo por no tenerlo. Cuando esta forma de vínculo se lleva al plano de la relación de pareja, se muestra muy teñido de admiración hacia otro que posee lo que yo no tengo y envidio, perpetuando la conexión del amor y el odio. En esta esfera, el deseo se vincula a lo inalcanzable, así se puede producir una lucha feroz para conseguir el amor de una persona considerada valiosa, tanto más valiosa cuanto más me rechaza. En otros casos, la lucha adquiere un matiz competitivo a fin de lograr el amor de alguien ya comprometido, donde ganar la batalla supone afirmar la propia valía y la identidad sexual y superar la envidia que provoca el que otro tenga y yo no.

En los tres casos hay un empeño muy fuerte en lograr el reconocimiento y el amor que faltaron en la infancia; y ese empeño está cargado de esfuerzos y sacrificios. Aquí el conflicto edípico, como en el 2, está muy presente, pero en este caso, el no haber sido elegido, el haberse sentido inferior a otro, condiciona la actitud de expectativa, la esperanza de que algún día alguien se dé cuenta de mi verdadero valor y sea compensado mi sufrimiento.

– *Comportamiento observable*: disciplinados, tenaces, dependientes, sacrificados, pesimistas, melancólicos, siempre insatisfechos, con una profunda nostalgia y una referencia al pasado y a las dificultades del pasado que se pueden expresar en queja, reproche y amargura o en una actitud más cínica, competitiva y vengativa. El dolor es manipulado y manipulador, usado como venganza o como herramienta inconsciente de la esperanza de lograr amor.

– *Comportamiento interpersonal*: dependiente, capaz de sacrificarse y humillarse para mantener el amor del otro. Su identificación con las necesidades de los demás puede ser exagerada, masoquista, hasta el punto de la autoesclavización que contribuye a mantener la frustración y el dolor, pero que también da derecho a una actitud de superioridad. La adicción al amor se manifiesta no sólo en la dependencia y el apego a relaciones frustrantes, sino en una especie de adhesión al otro que se traduce en una imposición de contacto, en la que la incapacidad de cuidar de sí mismo logra atraer la protección del otro y es utilizada como una maniobra de manipulación inconsciente. Sufre la contradicción entre la necesidad sentida como extrema y el rechazo y la desvalorización de la propia necesidad.

– *Estilo cognitivo*: en el pensamiento 4 está siempre presente la comparación, las cosas se ven en clave de más o menos y está muy teñido por la intensidad de su emotividad. La invasión emocional genera mucha confusión, una dificultad para ver la realidad fríamente o con objetividad, puesto que el sentimiento domina la percepción. El deseo y el rechazo de poner orden en la confusión van juntos, pues aunque se siente como necesario el orden, introducir elementos racionales para lograrlo es rechazado porque aplaca la valorada intensidad de las emociones.

La necesidad de ser especial potencia el desarrollo de la sensibilidad artística, de la imaginación, del ingenio y de la profundidad emocional como formas de lograr admiración.

– *Autoimagen*: la percepción de la envidia, que a veces sólo se manifiesta a nivel consciente como vergüenza, genera una mala imagen de sí. Los sentimientos negativos, el sentido del ridículo, la inclinación a la vergüenza, el sentimiento de inadecuación, la autodenigración están muy presentes. Es la propia denigración la que origina el agujero del que surge la voracidad que se manifiesta en exigencia, apego, mordacidad, dependencia... El sufrimiento desempeña un papel liberador, la capacidad masoquista de sacrificio mejora la imagen interna, como si el sufrimiento elevara la imagen. En el mismo sentido funciona un super-yo rígido, con gran peso de componentes de tenacidad y disciplina y propensión a la culpa: hay una idealización de la exigencia y una gran dificultad de renunciar al ideal, como si la imagen de valoración de uno mismo estuviera en relación con la grandeza del ideal. La imagen denigrada se invierte sobre todo en lo que a valores humanos se refiere: no hay sitio para la alegría y el hedonismo cuando son la capacidad de sufrimiento y la sensibilidad las que nos hacen mejores.

– *Representaciones objetales*: la representación del otro está intensamente teñida por la envidia (los otros tienen algo que a él le falta). La comparación está siempre presente en lo sexual, físico, intelectual, social... La tendencia es la de idealizar al otro y querer ocupar su lugar, bien sea poniéndose a su servicio, desde una actitud de admiración y amor dependiente, o desde la competencia. La idealización del otro no se puede mantener en cuanto se muestra como real, y entonces genera mucho resentimiento.

– *Mecanismos de defensa*: el mecanismo del 4 es la introyección, concretamente introyección del conflicto entre lo bueno y lo malo del otro que tiene lo que yo necesito, pero no me lo da. Por otra parte, el intenso deseo de incorporación de lo bueno, que se manifiesta como hambre de amor o como voracidad generalizada, conlleva el componente defensivo que supone acabar con los sentimientos dolorosos de frustración y envidia cuando ya tengo todo lo que envidio.

– *Organización morfológica*: el sufrimiento se manifiesta en el rostro en la expresión de tristeza, que sólo momentos de mucha jovialidad hacen desaparecer. Se diría que su cuerpo, como su cara, refleja también el peso de la vida. Es frecuente encontrar rasgos masoquistas, como la pelvis descargada y los glúteos hacia adentro. La dificultad para conseguir la satisfacción tiene su correlato unas veces en la falta de contención y otras en la desenergetización. La carga energética está contenida y con aspecto de poder explotar en cualquier momento.

– *Estado de ánimo/temperamento*: el pesimismo domina el estado de ánimo, aunque ocasionalmente puedan mostrarse muy divertidos, pero siempre hay una lectura pesimista y desesperanzada de la vida. Junto a la exageración de la posición de victimización, se puede percibir la disposición exigente y reclamadora. Hay una inclinación a sufrir intensamente, una dificultad para superar las frustraciones de la vida que, a veces, puede llevar a un destino penoso. Su emocionalidad tiene una cualidad intensa que se aplica a los sentimientos románticos, a la dramatización del sufrimiento y a la expresión del odio, pero que también está presente en las explosiones de alegría y humor.

– *Manejo de la agresividad*: la envidia, la comparación conlleva un talante agresivo, competitivo, que puede estar muy bien envuelto en la identificación con las víctimas y en la capacidad de sufrimiento y sacrificio. Pero la rabia y el odio surgen de manera incontrolada, a veces incluso contra la propia voluntad, de forma que también resulta difícil integrar este aspecto dentro de la personalidad, pues ese descontrol es vivido como algo ajeno a mí, a mi verdadero ser, casi como un demonio que se apodera de mí y me hace actuar y decir cosas por las que luego siento mucha vergüenza. Cuando no se manifiesta explosivamente, sino en ataques verbales menos violentos, se genera menos culpa básicamente por la convicción de que es "verdad" lo que se dice y que esa veracidad y mi dolor me dan derecho a decirlo.

– *Manejo de la sexualidad*: el deseo desempeña un papel muy importante en la sexualidad del eneatipo 4, deseo que responde más que a la necesidad real a un anhelo de unión, de conexión. La fantasía sexual de corte romántico se convierte en un activador del deseo que se desborda. Se podría decir que es un deseo que va más allá de "ser uno con el otro", es "ser el otro".

La comparación entre la realidad del encuentro y la fantasía, como tal siempre perfecta, abona el camino de la insatisfacción. Esta insatisfacción, este anhelo que nunca se llena, es característico de la sexualidad del eneatipo 4.

Es frecuente también la comparación entre lo que se da y lo que se recibe, una comparación que siempre deja al otro en deuda, ya que parte del problema es la dificultad para recibir y agradecer.

Además, es frecuente no valorar la sexualidad de la pareja hasta que se pierde, momento en que vuelve a alcanzar todo el valor, ya que siempre se anhela lo que no se tiene, lo que falta. Volver a conseguir algo-alguien, que anteriormente se había rechazado, se convierte en obsesión.

El personaje elegido es José Bridau. Proviene de su novela *La Rabouilleuse*. Está pintado con bastante tolerancia, quizás por ser un artista, y la parte más agresiva y dura del carácter es velada a favor de la más sufriente y sacrificada. La historia que relata es la vida de José en relación con su hermano, preferido de su madre, con su madre y con una tía que vive con ellos y que le da a José el cariño que él necesita y que su madre reserva para el hermano. Y también su relación con la profesión, su empeño, tenacidad y lucha de cara a conseguir ser pintor y el sacrificio de su carrera, postergada para ocuparse de la economía familiar. Falta el aspecto relacional con una pareja.

Lo primero que nos dice Balzac de él es que «José salía a su padre, pero en lo malo». De alguna manera ya está marcando al personaje y señalando la relación con la madre. En el momento que narra la historia, José y Felipe (8) son dos hermanos que viven con su madre viuda. José no contaba con la aprobación de su madre: «Poco a poco, fue acostumbrándose la madre a reñirle a José poniéndole por ejemplo a su hermano». (pág. 671, tomo II.) Mientras Felipe era un hombre guapo que «lisonjeaba todas las vanidades de su madre», no ocurría igual con José: «Su rostro, tan torturado, y cuya originalidad puede pasar por fealdad a los ojos de quienes no conocen el valor moral de una fisonomía…». (pág. 671.)

José no se extrañaba de las preferencias de su madre porque «¿Cómo poner en duda la superioridad de aquel gran hermano…?». (pág. 680.)

A cambio, él recibía de su tía «[…] ese amor maternal tierno, confiado, crédulo y entusiástico de que su madre, por más buena que fuese, carecía…». (pág. 702.) Es frecuente, en este carácter, la aparición de una madre sustituta, madrina, abuela, tía, amiga… que suple los fallos de la propia madre.

Con ocasión de haberse sentido muy impresionado por un *graffiti*, descubre su vocación artística y toma una decisión que no comparte con nadie, seguro como está de que no va a ser bien acogida. La decisión es empezar a acudir a una escuela de arte. En principio, es objeto de burlas por parte de los otros alumnos, pero al ser bien aceptado por el maestro, pronto se soluciona.

Cuando su madre se entera se siente desesperada y trata por todos los medios de ponerle obstáculos. Ella quería que fuese funcionario público, porque en realidad no espera nada de este hijo, intenta conseguir que no le permitan ir a clase, pero al final accede, al escuchar la buena opinión que el maestro tiene de José. Accede entonces, también, a que ponga su estudio en el desván, siempre apoyado por su tía. Poco a poco van llegándole encargos y el dinero ganado con esos primeros trabajos sirve para pagar las deudas que su hermano había contraído en Texas, adonde se había marchado. José vive un poco aislado y concentrado en su trabajo y en sus intereses culturales:

«José pasábase la vida en su estudio […] Leía, además, mucho; dábase a sí mismo esa profunda y seria instrucción que sólo uno propio puede darse…».

Mientras tanto, su madre

«[…] que veía poco a José y no se inquietaba por él, sólo existía por Felipe…». [pág. 697.]

José se ve obligado a interrumpir la ejecución de una de sus grandes obras, tiene que renunciar para que la familia pueda seguir sobreviviendo con el dinero que le aportaban las copias y los trabajos de encargo. Lo que le sobraba de esas ganancias empezó a ocultarlo, pues ya se había dado cuenta de lo derrochador que era su hermano y temía también la ciega afición de su tía por la lotería. Así que compró un cofre con un cajón secreto donde ocultar esos ahorros, aunque, al mismo tiempo, el dinero para los gastos lo dejaba a la vista. Empezó a encontrar diferencias entre sus gastos y la desaparición del dinero.

Cuando se da cuenta de esto, se asusta al pensar que su hermano llegara a descubrir su pequeño tesoro y, entristecido por su conducta, aunque adopta un tono compasivo, no puede evitar que aparezca su queja y su resentimiento.

«¡Pobre muchacho, pobre muchacho! […] Felipe nos está echando siempre la zancadilla; se mete en revueltas y hay que mandarlo a América, lo que le cuesta doce mil francos a nuestra madre; luego no atina con nada en las selvas del mundo y su vuelta cuesta tanto como su ida […] A mí me mira por encima del hombro porque no he servido en los Dragones de la Guardia. Y puede que sea yo quien mantenga a esa buena y querida madre al final de su vida, mientras que ese soldadote, si sigue por ese camino, va a acabar no sé cómo». [pág. 703.]

Cuando Felipe roba a la tía Descoing el dinero que tenía reservado para su gran pasión, la lotería, convencida como estaba de que un día le tocaría, ésta se lleva un terrible disgusto. José le ofrece todos sus ahorros para compensarla de este robo y acepta que gaste ese dinero en lotería, aun cuando él rechaza el juego. La tía cae enferma al salir premiado el número al que no había podido jugar por causa del robo, José se enfrenta a su hermano y termina echándolo de la casa.

«¡Vete o me matarás! –exclamó José, lanzándose sobre su hermano con la furia de un león». [pág. 711.]

Y ya lo tenía derribado en el suelo, a pesar de que su envergadura física es mucho menor que la de su hermano, cuando unos amigos los separan.

Es él quien está atacando a su hermano, pero no tiene conciencia de su agresión y, en esas circunstancias, sigue diciendo a su hermano "me matarás". El resultado de esta pelea es que Felipe se marcha de casa.

Después José vuelve a ablandarse y, con la idea de complacer a su madre, le propone que vaya por casa para hacerle un retrato. El resultado de esta visita es que Felipe le roba el original de uno de los lienzos que, en ese momento, estaba copiando.

Su madre sigue intentando salvar a su otro hijo, por lo que se decide, aconsejada por su abogado, a intentar recuperar parte de su herencia que había quedado íntegramente en manos del tío, hermano de la madre. El tío, soltero, vive con una criada jovencita de la que está muy enamorado y que parece dispuesta a quedarse con todo su dinero. José acompaña a su madre en la visita que ésta realiza al tío y se queda entusiasmado ante los cuadros que posee. La chica lo ve tan ilusionado que aconseja al tío que se los regale, a condición de que le haga unas copias con las que volver a llenar los marcos. Además, le ofrece cierta cantidad por esas copias. Le parece demasiado, olvida que el tío no tiene ninguna intención de devolver a su madre la herencia que le corresponde y, al final, acepta su oferta.

«Bueno, acepto –dijo José, aturdido por el negocio que acababa de hacer, pues había reconocido entre los lienzos uno del Perugino». [pág. 783.]

Pero al enterarse el amante (Max) de la criada que sabe el valor real de los cuadros, le acusa ante su tío de haber querido engañarlo, llevándose unos cuadros de tanto valor como si se tratara de un regalo normal. Su tío se los reclama y él se indigna y se propone devolvérselos, en una postura herida y orgullosa:

«Yo se los enviaré a usted, tío […]. Yo tengo en mis pinceles con qué hacer fortuna, sin necesidad ni siquiera de mi tío…». [pág. 791.]

No podía asumir la humillación de la que había sido objeto, pasó la noche muy agitado, salió de casa y anduvo dando vueltas:

«Veíase convertido en la comidilla de los burgueses de Issoudun, los cuales le tomaban por un timador, por cualquier otra cosa que lo que él quería ser: un buen muchacho y un honrado artista. ¡Ah! ¡Su cuadro habría dado muy gustoso con tal de poder volar como una golondrina a París y tirarle luego a Max a la cara los cuadros de su tío! ¡Ser el despojado y pasar por el despojador! […] ¿Se ha visto burla semejante?». [pág. 793.]

Aquí vemos claramente la tendencia a colocarse en el mundo en el papel de víctima inocente y la queja por el maltrato del que el mundo lo hace objeto, sin poder reconocer los intereses no del todo legítimos que lo habían llevado a pactar con su tío.

Para completar sus desgracias y su mala suerte, Max ha sido acuchillado la noche de su disputa y esta "infortunada" circunstancia hace que Max, para quitárselo de encima, lo inculpe. Lo llevan preso a él y a su madre.

Con gran aplomo y serenidad planteó su inocencia a los magistrados, Max retira la acusación y se vuelven a marchar a París sin querer saber nada más de la herencia de su tío.

Una vez llegados a París, José consigue, gracias a las buenas relaciones que había establecido, un despacho de lotería para su madre. Pero:

«[...] aunque dueña de una excelente lotería, que debía a la gloria de José, aún no creía madame Bridau en aquella gloria, excesivamente discutida como toda gloria verdadera. El gran pintor, siempre en lucha con sus pasiones, tenía necesidades enormes. No ganaba lo bastante para sostener el lujo a que le obligaban sus relaciones mundanas, así como también su posición elevada en el seno de la joven escuela [...] se abandona [...] algo demasiado a la fantasía y de ahí derivan sus desigualdades de las que sus enemigos se aprovechan para negar su talento [...] había escogido una profesión ingrata». [pág. 839.]

Su madre, al ver sus apuros económicos, pide ayuda a Felipe, a quien sigue considerando el gran hombre de la familia y que, en ese momento, gozaba de una buena posición al ser nombrado conde por el Delfín. La carta de Felipe, negándole su ayuda, hace que se desmaye y enferme.

Durante su enfermedad, el confesor resalta lo injusta que ha sido con José y le recomienda que lo quiera mucho puesto que:

«Su hijo José es tan grande que las injusticias de su preferencia maternal no han sido parte a amenguar su cariño...». [pág. 841.]

Entonces, la madre se da cuenta de sus errores:

«[...] vislumbró sus yerros involuntarios y fundióse en lágrimas». [pág. 842.]

Cuando vuelve José, le pide perdón por no haberlo querido como él se merecía, y el hijo magnánimamente no le reprocha nada, sino que por el contrario reconoce todo lo que ella le ha dado. Durante el tiempo que duró su enfermedad,

«[...] José se portó de un modo sublime con su madre; no se retiraba un momento de su cuarto, mimaba a Ágata en su corazón y respondía a su ternura con otra igual». [pág. 843.]

Hasta el punto de que dándose cuenta del anhelo de su madre por ver a su otro hijo, intenta hacerlo venir para despedirse de ella, pero no lo consigue, Felipe no se ablanda.

«José presidió solo el entierro de su madre...».

Al morir ésta, José le escribió unas líneas a su hermano. Decía:

«Monstruo: mi pobre madre ha muerto de la impresión que le causó tu carta; ponte luto, pero hazte el enfermo; no quiero tener a mi lado a su asesino ante su féretro». [pág. 844.]

Aunque en estas últimas palabras puede vislumbrarse el odio, no es muy fácil ver en este caso el aspecto más duro y vengativo de la envidia. No queda tan claro, salvo en esta carta final, el sufrimiento interno que provoca la preferencia de la madre por el otro hermano, ni la envidia y el odio que esto genera, encubiertos esos sentimientos por una aparente bondad. Esa bondad y capacidad de sacrificio van a ser al final reconocidas, cuando el sacerdote recrimina a su madre, reflejando la expectativa del eneatipo 4 de que su sufrimiento será reconocido y recompensado.

Los atributos que en este personaje pone el autor son: pequeño y enfermizo. Huraño, amigo de la paz y la tranquilidad. Artista, con sueños de gloria pero desinteresado, inocente y franco. Jovial y zumbón.

Tipo 5. Carácter avaro

La avaricia se manifiesta como una actitud emocional de retención, de contención, que se complementa con una excesiva facilidad para resignarse y abandonar, para retirarse ante cualquier dificultad. Les resulta fascinante observar la vida, pero terrorífico participar en ella.

La actitud retentiva de la avaricia implica la fantasía de que dejar escapar algo sería catastrófico: el sentimiento de pobreza interior es tal que perder lo poco que se tiene es absolutamente temible, equivalente a quedarse sin nada. La avaricia del tipo 5 es, generalmente, inconsciente, mientras que el apego a la propia vida interior y la dificultad en la relación con el otro se encuentran más cercanas a la consciencia.

La frustración temprana de la necesidad y la excesiva intromisión parental llevan a una actitud de introversión y el sentimiento infantil de impotencia a la renuncia y resignación. La pesimista consideración de la posibilidad de recibir de fuera lo que se necesita, o de poderlo conseguir por sí mismo, la dificultad de poder confiar, induce al avaro a renunciar, a reducir sus necesidades como forma eficaz de evitar la frustración.

El sentimiento de falta de amor continúa existiendo, no sólo como dolor fantasma, sino como resultado de la invalidación de los sentimientos positivos de los demás hacia él, al considerarlos manipuladores, pues van a exigir a cambio algo que no está dispuesto a dar, cualquier acercamiento puede ser vivido como una invasión. La evitación compulsiva de la vida y la relación le impide llenar el vacío existencial. El esquizoide se centra en su interioridad, se aparta del mundo que le interfiere y, en ese mismo acto, se aparta de sí. Se protege de la comunicación y el amor, sin darse cuenta de que ésa sería justamente su posibilidad de salida.

A nivel intelectual, la avaricia se manifiesta como una falta de sensibilidad ante las necesidades de los demás, una falta de generosidad, de entrega que evita el compromiso, una incapacidad de darse que genera aislamiento. Hay un temor a ser absorbidos, a quedarse sin nada, a diluirse, a ser tragado por los demás, que es una proyección de su deseo de absorber o tragarse al otro, para asegurarse su posesión, para llenar el vacío, la sequedad interna.

El mecanismo de defensa más utilizado por el tipo 5 es el del aislamiento que está relacionado con la evitación del contacto, evitación que se manifiesta a nivel interior como separación de los contenidos emocionales e intelectuales, de forma que las experiencias vitales son registradas a un nivel mental sin conectarlas con la vivencia emocional que le corresponde y que tiene que ver, a nivel relacional, con el distanciamiento afectivo que lo caracteriza. Más allá del aislamiento estaría la escisión del yo que permite la coexistencia de actitudes contradictorias.

El carácter avaro presenta gran dificultad para invertirse en ninguna acción o relación, evitando compulsivamente la vida y las relaciones. El miedo a la propia impulsividad, a la voracidad y destructividad potencial, lleva a un sobrecontrol que se transforma en frialdad y el temor a la vulnerabilidad y debilidad, que implica el reconocimiento de la propia hipersensibilidad, a un distanciamiento y evitación de las relaciones que se suponen siempre frustrantes, a una búsqueda de la soledad y a una evitación del contacto y la acción. El tipo 5 prefiere manejarse en el ámbito de su pensamiento, de su fantasía que en el de la realidad, en el de la acción.

La estructura del rasgo presenta, para Naranjo, las siguientes características: acumulación, evitación del compromiso, indiferencia, temor a la dependencia, autonomía, insensibilidad/hipersensibilidad, aplazamiento de la acción, orientación hacia lo cognitivo, sentimiento de vacío, culpa, negativismo.

Consideramos que el ser se confunde con "ser autónomo".

Según el instinto que predomine la avaricia se manifiesta como:

a) *Conservación-Castillo*: la persona busca un refugio, un espacio seguro desde el cual poder vigilar, se crea su recinto amurallado que es su territorio, su mundo, donde tiene su lugar. Para Naranjo es más sugerente la palabra "Guarida", que evoca una posición más débil que "Castillo" y se refiere a donde el animal se esconde, asustado, buscando una protección. En esta misma línea proponemos "Refugio", el espacio donde tiene sus pertenencias, se protege del mundo y siente sus necesidades cubiertas; donde acumular todo lo que en algún momento pudiera necesitar, aunque sean cosas realmente inútiles, y donde coleccionar sus recuerdos, pequeños objetos cargados de significado emocional, un lugar en el que muy pocos tienen entrada.

b) *Social-Totem*: Nos inclinamos por el término "Soledad", porque alude a su relación con lo social, donde alejarse de los otros es la elección, lo buscado. En esta soledad elegida, el mundo externo se sustituye por el interno. En la fantasía se crea un mundo imaginario, con un lenguaje críptico, que oculta los contenidos y se convierte en una prueba, en un jeroglífico que permite a quien lo logre descifrar, acceder a su intimidad. En la realidad, esta prueba de confianza no suele ser superada y no sirve más que para perpetuar el aislamiento. Los modelos externos, a los que uno no logra adaptarse, que siempre defraudan, se sustituyen por modelos internos que se totemizan, convirtiéndose en intocados e intocables. Pueden ser tanto ideologías como personas concretas, de alguna forma, lejanas en el espacio-tiempo, personas altamente idealizadas, con valores especiales, que se constiuyen en modelos. En esta soledad, uno deja de sentir su dificultad relacional, su torpeza e inadecuación social y la proyecta en un entorno hostil que no merece su implicación.

c) *Sexual-Confianza*: preferimos el término "Exclusividad" por el hecho de que esa confianza no está abierta más que a una persona. El deseo es el de una relación exclusiva. El refugio está puesto en una sola persona, alguien en el que de verdad se puede confiar, con quien poder sentirse seguro, alguien que reemplace a todo el mundo, con quien sea posible la intimidad, ante quien sea posible el mostrarse. Es un deseo apasionado de intimidad, de encontrar a alguien que nunca me va a fallar, que siempre va a estar para mí, que va a aceptar todo lo mío. Las fantasías románticas juegan el papel de una satisfacción alucinatoria del deseo, pudiendo recurrir a ellas en los momentos de mayor frustración.

En la realidad, tener a una persona en exclusiva significa apoderarse de esa persona. Desde la soledad y el aislamiento defensivo hay hambre de amor, un deseo de incorporación del otro, de convertirlo en una parte de mí, como una garantía de dejar de estar solo sin tener que abandonar mi refugio. Establece así una relación espontáneamente dependiente, pero en la que las necesidades del otro no cuentan.

Cuando sobre una personalidad introvertida se produce una invasión del mundo interno por parte de los adultos significativos, con sus exigencias y sus normas, con su falta de respeto hacia la idiosincrasia del niño, lo que ocurre es que se acentúa la tendencia al aislamiento. Se renuncia a las necesidades, en una búsqueda de libertad de ser, que conduce a la soledad, aunque se sueña con la esperanza de poder encontrar a alguien que entienda y respete su mundo y con quien poderlo mostrar y compartir.

– *Comportamiento observable*: tímido e introvertido, poco expansivo. Tendencia al aislamiento. Vulnerable, desconfiado, suave, gentil e inocuo, especialmente con el entorno no personal (animales, plantas). Manifiesta una gran sensibilidad a la invasión de su espacio, de lo que considera su intimidad y una dificultad en hablar de sus sentimientos, una falta de generosidad a la hora de darse, comprometerse, que se apoya en un temor a quedar desposeído por el otro. Muestra una actitud ahorrativa, en el sentido de la reducción de sus necesidades, justificada por la idea de que cuanto menores sean las necesidades, mayor será la autonomía, al mismo tiempo que una tendencia acumulativa que puede ser de dinero, bienes materiales u objetos cargados de valor como libros, música, recuerdos y posesiones. Una actitud de poca implicación en lo social, un deseo de pasar desapercibido como una manifestación de la timidez y la torpeza, la falta de habilidades sociales y, al mismo tiempo, como un seguro contra la invasión, un no despertar el interés de los demás, que, por otra parte, es su manera de llamar la atención. También una morosidad, una lentitud en tomar decisiones y un aplazamiento de la acción. El impulso es bajo, no hay mucho motor y la tendencia acumulativa lleva a ahorrar las propias energías, a no "invertirse" ni invertirlas en la acción. La propensión a la culpa se manifiesta en una vaga sensación de inferioridad, en una vulnerabilidad a la intimidación y en la tendencia a esconderse. La fuerte exigencia interna, frenada en la acción, alimenta la culpa y la sensación de desvalimiento.

– *Comportamiento interpersonal*: tendencia al aislamiento y dificultad en el manejo de las relaciones sociales, así como de las relaciones de intimidad. Un fuerte temor a la dependencia, a ser absorbido por el otro, que se traduce en un negativismo, en una rebeldía pasiva que subyace a una aparente docilidad y alienación de las propias preferencias. El negativismo se manifiesta en no hacer lo que el otro espera, en no dar lo que el otro pide, cualquier demanda es percibida como una obligación, como una atadura, que genera el deseo de escapar de ella. Al mismo tiempo pueden llegar a ser muy posesivos con las personas que han logrado entrar en su círculo íntimo.

– *Estilo cognitivo*: pensamiento fuertemente analítico y con tendencia a la abstracción. Hay una forma de hablar en clave, donde se relata la estructura sin entrar en los contenidos de la experiencia. Tendencia a acumular información como forma de obtener seguridad. Puede describirse como un intelectual, con una fuerte orientación cognitiva, como si la actividad del pensamiento se convirtiera en una satisfacción sustitutiva, en una sustitución de la vida. El pensamiento prepara la acción que sigue postergándose, manteniéndose inhibida. Tiende a ser muy abstracto y a evitar lo concreto. Es un observador, un testigo de la vida que busca comprenderla más que vivirla. Naranjo interpreta el interés por la vida intelectual como una consecuencia del dolor existencial de percibir una existencia pobre, un intento de compensar el empobrecimiento del sentimiento y de la vida activa. Creemos que van las dos cosas en paralelo, que la orientación intelectual facilita la evitación de la vida y, al mismo tiempo, es consecuencia de esa actitud de alejarse de ella.

– *Autoimagen*: muy necesitada y al mismo tiempo con un cierto orgullo de estar por encima de la necesidad. Se percibe a sí mismo como hipersensible, con una baja tolerancia al dolor y temor al rechazo, y justifica su insensibilidad como una defensa ante la hipersensibilidad, que también justifica la evitación de la frustración, el aislamiento y la autonomía. Lo que a nivel interno se percibe como autonomía es la necesidad de hacerlo todo sin apoyos exteriores, necesidad que resulta fuertemente idealizada como libertad y que, sin embargo, vista desde fuera es más bien una inhibición de las necesidades amorosas, un abandono de las relaciones y un refugio en la soledad.

– *Representaciones objetales*: los otros son personas de las que hay que defenderse porque si no invaden tu intimidad. Al mismo tiempo mantienen la ilusión de encontrar a alguien en el que de verdad se pueda confiar, alguien que sí va a solucionar todas las necesidades. Para que alguien alcance esa categoría ha de pasar tantas pruebas, atravesar tantas exigencias que, habitualmente, no llega a la meta. Cuando creen que han encontrado a esa persona se vuelven muy posesivos, como si se adueñaran del otro, y, además, muy dependientes. La decisión temprana de apartarse del amor es vivida como una respuesta a la falta de amor del mundo exterior.

– *Mecanismos de defensa*: el principal mecanismo es la disociación o el aislamiento en el que las experiencias quedan disociadas del fluir de la vida y, al mismo tiempo, aisladas entre sí.

– *Organización morfológica*: la constitución física más habitual es asténica y la apariencia de cierta debilidad, de fragilidad, como si fueran a quebrarse. Aunque hay cuerpos de este eneatipo que resultan más atléticos, ello no implica que la carga energética sea fuerte. La mayor concentración de energía está en la cabeza, mientras que los brazos y piernas aparecen muy desenergetizados. La mirada es escrutadora y, a veces, perdida, como si estuviera en otro lugar.

– *Estado de ánimo/temperamento*: dominado por la introversión y la desconfianza, el negativismo y un cierto sentimiento de vacío, que deriva del empobrecimiento objetivo de la experiencia generado por la sustitución del vivir por el pensar y que conlleva sentimientos de esterilidad, agotamiento, carencia de significado.

– *Manejo de la agresividad*: la forma más habitual del manejo de la agresividad es la distancia, es dejar al otro sólo con sus reclamos, sus deseos, sus enfados. Es una actitud de autoprotección en la que nada de lo que le pase al otro, de lo que me diga o de lo que me haga va a encontrar respuesta en mí. A menudo se justifica para evitar una discusión o una agresión directa, pero ese alejamiento y desinterés, que pueden tardar mucho tiempo en resolverse, son vividos por la otra persona como muy agresivos y dañinos. Igualmente aquí es difícil reconocer la agresividad que existe en esa retirada que sólo busca que lo dejen en paz.

– *Manejo de la sexualidad*: Hay un juego de seducción desimplicado como si no hubiese interés en conquistar. Incluso la alusión a las dificultades personales, con una intención aparente de ahuyentar al otro, consigue frecuentemente el objetivo inconsciente de seducirlo.

El misterio que envuelve a estas personas por su característica introversión se convierte en un elemento de fuerte atracción. Despiertan con facilidad el deseo de protegerlos, cuidarlos y descubrir su sexualidad y ternura.

La apariencia desvitalizada esconde una sexualidad posesiva que puede llegar a ser muy desinhibida, como herramienta para lograr esa posesión deseada. La proyección de esta posesividad en el otro conlleva un temor de "ser devorado" que se manifiesta en una autoprotección excesiva y, finalmente, conduce a un aislamiento defensivo.

La fantasía de que alguien atraviese todas sus barreras defensivas tiene mucha fuerza y se convierte en un sustituto de la sexualidad real.

Los personajes del eneatipo 5 que hemos encontrado en la obra de Balzac muestran una falta de comprensión, por parte del autor, de los mecanismos internos, una dificultad para hablar desde dentro del personaje, centrándose el relato en los aspectos conductuales. Parece como si le despertaran una especial antipatía que le hace quedarse en una descripción más superficial y crítica, muy focalizada en la avaricia material. Tal es el caso de los banqueros (Camusot, Nucingen…), de Grandet o de Nicolás Sechard. Hemos elegido este último mo porque, aunque excesivamente caricaturizado, habla de la relación de Nicolás con su hijo y del elemento interesado que incluso, en esa relación, es más poderoso que el cariño. Algo parecido ocurre con Grandet que siempre ocultó a su familia su patrimonio, obligándoles a vivir con estrecheces y mandando a su sobrino a América a hacer fortuna, no teniendo en cuenta los sentimientos de su hija, cuando el chico viene a pedirle una ayuda que haga salir a su padre de una crisis económica.

Nicolás Sechard era operario impresor en una imprenta en la que, al morir el propietario, se quedó solo. Es un personaje extraído de *Ilusiones perdidas*. A pesar de que no sabía leer ni escribir, un representante del pueblo le nombró maestro impresor. Así pudo comprar a la viuda del dueño la imprenta; eso sí, a mitad de precio y pagándola con las economías de su mujer.

«La avaricia comienza donde la pobreza cesa. El día en que el impresor entrevió la posibilidad de hacer fortuna, el interés desarrolló en él una inteligencia material, pero ávida, desconfiada y penetrante […]. Al enviudar pudo ingresar a su hijo en el Liceo de la villa, más para asegurarse un sucesor que para darle educación [...] le trataba severamente con el fin de prolongar su poder paterno, y los días de asueto le hacía trabajar en la caja, diciéndole que aprendiese a ganarse la vida para poder recompensar algún día a su pobre padre que se sacrificaba para educarle». [págs. 1.205-1.206, tomo II.]

Después de introducir así al personaje, marcando su carácter interesado, pasa a hacer una descripción física, en la que pone el acento en su aspecto de borrachín, que oscurece otros datos. Destaca que siempre llevaba la misma vestimenta, barata y vieja, que *«traslucía el obrero en el burgués»,* como si el cambio de su posición económica no se tradujera en su aspecto. Tampoco en su vivienda se aprecia ese progreso social, no sólo es una vivienda humilde, sino que tiene un punto de miserable:

«Pura y simplemente encalada, hacíase notar por la cínica sencillez de la avaricia comercial; nunca en la vida fregaran el sucio suelo; todo el moblaje consistía en tres malas sillas, una mesa redonda y un aparador...; ventanas y puertas estaban denegridas de grasa...». [pág. 1.210]

Así que, como suele pasar en las personas de este eneatipo, su interés por la riqueza material no se traduce en lujos ni comodidades. Su mujer sí había intentado hacer algunas mejoras en la casa, a las que había accedido, pero una vez que ella murió, antes de comenzar las obras, Nicolas, «[...] que no adivinaba la utilidad de unas mejoras que no reportaban ningún provecho, diólas de lado». [pág. 1.211.]

Todo en su vida está regido y teñido por este potente sentimiento de atesorar, ganar y no gastar.

Por otra parte, esta avaricia la reflejan también sus ojos:

«Escondidos bajo dos gruesas cejas [...] sus ojillos grises, en los que chispeaba una avaricia que todo lo mataba en él, incluso la paternidad, conservaban su lucidez hasta en la ebriedad...». [pág. 1.209.]

Envió a su hijo a trabajar y completar sus estudios a París, con la intención de ponerlo al frente de la imprenta cuando él decidiera dejarla. Así contaría con mayores recursos para sacarla adelante. Cuando llega este momento en que decide que su hijo debe volver porque él desea dejar de trabajar y retirarse a vivir en el campo, el interés por hacer negocios puede más que el amor por su hijo:

«Si, al principio, había visto en David a su hijo único, hubo de ver luego en él a un comprador como otro cualquiera, cuyos intereses eran opuestos a los suyos [...] así que su hijo venía a ser un enemigo al que había que vencer...». [pág. 1209.]

Se propone sacar partido de la inversión hecha con sus estudios, convencer a su hijo de la obligación que tiene hacia él, aunque lo cierto es que, dado que David combinó estudios y trabajo, su estancia en París «[...] no le había costado ni un triste céntimo a su padre...». (pág. 1.206.)

Ha contabilizado todo lo que existe en la imprenta y que pretende venderle por un precio desorbitado, no olvidando ningún detalle del material y encareciéndolo todo. Y no sólo eso, hasta que no termine de pagarle, se quedará como socio y le cobrará el alquiler de la vivienda situada en el mismo edificio de la imprenta, donde se reserva una habitación. Aunque su hijo se da cuenta de lo leonino de un trato que hace casi inviable el mantenimiento de la empresa, acepta las condiciones. Esto, por un lado, pone muy contento a Nicolás, puesto que ha conseguido lo que se proponía, pero por otro lado le hace desconfiar.

Así, aun cuando se retiró al campo y compró unos viñedos con el fruto de la venta, no estaba tranquilo e iba con cierta frecuencia a visitar a su hijo porque se sentía inquieto, preocupado por cómo le iba el negocio, para saber si, realmente, podría pagarle, pues incluso sabiendo lo cumplidor que era el joven, no podía confiar en que pudiera salir adelante alguien que había negociado tan mal.

«El viejo venteaba aires de desastre», pues «lo mismo que el amor tiene la avaricia un don de segunda vista sobre las contingencias futuras, las olfatea y las precipita». (pág. 1.215.)

Luego ya empezó a ir menos, «aunque, a pesar de todo, no pudo desprenderse por completo del cariño que a sus artefactos les tenía». (pág. 1.217.) Hubiese resultado difícil saber si iba a ver a su hijo o a sus prensas. Vemos aquí ese punto de apego puesto en las cosas materiales antes que en las personas.

Cuando la competencia presiona demasiado a su hijo, queriendo comprarle el diario que publicaba, le pide que le deje negociar a él, supuestamente para defenderlo porque «quería mucho a su hijo». Pero el resultado de la negociación es que él cogió todo el dinero de la venta (puesto que David aún no había cubierto los pagos) que le hacía falta para sus viñedos y se olvidó de algo que sabía: que esa venta era «el suicidio de la imprenta». (pág. 1.217.)

David se enamora y va a visitar a su padre para pedirle su permiso. Se extraña el padre de la visita y, aunque el chico le dice que ha ido porque tiene que hablarle de asuntos importantes, él empieza a hablar de sus viñas: de lo contento que está con el fruto de sus viñas, pero también de todo lo que ha gastado en abonarlas. Cuando David intenta hablar, le pregunta por las prensas y sus ganancias. Y, sin esperar respuesta, vuelve a hablar de sus viñas:

«Todos aquí me critican por abonar de firme [...] pretenden que con tanto abono le quito calidad al vino [...] ¿Qué me importa a mí la calidad? [...] Para mí, la calidad son los escudos». [pág. 1.277.]

Al fin, David consigue introducir su tema: «[...] vengo a pedirle...», expresión ante la que salta como un resorte: «¿A pedirme? ¿El qué? ¡De eso nada, chiquillo! Cásate, no me opongo; pero para darte algo no tengo ni un céntimo». (pág. 1.277.)

Una vez que David le explica que sólo va a pedir su consentimiento, se anima a preguntarle con quién se casa. Cuando le informa de su elección se escandaliza y protesta, ésos no deberían ser los frutos de una educación que tanto le había costado. Él es un burgués y ella una chica de barrio. Sólo lo podría entender si fuera muy rica. Cuando David le dice que por toda dote posee su hermosura e inteligencia, trata de hacerle entrar en razón y que se case con una buena burguesa que disponga de unas buenas rentas. David contraataca diciendo que igual hizo él con su madre, a lo que el padre tiene que callar porque le había ocultado la dote de su madre cuando al negociar la venta de la imprenta, le reclamó la herencia materna. Le amenaza con reclamarle los alquileres que le debe, incluso reclamarle los intereses. Y cuando David le pide que haga unos arreglos en la casa para que puedan vivir en ella, protesta por la crítica implícita a su vivienda e insiste en que no tiene ni un céntimo.

Enfadado le dice, enseñándole sus viñedos:

«Estos son hijos que no defraudan las esperanzas de los padres; los abonas y rinden provecho. Mientras que a ti, te he puesto yo en el Liceo, he pagado sumas enormes para hacer de ti un sabio; fuiste a estudiar con los Didot y toda esa pamema para que ahora salgas dándome por nuera a una chica del Houmeau, ¡sin un ochavo de dote! Si no hubieras estudiado y te hubiera tenido yo siempre ante mi vista, te habrías conducido a mi gusto». [pág. 1.278.]

No le quedó más salida a David que construir el piso que deseaba a su costa. Cuando lo plantea así, Nicolás le recrimina por tener dinero para construir y no para pagar los alquileres.

«Hízole a su hijo el favor de no cobrarle los alquileres atrasados ni cogerle los ahorrillos que tuviera la imprudencia de dejarle entrever...». [pág. 1278.]

y se quedó tan contento porque sin darle nada, pensaba que se había mostrado paternal e interesado en la suerte que pudiera correr su hijo.

Lo cierto es que David no resultó un buen comerciante, a pesar de sus brillantes ideas y descubrimientos que no podía financiar. Se vio apremiado por las deudas, corriendo el riesgo de ir a la cárcel. Vuelve a acudir, en busca de ayuda, a su padre, y vuelve a conseguir sólo palabras.

«El viejo impresor no tenía fe en su hijo; juzgábale, como juzga el pueblo, por los resultados. En primer lugar, no creía haber despojado a David; y luego, sin detenerse a pensar en la diferencia de los tiempos, se decía: Yo le puse a caballo sobre una imprenta, lo mismo que yo en otro tiempo; y él, que sabía mil veces más que yo, no ha podido salir adelante. Incapaz de comprender a su hijo, lo condenaba y se arrogaba sobre aquella alta inteligencia una suerte de superioridad». [pág. 1.561.]

Sin embargo, interesado en el descubrimiento que le había comentado su hijo sobre una nueva forma de fabricar papel, viendo que ahí podía haber negocio, trataba de tirar de la lengua a su nuera y, al mismo tiempo, la utilizaba para justificar su falta de generosidad, diciendo a su hijo que era por ella y por sus nietos por lo que no podía permitir que tirara el dinero, aunque fuera a costa de ir a la cárcel.

Como vemos, en el personaje está la frialdad, el aislamiento, la visión económica del mundo, pero los matices y las causas que podrían justificar el aislamiento quedan encubiertos por una avaricia centrada en el dinero. Desde el punto de vista de los atributos que le asigna, lo describe como: desconfiado, penetrante, perspicaz, con inteligencia material, astuto, avaro y taimado.

Tipo 6. Carácter miedoso

El miedo en este tipo no siempre se manifiesta, no siempre es observable, sino que puede ser sustituido por un estado de ansiedad que lo oculta y difumina. La ansiedad es como una alarma congelada ante un peligro difuso e imaginario. Dado que la vida, para este rasgo, siempre es amenazante busca algo o a alguien que lo pueda proteger o a quien proteger.

La profunda inseguridad del tipo 6 tiene su origen temprano en la necesidad de renunciar a los propios impulsos a fin de ser aceptado por el entorno familiar, unida al hecho de que esa renuncia, ese hacerse "bueno" consigue tanto la aceptación del entorno como un cierto apaciguamiento de la culpa.

El miedo a ser engañado y a cometer errores derivan de la ambivalencia de los mensajes recibidos en la infancia, que han generado una profunda inseguridad, falta de confianza y miedo a actuar espontáneamente al no poder predecir la reacción de los adultos ante la propia conducta. La exigencia de cumplir los ideales parentales y la dificultad para lograrlo también apoyan la inseguridad, que se va a mantener posteriormente por la propia incorporación de esas exigencias (culpa), la rebeldía frente a ellas (*acting*).

La inseguridad lleva aparejado un sentimiento de impotencia que genera una profunda rabia, rabia que es necesario inhibir para poder ser aceptado. A nivel emocional se manifiesta especialmente en la desconfianza en uno mismo, en el miedo a no ser capaz de sobrellevar las situaciones de la vida cotidiana, a no saber controlarse. Por otra parte hay una desmedida exigencia interna, que pide "ser el mejor", exigencia a menudo tan inalcanzable que se frustra y produce la característica oscilación del estado de ánimo entre la omnipotencia (cuando se identifica con la exigencia) y la impotencia (cuando la frustración está en primer plano).

El temor a hacer implica una pérdida de contacto con uno mismo, una dificultad en la auto-expresión. La percepción de la fragilidad negada lleva a buscar la fuerza en un ideal irrenunciable, o en una persona que se considere grande. Existe una confusión entre el ser y el poder, implícito en la autoridad.

A nivel cognitivo, el miedo se manifiesta como duda, una duda constante que evita tomar decisiones y paraliza la acción. Esta paralización se justifica en el miedo a equivocarse, en una excesiva precaución y una tendencia a analizar todos los datos, a tener más información para tomar una decisión razonable y acertada. Esta necesidad de obtener el máximo de datos externos viene condicionada por la incapacidad de confiar en su propio poder, en su propio querer, en su propio impulso. A su vez, esta actitud favorece la pérdida de contacto con los impulsos, con la intuición que es sustituida por la razón.

La falta de confianza en sí mismo hace necesaria la búsqueda de una autoridad o una doctrina con la que estar de acuerdo y en la que apoyarse para poder asumir el riesgo de la vida.

El mecanismo de defensa nuclear en el tipo 6 es la proyección. Por medio de este mecanismo, el individuo atribuye a los otros pensamientos o sentimientos no reconocidos en uno mismo: así la maldad interior, conectada con los impulsos, especialmente con los impulsos agresivos, se pone fuera, con lo que el mundo se convierte en un potencial enemigo, del que hay que defenderse y desconfiar. La intensidad de los sentimientos de culpa, la tortura de la autoacusación obligan a poner fuera esta culpa y esta acusación. Sin embargo, una vez proyectada fuera la agresión, el tipo 6 vuelve a recuperarla mediante la identificación con el agresor, con esa autoridad externa controladora y castigadora que lo lleva a convertirse en enemigo de sí mismo, a controlar y castrar todos sus monstruosos impulsos. La calidez, la actitud congraciante y la lealtad son una manera de protegerse de la enemistad del mundo.

Estructura del rasgo, según Naranjo: cobardía, ansiedad, suspicacia, calidez, rigidez, belicosidad, orientación teórica, culpa, duda, ambivalencia y orientación hacia la autoridad y los ideales.

Creemos que el ser se confunde con "estar seguro".

Según el instinto que predomine tenemos los siguientes tipos:

a) *Conservación-Calor*: el miedo al mundo determina que el afecto constituya la única vía de seguridad. Necesita la

"Armonía" del entorno para salir de la sensación de peligrosidad. La calidez es la garantía de esa "Armonía". El conflicto remite al temor al abandono; el cultivo de un ambiente cálido garantiza la permanencia de los vínculos. La búsqueda de afecto se apasiona, generando una actitud de dependencia exagerada en un adulto. Presenta una intolerancia al miedo, una angustia que le hace ser excesivamente complaciente con las expectativas de los otros, en un intento de evitar conflictos. Escudarse en el otro es, a veces, la manera de no responsabilizarse de sus decisiones. La complacencia potencia la rebeldía inconsciente, y la intolerancia al conflicto produce, paradójicamente, respuestas agresivas, fruto del miedo, cuando se rompe la "Armonía".

b) *Social-Deber*: es como un sentido exacerbado de la responsabilidad, más que un deber. La búsqueda es de "Orden", de un orden que le permita una cierta seguridad, una manera regular de hacer las cosas, un intento de ordenar el mundo que está relacionado con la angustia que genera el caos interno. El desorden exterior también resulta inquietante, generador de angustia, que se intenta aplacar encontrando un orden tranquilizador. La transgresión del "Orden" produce miedo y lo convierte en algo rígido y duro. Naranjo ha llamado "prusiano" a este subtipo. El apasionado sentido de la responsabilidad se relaciona con el temor a hacer las cosas mal, con el miedo a la feroz crítica interna y al castigo de la autoridad externa. El rígido sentido del deber desemboca, a veces, en conductas rebeldes y rompedoras del «Orden».

c) *Sexual-Fuerza (hombre)/Belleza (mujer)*: para ambos términos podríamos elegir el de "Protección", pues tanto en la belleza como en la fuerza se deja traslucir un deseo de "Protección". La fuerza se traduce en una actitud de poder, que esconde la necesidad de ser protegido. Va buscando protección, a nivel inconsciente, pero adoptando al mismo tiempo, en el plano consciente, una actitud protectora, como si los vínculos entrañaran un pacto de mutua protección. La belleza, en la mujer, transluce seguridad, aplomo y solidez, y también tiene esta connotación de poder y de esconder el deseo de ser protegida, de aplacar su miedo.

En la negación del miedo hay un hacerse el fuerte, un mostrarse bella, para ser deseado/a, que proviene de la proyección del propio deseo y valoración de la fortaleza. Tanto la belleza como la fuerza se ponen al servicio de la conquista sexual.

La fuerza es como un simulacro del coraje, donde el miedo interno está neutralizado por una actitud externa dura, una necesidad de ser luchador que tiene su origen en sentirse amenazado. La angustia de la amenaza se desahoga amedrentando al otro, al que me asusta. Cuando la fuerza se ve debilitada por el miedo, se contrapesa de una forma reactiva, que no viene de la instintividad básica, sino de una especie de propósito de no dejarse inhibir por nadie, del reto de quedar por encima, de no dejarse oprimir.

– *Comportamiento observable*: inseguro, con dificultad para tomar decisiones que se combina con actitudes temerarias, en las que se libera del miedo, negándolo. Rebelde y fanático al mismo tiempo. La expresión del miedo a nivel conductual se manifiesta en indecisión, titubeo, paralización de la acción, evasión de las decisiones y del compromiso, pérdida de contacto con el impulso, exceso de precaución, propensión a la comprobación compulsiva, exceso de ensayos, dificultad en las situaciones no estructuradas, falta de autoconfianza. El temor paraliza e inhibe, y la inhibición de los impulsos alimenta la ansiedad. El temor es realmente un temor a los propios impulsos, a actuar espontáneamente, que

se complica por el temor al mundo exterior y a las consecuencias futuras de las acciones presentes. Mediante la in-
movilización, el temor se realimenta a través del sentimiento
de impotencia del individuo que teme dar rienda suelta a sus
impulsos instintivos; y este sentirse psicológicamente castra-
do impide confiar en las propias capacidades.

El temor va acompañado de suspicacia, de una actitud hipervigilante y suspicaz, siempre al acecho de significados
ocultos, que servirían para interpretar de modo correcto la
realidad, potencialmente peligrosa.

La calidez, característica del rasgo, es una especie de za-
lamería que se manifiesta también en obsequiosidad y conlleva una búsqueda compulsiva de afecto que tiene como fina-
lidades superar la ansiedad y aliviar la culpa. Función a cuyo
servicio se pone también la rigidez y el excesivo sentido de
la responsabilidad, cuyas directrices vienen marcadas por reglas interiores o autoridades previamente reconocidas más
que por las normas sociales o las opiniones comunes.

– *Comportamiento interpersonal*: cálido y seductor que
adopta actitudes protectoras, como si en la protección a otro,
supuestamente más débil, pudiera olvidar su inseguridad y su
propia necesidad de protección. Junto a la actitud protectora aparece otra de intimidación belicosa, mediante la que el
individuo compite, y que se manifiesta en actitudes críticas
y escépticas frente a la autoridad. Busca una posición de autoridad para sentirse seguro y obtener lo que desea, compi-
tiendo con la autoridad paterna en la vida. En la medida en
que esta posición de autoridad es sentida como una usurpa-
ción competitiva, hay culpa, temor a las represalias y per-
petuación de la inseguridad paranoide. Tanto la belicosidad
como la sumisión afectuosa tienen como referente la autoridad. Naranjo habla de que el temor surgió originalmente
como temor al castigo por parte de la autoridad paterna que

sustentaba el poder. En nuestra opinión, también desempeña un papel el temor al abandono por parte de la madre, que sustenta otro tipo de poder, y creemos que la sumisión afectuosa tiene más relación con el temor a la madre y es una actitud adoptada, por extensión, con las mujeres, mientras que la belicosidad y competencia tienen más que ver con el padre y se extiende a la relación con otros hombres y con las figuras de autoridad, que aman y odian. Hay una idealización, a pesar de esto, de las figuras de autoridad y una búsqueda de alguien lo suficientemente grande y fuerte como para que no pueda defraudarlo y le garantice la seguridad.

– *Estilo cognitivo*: cuestionador de los principios establecidos y buscador de verdades absolutas.

De orientación teórica, buscando saber más, contar con la suficiente certeza como para actuar sin inseguridad. En su necesidad de respuestas para resolver sus problemas es cuestionador y filósofo, el más lógico y devoto de la Razón de los eneatipos. Pero no sólo utiliza el intelecto a la hora de resolver problemas, sino que va a la búsqueda de problemas, como un localizador de averías en relación consigo mismo y con los demás. Hay una trampa en la creación de problemas que está relacionada con la esperanza de ser capaz de resolverlos y que traduce la dificultad de dejarse ser, de aceptarse a sí mismo. El temor le lleva a buscar refugio en la actividad intelectual; y la excesiva orientación hacia lo abstracto tiene como consecuencia cierta ineficacia. Apela en su búsqueda de certezas a la ayuda de algún sistema lógico, de la propia razón o de un guía.

– *Autoimagen*: en la imagen están muy presentes los sentimientos de culpa, que tienen que ver con las fallas en el cumplimiento de un elevado ideal de bondad. La culpa se manifiesta en la autojustificación defensiva que siempre conlleva una autoacusación. El individuo nunca está a la altura

de sus ideales heroicos, se autoinvalida, se siente perseguido, se persigue a sí mismo y se convierte en su peor enemigo.
La forma de apaciguar la omnipresente culpa se halla en los
mecanismos de exculpación, como la proyección que permite poner al enemigo fuera, aunque el precio sea convertir el
mundo en peligroso.

– *Representaciones objetales*: hay una tendencia idealizadora del otro que tiene un componente de envidia y que
al mismo tiempo dificulta las relaciones cotidianas donde la
idealización no se sostiene y genera una permanente insatisfacción y una búsqueda del objeto ideal. La actitud suspicaz implica una duda de sí mismo, pero también una sospecha sobre los demás, generando un estado de incertidumbre
crónica, inseguridad y ambivalencia. Ambivalencia emocional entre los aspectos de su personalidad seductores y agresivos, su tendencia a complacer y a contrariar, a obedecer y
a rebelarse, que generan ansiedad y que, proyectados en el
otro, llevan a admirar y a invalidar, a querer y a odiar, a no
poder confiar.

– *Mecanismos de defensa*: los mecanismos más frecuentes son la proyección, como una manera de sacar fuera lo peligroso que se genera en el mundo interno, y la identificación
con el agresor que produce conductas particularmente auto-
destructivas inconscientes.

– *Organización morfológica*: el aspecto físico presenta
una cierta contundencia, que oculta el miedo y la inseguridad. La mirada es hipervigilante, como si tratara de descubrir
peligros o intenciones encubiertas en los demás y de mantener el control. Hay una fuerte carga energética muy contenida, que no se corresponde ni se agota con la actividad. A veces, la actitud física parece agresiva y tiene un componente
defensivo cuyo objetivo es tratar de intimidar. En otros casos,
la defensa lleva a presentar un aspecto acogedor y entrañable.

– *Estado de ánimo/temperamento*: serio y suspicaz, dubitativo e irónico. Cambios frecuentes en el estado de humor que dependen de su ambivalencia emocional, del aspecto que predomine en cada momento. Toda clase de temores tienen cabida en su estado de ánimo: al cambio, a cometer errores, a la hostilidad del otro, a su propia hostilidad, a la soledad, al abandono y a abandonar, a un mundo amenazante, a dejar escapar algo bueno del mundo, a la traición y a traicionar, a amar y a ser amado.

– *Manejo de la agresividad*: el propio miedo se canaliza en actitudes muy agresivas, muy diferentes de la actitud conciliadora y protectora habitual. Las explosiones pueden ser muy fuertes y temibles, como si con el enfado tratara de ahuyentar y evitar la conciencia del miedo y traspasara el miedo a su oponente. Hay más conciencia de que la agresividad se le ha ido de las manos que del miedo y la situación de peligro que está detrás de lo explosivo.

– *Manejo de la sexualidad*: el deseo sexual se combina con un ansia de fusión que aporta intensidad a la entrega en la experiencia sexual, único lugar donde los humanos podemos revivir la experiencia fusional. En el eneatipo 6, la ruptura de la situación fusional infantil, vivida con gran intensidad, resultó especialmente difícil, dejando como secuela el temor al abandono.

El efecto vinculante, que esta intensidad de la entrega desencadena en la otra persona, vuelve a disparar el miedo a quedar atrapado ante la posibilidad de volver a ser abandonado. La solución más fácilmente encontrada es abandonar, perdiendo el interés por el otro. Cualquier mínimo detalle que no encaje en el "ideal" sirve de justificación para alejarse emocional y físicamente. Todo este proceso, una y otra vez repetido, se mantiene inconsciente. Lo único que aflora a la consciencia es la búsqueda de alguien que cumpla el ideal, que lo tenga todo y pueda darlo sin exigencia alguna a cambio, permitiendo una total libertad.

Hemos elegido como personaje 6 a David Sechard, aunque en él destaca Balzac los aspectos tiernos del carácter y queda oculta la temeridad. Su historia la cuenta a lo largo de las novelas que componen el ciclo de *Ilusiones Perdidas*. Nos vende la cobardía con tintes de prudencia, modestia y generosidad. No aparece tampoco la conversión del miedo en agresividad explosiva y directa.

David es hijo del impresor cuya historia hemos visto en el eneatipo 5. Nos cuenta la vida de un chico de gran talento y grandes ilusiones, al que le resulta difícil materializar sus ideas. Aparece en relación con su padre, con su esposa y con el hermano de ésta y gran amigo de él, Luciano (2).

La descripción que nos hace es como sigue:

«Tenía David esas formas que da la Naturaleza a los seres destinados a grandes luchas, ostensibles o secretas. Flanqueaban su amplio busto unos hombros recios…». [pág. 1.220, tomo II.]

Bajo una apariencia de tranquilidad, en una inspección más profunda podían verse en su cara señales de tormento:

«[…] en los ojos sobre todo […] la ardiente melancolía de un espíritu capaz de abarcar los dos extremos del horizonte, calando en todos sus recovecos». [pág. 1.221.]

Destaca el contraste entre su "carácter" y su "temperamento": «Carácter tímido en desacuerdo con su fuerte temperamento». (pág. 1.222.)

Había cursado «brillantes estudios en el Liceo», que amplió luego en París, donde también consiguió trabajo en una prestigiosa imprenta, con lo que aprendía en la práctica y conseguía mantenerse, puesto que su padre le advirtió, al mandarlo allí «[...] que no contase con la bolsa paterna». (pág. 1.206.) Vuelve a casa cuando su padre lo reclama para que se haga cargo de la empresa familiar, en realidad con el objetivo no de dejársela sino de vendérsela. Sabe que la venta que le plantea es una estafa, pero decide no pelear pues «[...] notó David que no había forma de discutir con su padre...», que «todo lo tasara con la escrupulosidad del avaro». (pág. 1.212.) Explica y justifica Balzac la actitud del joven:

«Los sujetos generosos son malos comerciantes. Era David una de esas naturalezas pudorosas y tiernas, que se aterran ante una discusión y ceden en cuanto su adversario les toca un poco demasiado el corazón. Sus elevados sentimientos, el imperio que sobre él conservara el viejo borrachín incapacitábanle todavía más para sostener un litigio de dinero con su padre [...] sobre todo cuando creíale animado de las mejores intenciones pues atribuía al principio, la voracidad del interés, al cariño que a sus herramientas teníale el impresor». [pág. 1.213.]

Aceptó sus condiciones, creyendo que, aunque fueran difíciles, podría manejarse. Pero el padre no puede entender que haya aceptado tan rápidamente unas condiciones tan duras como las que le había impuesto y empezó a hacerle preguntas para tratar de averiguar si es que se había hecho rico en París. Esto despertó, a su vez, la desconfianza del hijo que, cuando se dio cuenta de que su padre lo había engañado con la intención de aprovecharse económicamente de él, sufre y se siente dolido, pero prefiere justificar esa realidad que enfrentarse a la desilusión. En contraposición a la conducta de su padre, él adopta una postura de generosidad, incompatible con la buena marcha del negocio y que podemos interpretar como rebeldía y rechazo, un ponerse por encima del padre, demostrándose a sí mismo que es mejor que su progenitor.

Le había pedido una ayuda para poner en marcha el negocio, para afrontar los primeros pagos y:

«[…] tuvo que aguantar el flujo de razones ruines, plañideras, cobardes, comerciales con que el viejo acompañó su negativa. Arrumba sus dolores en el fondo de su alma, al verse solo, sin apoyos y encontrándose con un especulador en su padre…».

Pero

«aquel noble corazón aceptó la carga…». [pág. 1.214.]

Es verdad que él no resulta tan inocente si vemos que por muy bien justificadas, en la actitud real que su padre toma, que estuvieran las sospechas que le hacen ocultar sus ahorros, también es verdad que David los había ocultado de antemano.

Es su "buen natural" el que hace que, apenas instalado en la imprenta, le dé trabajo en ella a un antiguo amigo, Luciano, que se encuentra en la miseria, aunque no necesitara para nada un empleado.

«[…] seducido por la brillantez del talento de Luciano…». [pág. 1.222.]

se entusiasma con él, se propone protegerlo, trabajar duro para darle todas las oportunidades de desarrollar su talento, para que haga, en fin, lo que él no se atreve a hacer. Esta actitud tan noble esconde tanto la envidia como la cobardía.

Al conocer a Eva, la hermana de Luciano, se enamora de ella y también trata de protegerla, compartiendo sus sacrificios por Luciano, ayudándola económicamente aunque él mismo necesitaría ser ayudado.

«No tardó David en ver a la hermosa Eva y de ella se enamoró, como se enamoran los espíritus melancólicos y meditativos...». [pág. 1.219.]

Así que este amor, unido a sus preocupaciones científicas y a lo generoso de su carácter, le va a poner difícil ser un gran comerciante.

Por otra parte, la timidez le impide declarar su amor a Eva.

«Desgarbado e inquieto al lado de su ídolo, con tanta prisa por irse como por llegar, reprimía el impresor su pasión, en lugar de expresarla». [pág. 1.245.]

Pero

«[...] aunque aquel gran amor sólo se revelase en detalles menudos Eva lo había comprendido de sobra; sentíase halagada en su orgullo al verse objeto del profundo respeto en el mirar, el hablar y el modo de conducirse de David...». [pág. 1.245.]

Al fin, le propone a Eva que se case con él, de la siguiente manera:

«Querida Eva, cásate conmigo, por amor a Luciano. Quizás con el tiempo llegues a quererme al ver mis afanes por quererle a él y hacerte a ti dichosa». [pág. 1.270.]

«Tenía miedo David de no gustarle a Eva...». (pág. 1.245.) Pero plantear la relación en estos términos, ofreciendo su ayuda y su amor incondicional a Eva, oculta su necesidad de ser protegido y amado por ella. Y no hay que olvidar que:

«Encontró cierta dulzura en acercarse a su amada compartiendo sus inmolaciones y sus esperanzas». [pág. 1.219.]

En su declaración también pone por delante sus muchos defectos:

«Debo darle a conocer mis defectos, que son enormes en un hombre obligado a hacerse un capital. Mi carácter, mis costumbres y las ocupaciones que me agradan, me hacen incapaz para cuanto sea comercio y negocio [...] Si soy capaz de descubrir una mina soy singularmente inepto para beneficiarla». [pág. 1.271.]

Hay un componente seductor en esta sinceridad, como dice el autor: «[...] que también el pudor tiene su coquetería...» (pág. 1.251), y también una búsqueda de complicidad en esta declaración de principios, que trata de evitar exigencias posteriores.

Cuando no consigue ninguna ayuda por parte de su padre al plantearle su casamiento, habiendo aceptado construir sin su apoyo económico el piso que necesitaba:

«[...] volvió a casa triste; comprendió que en sus apuros no podía contar con la ayuda de su padre»,

pero toda su queja fue:

«construiré yo ese piso a mi costa y será el hijo el que enriquezca al padre. Aunque eso sea el mundo al revés...». (pág. 1.278.)

El componente de reto y rebeldía de esta actitud se hace evidente y sirve para negar el dolor del abandono.

«Si vislumbraba todas las dificultades, prometíase vencerlas sin desalentarse». [pág. 1.227.]

Su amigo Luciano se enamora de una mujer de la aristocracia que va a recibirlo en su casa. Pero él quiere poner como condición que ha de recibir también a David. Si no es así, por lealtad, renunciaría a su amor. Cuando Luciano consigue que sea recibido en casa de madame de Bargeton, se niega a acudir por un orgullo distinto del de su amigo: no quiere dar lugar a que se burlen de él. Pero le aconseja que aproveche la oportunidad:

«Saborea alegremente todos los placeres, incluso aquellos que la vanidad proporciona. Sé feliz y yo gozaré con tus triunfos y serás como otro yo [...] Para ti las fiestas, el relumbrón del gran mundo y los rápidos resortes de sus trapisondas, para mí, la vida sobria, laboriosa del industrial y las lentas ocupaciones de la ciencia [...] Lejos de envidiarte, me consagraré a ti». [pág. 1.247.]

Valora grandemente la lealtad que supone que se arriesgue a perder a su amada por él y le dice: «lo que por mí acabas de hacer arriesgándote a perder [...] a tu amada [...] me ataría a ti para siempre si ya no fuéramos como dos hermanos». Y le insiste, con una sobrevaloración de la amistad que nada quiere para sí, absolutamente desinteresada:

«No tengas remordimientos ni te preocupes porque parezca que te llevas la mejor parte». [pág. 1.248.]

A pesar de todo lo que le dice a Luciano, también desconfía de él y le plantea a Eva:

«Tú y tu madre habéis hecho todo lo posible por elevarle por encima de su posición; pero al fomentar sus ambiciones ¿no le habréis entregado imprudentemente a grandes sufrimientos?». [pág. 1.268.]

Y hace una cariñosa y exculpatoria crítica de su amigo, mostrando asimismo su temor a las malas influencias que sobre él pueden tener su amante y el gran mundo en el que considera que está su perdición.

Luciano decide marcharse a París, justo en el momento en que se tenía que celebrar la boda de su hermana y su amigo. A pesar de lo inoportuno del momento, y del gran sacrificio económico que supone ayudarle, lo hacen. Después de su marcha,

«David Sechard, aquel toro forzudo e inteligente [...] quiso hacer la grande y rápida fortuna que soñara, no tanto por él como por Eva y Luciano [...] Situar a su mujer en el ambiente de elegancia y riqueza en que vivir debía, sostener con su potente brazo la ambición de su hermano, tal fue el programa, escrito con letras de fuego ante sus ojos». [pág. 1.517.]

Tiempo atrás, Luciano le había contado que su padre, farmacéutico, entre las muchas cosas que quiso investigar, estaba la fabricación de papel a partir de plantas y no de telas (como se hacía por aquel entonces), con lo que se conseguiría abaratar grandemente los precios. A su vez, después de su proposición de matrimonio, él se lo había contado a Eva, diciéndole que si el consiguiera llevar a buen término esa idea, supondría que se haría rico y que una parte de los beneficios que obtuviera correspondería a los dos hermanos. Una vez casado, se centró en ello.

«Veía, por lo demás, tan claro al buscar una fortuna en la fabricación de papel a bajo precio que los hechos justificaron después su previsión [...] Más seguro que nunca en la utilidad de aquel descubrimiento, sin relumbrón, pero de una ventaja inmensa, cayó David, desde la marcha de su hermano político a París en la constante preocupación que debía inspirarle aquel problema cuya solución perseguía». [pág. 1.517.]

Consigue, tras ímprobos esfuerzos, el descubrimiento tan ansiado, pero presionado por la carencia económica agravada por un pagaré que Luciano había firmado con su nombre y no había podido cubrir, pide ayuda a su padre. El viejo impresor se la niega, no tenía fe en su hijo y...

«David comprendía a su padre y tenía la sublime caridad de disculparle». [pág. 1.561.]

«Era David uno de esos hombres de corazón profundo, que pueden arrumbar en él sus sufrimientos, haciendo de ellos un secreto para sus seres queridos». [pág. 1.563.]

Se deja engañar vendiendo la patente de su invento a sus competidores, sabiendo la fortuna que, a largo plazo, podía significar. Explica a su mujer su actitud:

«Cierto que los Cointet se aprovecharán de mi descubrimiento, pero después de todo... si mi secreto les aprovecha a todos..., ¡pues lo celebraré! Mira, querida Eva, ni tú ni yo hemos nacido para ser comerciantes. No tenemos ni el amor ni el lucro ni esa resistencia a soltar el dinero, aun el más legítimamente debido, que son quizás las virtudes del comerciante...».

Y después, David Sechard, amado de su mujer, padre de dos hijos y una hija, ha tenido el buen gusto de no hablar nunca de sus tentativas...

«Cultiva las letras por recreo, pero lleva la vida dichosa y perezosa de un hacendado, que hace valer sus tierras. Luego de darle un adiós irrevocable a la gloria, se ha alistado en las filas de los soñadores y los coleccionistas; se dedica a la entomología e investiga las transformaciones, hasta ahora tan secretas, de los insectos que la ciencia sólo conoce en su último estado». [pág. 1.630.]

Los atributos que destaca en él son: intelectual, meditabundo, grave, prudente, melancólico, observador, perspicaz, tímido y discreto. Por otra parte, bueno, generoso, de noble corazón, justo, tierno, modesto, pudoroso y tímido.

Tipo 7. Carácter goloso

La gula se manifiesta en una debilidad por el placer, en una tendencia hedonista que supone una atadura; en una insaciabilidad que se traduce en querer más de todo. La insaciabilidad no comporta insatisfacción, porque en su actitud está implícito que puede conseguir eso que tanto desea y busca. La parte carencial es ocultada por el entusiasmo del deseo.
Podemos decir que el tipo 7 ha logrado a algún nivel sustituir su necesidad de amor por la necesidad de placer. En

su experiencia temprana, el amor ha sido sustituido por los mimos y el goloso se agarra a ellos para no conectar con el dolor de la frustración de una necesidad más básica. La autocomplacencia, la autoindulgencia son maneras de conformarse, mientras que la rebeldía o la falta de disciplina apuntan a un resentimiento mantenido muy oculto. Tener todo lo que se pueda desear, darse todos los caprichos, ver la vida con un cristal rosado garantiza que no sea necesario sacar ese resentimiento.

A nivel emocional, la gula se manifiesta en una actitud optimista, que tiende a ver el lado bueno de la vida y a evitar el sufrimiento. La evitación del sufrimiento implica un empobrecimiento de la experiencia, un intento de rellenar el vacío con placer.

La gula, como intento de llenar el vacío, busca en el exterior lo que percibe vagamente como una carencia interior, que oculta con una falsa abundancia. La necesidad hedonista de experimentar sólo lo placentero reduce la experiencia vital del individuo. El temor a sufrir es universal, pero la negación del sufrimiento resulta incompatible con la vivencia de la vida. También la confusión entre el amor y el placer presuponen una pérdida de la verdadera relación.

A nivel cognitivo se traduce en charlatanería, que no siempre es un exceso de palabrería de cara afuera, pero sí lo es internamente, como si el goloso siempre tuviera un discurso interno con el que se autojustifica y se escapa de las realidades de la vida. La fantasía planificadora es parte de este discurso, que mantiene al individuo en un mundo ideal donde todo puede conseguirse sin demasiado esfuerzo, sin necesidad de disciplina, un mundo en el que fantasía y realidad se confunden. En su forma de manejarse con el mundo proyecta esta fantasía y confía en su cumplimiento. Es el entusiasmo que se pone en los proyectos lo que permite actuar para conseguirlos; si el entusiasmo se acaba, la acción se paraliza, el aburrimiento se impone.

El mecanismo de defensa con el que el tipo 7 sostiene su actitud ante la vida es el de racionalización, con la cual se justifican actitudes o acciones cuyo motivo real se mantiene inconsciente. Es gracias a la racionalización que el goloso puede mantener una autoimagen bastante satisfactoria y una posición narcisista. La tendencia a la idealización forma parte asimismo de su estrategia defensiva, de tal manera que casi podríamos hablar de una racionalización idealizadora.

Es muy difícil para el goloso reconocer sus errores, sus dificultades, sus deficiencias porque esto lo pondría en contacto con sentimientos de carencia y dolor vividos como muy peligrosos, como algo que hay que evitar a toda costa. El sentimiento de vacío es tan profundo y temible que hay que mantenerse continuamente lleno, emplear todos los recursos intelectuales en convencerse a sí mismo y a los demás de esta plenitud; el sentimiento de dolor es tan insoportable que hay que evitar el contacto con cualquier tipo de dolor que pueda conectarse con la propia experiencia de dolor que se fantasea "mortal".

Tras la máscara de la autosatisfacción y la indulgencia, tras la imagen bondadosa con la que se identifica hay un temor al auténtico ser, un miedo a algo intrínsecamente malo que anida en lo profundo y que no debe salir a la superficie bajo ningún concepto. Los mecanismos de defensa sirven básicamente para no conectar con eso.

La estructura del rasgo, según Naranjo, se apoya en: gula, permisividad hedonista, rebeldía, falta de disciplina, realización imaginaria del deseo, complacencia, narcisismo, persuasión, fraudulencia.

Creemos que el ser se confunde con "ser feliz".

Según el instinto que prevalece la gula se manifiesta como:

a) *Conservación-Familia*: es una necesidad de unirse con su gente, con personas con las que compartir su mundo, sus ideales. Esta "Familia", no necesariamente consanguínea, es el equivalente extravertido del "Refugio" buscado por el eneatipo 5, al mismo tiempo que el lugar donde puede encontrar la "Armonía", añorada por el 6. La familia puede variar a lo largo del tiempo, ser sustituible, y tiene como misión fundamental mantener la ilusión, necesaria para negar la peligrosidad del mundo y la indefensión ante él. Cuidan a su gente y los defienden como una manera de defender su propio mundo. Hay un sentimiento de protección, de proteger y ser protegido, un entorno de protección "humana" en contacto con esta "familia", que deja de serlo en cuanto se rompen los ideales compartidos. Hay un notable contraste entre el amor por los suyos y el desinterés por el resto del mundo, que no encaja en el ideal de la familia. A nivel profundo existe una fuerte escisión entre lo amoroso, reconocido, y lo agresivo, rechazado, que puede tener su proyección externa en esta manera de vivir lo familiar y lo ajeno.

b) *Social-Sacrificio*: siguiendo la idea de que los instintos encajan con los sistemas motivacionales, encontramos que el sacrificio no responde a una motivación, a una búsqueda. Entendemos que la búsqueda está relacionada con el "Entusiasmo", si bien hemos podido verificar el sentimiento subjetivo de sacrificio y esfuerzo, en el eneatipo 7, cuando no logra estar entusiasmado, cuando se rompen sus ilusiones y tiene que continuar una tarea desde la voluntad y la disciplina. En la realidad, hay una evitación del esfuerzo no connotado de entusiasmo que, al perderse la ilusión, malogra y descalifica el trabajo previamente realizado. El entusiasmo permite grandes esfuerzos que se producen de una manera natural, casi maníaca, pero no se pueden mantener cuando el interés decae. El sacrificio, el sufrimiento, es la consecuencia paradójica de mantener la ilusión de un mundo feliz, donde los logros se consiguen sin esfuerzo. No permite apreciar los dones de la realidad en la añoranza voraz de un futuro plenamente placentero. Naranjo tampoco considera muy apropiado el término "Sacrificio" y se inclina más bien por el de "narcisismo". Pero el narcisismo puede resultar equívoco, puesto que tiene una acepción más amplia y tendríamos que usarlo en un sentido restrictivo, en el sentido de que es un sacrificio puesto al servicio de la propia estimación, una gran energía al servicio de su pasión.

c) *Sexual-Sugestibilidad*: el entusiasmo por las posibilidades lo convierte en manipulador y manipulable. Es tan capaz de sugestionar a los otros, para hacerles entusiasmarse con algo propio, como de dejarse sugestionar y deslumbrar por otra persona, proyecto o idea. Busca a alguien que le permita vivir en un continuo éxtasis, que le confirme que el mundo es un lugar idóneo para ser feliz. La base de la sugestión es una especie de enamoramiento de la vida, que ve solamente las cosas buenas. Son grandes entusiasmos que se derrumban y llevan de una cosa a otra, no es una energía que lleve a una labor cumplida, sino a sueños que se viven más intensamente que la realidad, que la sustituyen en cierta medida. Al deseo perseguido lo llamamos "Encantamiento", en el sentido de que es una conquista, mostrándose encantador, capaz de satisfacer toda la necesidad de placer de la otra persona, y al mismo tiempo encantado por su propio encantamiento y el entusiasmo que el otro le produce.

– *Comportamiento observable*: despreocupado, infantil, alegre, optimista. Falto de disciplina por la dificultad de posponer el placer. De tendencias anticonvencionales y enfoques utópicos, van más allá de los modelos culturales existentes.

La gula está, a menudo, dirigida hacia lo extraordinario, lo remoto, lo no cotidiano.

Hay una tendencia a la evitación del sufrimiento y una orientación hedonista que se relaciona con la permisividad y la autoindulgencia. El hedonismo se convierte en una protección contra el dolor y la frustración y se mantiene a expensas de la evitación y represión del dolor. La autoindulgencia se apoya y justifica en una rebeldía crítica, humorística, de los prejuicios convencionales.

Vive más en la imaginación que en la realidad, en un mundo no frustrante de fantasía y planes; y su bienestar depende, en gran medida, de su facilidad para la satisfacción imaginaria.

– *Comportamiento interpersonal*: abierto, simpático, extravertido y charlatán. Muestra una complacencia seductora, se siente inclinado a complacer a aquellos a los que quiere seducir porque ha llegado a sentirse amado mediante la experiencia de placer. El sentirse bien, alegre, de buen humor y entretenido está al servicio de los fines de seducción. Gracias a su encanto fascina y hechiza a los demás. También la brillantez intelectual es una herramienta de seducción. Presenta un componente exhibicionista que se manifiesta en la charlatanería, en la compulsión por explicar las cosas, por traducir en palabras todo lo que ocurra. Le gusta influir en los demás, aconsejar, mostrarse solícito y alegre; todo ello es una forma de comprar amor, más que verdadera entrega, y le lleva a sentirse con derecho al afecto y los cuidados de aquellos a los que complace.

– *Estilo cognitivo*: curioso, con intereses diversos y cierta tendencia a hacer gala de su inteligencia y conocimientos. Mucha capacidad de persuasión; la sabiduría es una herramienta para persuadir a los demás y justificarse ante sí mismo. El mundo imaginativo es tan poderoso que tiende a confundir imaginación y realidad, proyectos y realizaciones. Esta confusión implica un falso conocimiento, un perderse en el mapa verbal, una cierta superficialidad.

– *Autoimagen*: son personas que parecen encantadas de haberse conocido, con una imagen muy satisfactoria e indulgente. Detrás de ello hay unas exigencias narcisistas muy fuertes y una imagen muy oscura inconsciente. La identificación con la imagen ideal (narcisismo) esconde la ansiedad que se trata de tapar con la autocomplacencia, la agresividad que se esconde tras la complacencia al otro, la explotación tras la generosidad. La insaciabilidad aparece velada por la aparente satisfacción.

– *Representaciones objetales*: hay una búsqueda de relaciones que generen seguridad, de un entorno "familiar" y protector. La angustia de la desconfianza y la dificultad de verdadera intimidad se suplantan por el placer compartido. El placer es el sustituto del amor que no parece posible alcanzar.

– *Mecanismos de defensa*: los mecanismos fundamentales son la "racionalización" justificatoria y exculpatoria y la "planificación" que confunde los proyectos con la realidad y evita afrontarla.

– *Organización morfológica*: son cuerpos con una energía suave, que no resultan agresivos. Sus movimientos son igualmente suaves, sin brusquedad, un poco felinos. Esto se debe a que la tensión muscular se da en la musculatura profunda, pero la musculatura superficial está relajada. De alguna manera, el hedonismo se refleja en el cuerpo y en su movimiento. Mantienen la imagen de niños eternos, capaces de disfrutar con cualquier cosa.

Su aspecto suele ser desenfadado, anticonvencional, con un punto de esnobismo.

– *Estado de ánimo/temperamento*: juguetón, hedonista, evitador de situaciones dolorosas, que puede entrar fácilmente en estados de ansiedad y depresión cuando la evitación del sufrimiento no resulta posible, o cuando tiene que enfrentarse con los aspectos más oscuros de su personalidad.

– *Manejo de la agresividad*: el aspecto evitativo de todo lo doloroso da un aire lúdico a las relaciones, tratando de conseguir lo que quiere por la vía de la seducción antes que de la imposición. Cuando el dolor o la frustración se hacen inevitables, los estallidos de violencia son fuertes, descontrolados, no proporcionados a la causa desencadenante, incluso pudiendo llegar a la crueldad en ocasiones. De forma menos impulsiva se expresa en el humor sarcástico y la burla. También en este caso puede llegar a ser cruel sin tener conciencia del daño que origina.

– *Manejo de la sexualidad*: es en el manejo de la sexualidad donde más claramente juega el eneatipo 7 la búsqueda compulsiva del placer.

Paradójicamente, esta búsqueda compulsiva es, al mismo tiempo, la que dificulta obtenerlo ya que más que una consumación del placer lo que se produce es un entusiasmarse con la fantasía de lo que se va a vivir, con la planificación del placer. Esta fantasía conlleva mantener abiertas todas las posibilidades, no renunciar a nada.

Hay una dificultad especial en ver al otro como un otro, en la medida en que sólo se ve como "vehículo de mi satisfacción". Podríamos decir que esta dificultad deriva en una cierta perversión sexual, que se puede manifestar en prácticas que van desde la adicción a la pornografía hasta todo tipo de experiencias sexuales que, a veces, se materializan y, otras, se quedan en el terreno de la fantasía.

Hay un gran temor a lo oscuro interno y una dificultad para mirarlo. Lo oscuro tiene que ver con la agresividad no reconocida que abrió un gran vacío y produjo un gran dolor interno. El vacío que trata de llenar con satisfacciones y placeres. La agresividad se expresa, en el plano sexual, en esta utilización del otro.

Es frecuente encontrar parejas donde la sexualidad del eneatipo 7 es vivida como muestra de libertad y desinhibición, sintiéndose la otra parte de la pareja culpable por su represión.

Por otra parte, la dificultad de mirar lo oscuro no hace más que perpetuarlo, y también perpetuar la defensa que supone tratar de taparlo a base de placer.

Para el eneatipo 7 hemos optado por la figura de madame Descoing pues aunque no tiene la vistosidad del príncipe de la Bohemia, consideramos que su descripción es menos tópica.

Madame Descoings, descrita en *La Rabouilleuse* es una tendera que, ya viuda, se casó con Descoings, doce años menor que ella, de quien era patrona. No tenían hijos y aceptó que su cuñado enviara a su sobrina a vivir con ellos. Descoings fue acusado de acaparador y ella no consiguió hacer las gestiones adecuadas para salvarlo. Sin embargo, a través de esas gestiones su sobrina conoce a un jefe de negociado con el que acaba casándose.

Cuando, años después, su sobrina Ágata queda viuda, con una pensión decorosa pero demasiado asustada, madame Descoings, «su íntima amiga, que persistía en llamarse tía suya» (pág. 666, tomo II), le propone vivir juntas. Así lo hizo; vendió sus muebles, dejó su piso y juntaron sus rentas.

Por aquel entonces...

«Madame Descoings, que no decía su edad a nadie, tenía sesenta y cinco años. Apodada en su tiempo la bella tendera, era una de esas rarísimas mujeres que los años respetan [...] De mediana estatura, gordita, frescachona, tenía hermosos hombros y una tez levemente rosada. Sus cabellos rubios, tirando a castaños, no ofrecían, pese a la catástrofe de Descoings, cambio alguno de color. Excesivamente golosa, gustaba de hacer platitos sabrosos; pero por más que pareciese pensar mucho en la cocina, adoraba también el teatro y cultivaba un vicio tenido por ella en el mayor secreto: ¡jugaba a la lotería! [...] gastaba quizá algo demasiado en el vestir [...]; pero, aparte esos ligeros defectos, era la mujer de trato más simpático. Siempre del parecer de todo el mundo, a nadie le llevaba la contraria y agradaba por su alegría dulce y contagiosa!

Y, además,

«¡entendía de bromas!». [págs. 666-667.]

Es habitual, en esta estructura de carácter, minimizar los defectos y valorar lo alegre y simpático, como si justificara todo lo demás

Cuando se va a vivir con su sobrina, se dedica a distraerla, a sacarla al teatro, a prepararle estupendas cenas y hasta quiso casarla con un hijo de su primer matrimonio, hijo que mantenía en secreto porque su edad real se aproximaba demasiado a la edad ficticia en que ella se había situado. Como contaba con la absoluta confianza de su sobrina...

«[...] Gobernando la casa, pudo emplear en sus puestas el dinero destinado al hogar, al que fue entrampando progresivamente con la ilusión de enriquecer a su nieto Bixiou, a su querida Ágata y a los pequeños Bridau. Luego que las deudas ascendieron a mil francos, jugó más fuerte [...] las deudas ascendieron como la espuma [...] perdió el tino y no ganó [...]. Quiso entonces empeñar su fortuna para reembolsar a su sobrina...». [pág. 667.]

Pero esto no era posible. Así que no quedó otro remedio que confesarle a su sobrina cómo estaban las cosas.

Vendieron los muebles y se trasladaron ambas a una casa más acorde a su situación, en la que Ágata ocupó el tercer piso y la Descoings, el segundo. Se propuso un lento reembolso, acordado ante el notario, para reparar el daño causado a su sobrina. Y así:

«La Descoings vivía mezquinamente [...] se encargaba de hacer la comida [...] seguía abonada a su terna [...]. Se hacía la ilusión de poder devolver de un golpe a su sobrina lo que por fuerza le tomara prestado». [págs. 669-670.]

Se sentía muy culpable respecto a los pequeños Bridau, a los que quería más que a su propio nieto. Para hacerse perdonar, les hacía ricas comiditas y les daba algún dinerillo. Por otra parte, cuando se enteró de la pasión de José por la pintura, confiando en que llegaría a ser un genio, lo apoyó y trató de convencer a su madre para que admitiera la vocación del chico. Y cuando Felipe se encontró sin trabajo y gastando demasiado:

«[...] Aquella vieja de setenta y seis años por aquel entonces propuso vender sus muebles; devolverle su piso en el segundo al casero, que estaba deseando recuperarlo; poner su alcoba en el salón de Ágata y convertir la primera habitación en un salón, donde podrían comer. De ese modo ahorrarían setecientos francos al año. Aquel corte en los gastos permitiría pasarle cincuenta francos al mes a Felipe, mientras se colocaba o no». [pág. 686.]

Además de eso dedicaba seiscientos francos a su nieto y otros tantos a José. El resto de sus rentas, a mantener el hogar.

En todas las trapisondas en que se mete Felipe ella consuela, ayuda, y aconseja a Ágata e intenta quitar importancia a sus desmanes. Cuando Felipe lanza una amenaza de suicidio le prepara una excelente comida, con buen vino y tabaco, y encuentra la manera de salvar el honor de la familia y encubrir el robo cometido por Felipe.

En cuanto a José:

«[…] Fiada en la palabra de su nieto, que creía en José, prodigaba al pintor mimos maternales; le llevaba el desayuno por la mañana, hacía sus recados, le limpiaba las botas». [pág. 697.]

Y por las noches, cuando ya no recibían a nadie:

«[…] La Descoings se echaba las cartas, se explicaba sus sueños y aplicaba las reglas de la cábala a sus apuestas […]. La vieja jugadora hacíase muchas ilusiones…». [pág. 698.]

Y no renunciaba al juego y a la ilusión de lo que, a través de él, llegaría a conseguir, aunque la realidad fuera que el juego sólo le habría traído problemas y privaciones.

«El último colchón de su cama servía de hucha a las economías de la pobre vieja; lo descosía, metía en él la moneda de oro conquistada a costa de sus privaciones, bien envuelta en la lana y lo volvía a coser. Quería, en el último sorteo de París, arriesgar todas sus economías en las combinaciones de su terna favorita […] sometiérase la Descoings a grandes privaciones para poder hacer con toda libertad su jugada del último sorteo del año». [pág. 698.]

La fantasía sustituyendo a la realidad, haciéndola vivir una realidad dura pero soportable gracias al sueño de un proyecto que se cumplirá.

Le dice a José, su único confidente en este asunto,

«Como salga tendré de sobra para todo el mundo. Tú, en primer lugar, tendrás un magnífico estudio, no tendrás que privarte de ir a los Italianos para poder costearte modelos y colores». [pág. 701.]

Parece que se hubiera olvidado del perjuicio que previamente ocasionó a su familia, como si su buena intención lo justificara. Todo se justifica con el sueño de lo que va a conseguir en el futuro y con los planes que tiene para todos.

Por ese tiempo,

«Su cara regordeta ofrecía los indicios de un disimulo profundo y de una segunda intención encerrada en el fondo de su corazón. Su pasión exigía el secreto. El movimiento de sus labios delataba ciertos ribetes de glotonería. Así que, con todo y ser la mujer honrada y excelente que ya conocéis, podía engañarse la mirada al verla». [pág. 701.]

Cada vez se encuentra más excitada, conforme se aproxima la fecha soñada y le habla a José cada vez más de sus sueños de fortuna:

«Luego de haber saboreado a modo la poesía de aquel golpe, volcado los dos cuernos de la abundancia a los pies de su hijo de adopción y contádole sus sueños, demostrándole la certeza que de ganar tenía, ya no le preocupaba más que la dificultad de sostener tamaña dicha, estarla aguardando desde medianoche hasta las diez de la mañana siguiente». [pág. 707.]

José comenta que no ve por ninguna parte los cuatrocientos francos de la jugada y entonces le lleva a enseñarle su escondrijo. Se desmaya cuando descubre que no está el dinero en su sitio y se revuelve contra Felipe. Se da cuenta de que había cometido un error fatal al comentar delante de él sus esperanzas de fortuna.

Es demasiado obvio como para seguir protegiéndolo y advierte a su sobrina,

«Es un monstruo y no te quiere, a pesar de cuanto has hecho por él. Si no tomas tus precauciones, ese miserable te va a dejar sin nada. Prométeme que venderás tus valores, realizarás el capital y lo invertirás en una renta vitalicia». [pág. 708.]

José le ofrece sus ahorros para que no tenga que renunciar a su deseo y ella se muestra indecisa porque conserva su fe brutal en su terna, pero le parece un sacrilegio usar el dinero de José.

Sin embargo, la actitud del chico parece despertarla:

«[...] La Descoings cogióle a José la cabeza y besóle en la frente: "¡no me tientes, hijo mío! Guárdatelo, que también lo perdería. ¡Eso de la lotería es una necedad!"». [pág. 709.]

«¿no es eso el cariño triunfando de un vicio inveterado?». [pág. 709.]

Pero salió su terna, que no había jugado, y cayó fulminada por una apoplejía, de la que murió a los cinco días, no sin antes haber hecho prometer a su sobrina que invertiría en una renta vitalicia para defenderse de Felipe.

Los atributos con los que la describe son: campechana, guapa, de tez rosada, gorda y rozagante. Frescachona, golosa, lista, alegre, simpática, honrada. Excelente mujer.

Tipo 8. Carácter lujurioso

La lujuria se manifiesta como una tendencia al exceso y una búsqueda vengativa de verdad y justicia. La pasión de intensidad compensa una oculta falta de viveza interior. Hay una exageración de la necesidad y un impulso a seguir la acción que lleva a satisfacerla. En esta acción no hay límites ni culpas, es como si el lujurioso se sintiera con derecho a hacer lo que desea por cualquier medio.

La lujuria resulta muy visible porque el tipo 8 no oculta su pasión, sino que parece hacer gala de ella. Su actitud ante la vida es fuerte y dura y muestra un marcado desprecio por la debilidad y la dependencia.

En su origen hay un sentimiento de insatisfacción, a menudo inconsciente, que ha producido mucha indignación, que ha sido experimentado como injusto. Ante esa injusticia no le cabe más que convencerse de que nadie va a darle nada en esta vida, que todo lo tendrá que conseguir por sí mismo y adoptar una actitud vengativa en la que no se tiene en cuenta al otro, como el otro no lo tuvo en cuenta a uno cuando lo necesitaba. El haberse sentido rechazado lleva a una renuncia a la necesidad de ser querido, a la necesidad de amor y a adoptar una postura de independencia y autosuficiencia. Esta postura es consciente, el rechazo y el abandono de la infancia no siempre lo son. El poder y el placer son los objetivos de la vida.

El dominio es una posición de lucha en un mundo en el que no se puede confiar. El temor a la debilidad, a la pérdida de poder implica un empobrecimiento de los aspectos tiernos y amorosos, una evitación de la propia necesidad y sostiene un sentimiento de carencia que se oculta en la búsqueda de satisfacción inmediata. La necesidad de amor es, a menudo, sexualizada y despojada de los aspectos tiernos de la relación. Al mismo tiempo, el amor real genera un vínculo muy poderoso, difícil de romper y, a menudo, muy sanador.

En las situaciones extremas, ganar a toda costa implica olvidar a los demás, pero un mundo sin otros está tan vacío como el del tipo 5, se pierde la experiencia de la relación, como puede ocurrir en las situaciones de violación.

A nivel emocional, la lujuria se traduce en una lucha en solitario por conseguir el propio placer, sin tener en cuenta a nadie y sin esperar nada de nadie. La renuncia al amor lleva implícita una dificultad de recibirlo, de creer en las buenas intenciones de nadie, una desconfianza en la bondad que deriva de la proyección en el otro de la propia actitud. En combinación con esto, la persona elegida como objeto de amor, sea la pareja o los amigos "compinches" escapa a ese prejuicio emocional y con ella se establecen relaciones de mucho apasionamiento y entrega, muy posesivas al mismo tiempo.

Esta actitud que en el plano cognitivo se manifiesta como venganza, destructividad o sadismo, se apoya en la experiencia de frustración y dolor infantil (a veces negada) que genera la decisión de no volver a pasar por la humillación y la impotencia. Si él ha sufrido y lo ha superado, los demás también deben saber superar el dolor. Esto le hace aparecer como duro y poco compasivo, aunque detrás de esa apariencia hay una gran capacidad y necesidad de ternura y comprensión.

El sentido de la justicia es muy peculiar y tiene como referencia su propio sentir, de manera que hay una descalificación de los valores tradicionales y una desconfianza en la virtud que se considera hipócrita. Es como si el carácter 8 hubiera podido reconocer su ira, su agresividad, su deseo de venganza y hubiera hecho una proyección generalizadora de estos sentimientos en todos los demás seres humanos que simplemente los ocultan o no se atreven a mostrarlos.

El mecanismo de defensa con el que se sostiene el carácter es el de "negación", entendido no como negación de la realidad, sino de una parte del ser, de los sentimientos que tienen que ver con la culpa y la necesidad de amor. Este mecanismo produce un endurecimiento, una insensibilidad y un olvido del mundo emocional, una sustitución de las necesidades afectivas por las satisfacciones instintivas.

El tipo 8 presenta una gran dificultad para ver su debilidad, su necesidad de ternura porque esto lo llevaría a sentirse vulnerable, a conectar con el dolor de la carencia, y esto es lo más evitado, puesto que rompería su imagen dominante y daría al otro el poder de hacerle daño; el miedo al dolor se mantiene fuera de la conciencia a través de una actitud de exponerse al riesgo.

La estructura del rasgo se compone de: lujuria, punitividad, rebeldía, dominación, dureza, cinismo, exhibicionismo, narcisismo, orientación senso-motora.

Para nosotros, el ser se confunde con "ser poderoso".

Las tres formas en que se manifiesta son:

a) *Conservación-Satisfacción*: la lujuria se manifiesta en la búsqueda directa de las satisfacciones y el tipo de vida que uno merece, con una total intolerancia a la frustración. Cultiva la reivindicación y la venganza en nombre de las necesidades y la impotencia infantil, sintiéndose con derecho a que sus impulsos sean gratificados. Hay una necesidad de "Intensidad", que si bien es común en los tres subtipos, aquí adquiere mayor relevancia. La tendencia hedonista de lograr la satisfacción cuenta con este componente de intensidad, como si se pretendiera una satisfacción total y real, que la fantasía no cubre. La perentoriedad de los impulsos produce una actuación poco controlada que busca la satisfacción inmediata, siempre justificable en la intensidad de la propia necesidad que confiere una especial dureza a este subtipo.

b) *Social-Complicidad*: la búsqueda es de amistades cómplices que se apoyan y se sostienen en los mismos principios, a menudo poco convencionales, incluso marginales. Amistades de las que se necesita una total lealtad, a través de la cual legitiman el vínculo. Serían prototípicos los vínculos que se establecen en las mafias, donde la pertenencia legitima y exige cualquier tipo de sacrificio y donde la traición se castiga con la muerte. Se establece como un pacto de sangre, una amistad de una calidad cómplice e incondicional, al margen de cualesquiera otros principios sociales o morales. La orientación a la amistad da un tinte más humano, más social, más seductor que en los otros subtipos; personas divertidas, con un gran poder de cautivar.

c) *Sexual-Posesión/Entrega*: la lujuria se manifiesta en una total posesión de la pareja a la que se le exige una entrega incuestionable y absoluta. En la mujer es vivida más la entrega que la posesión, aunque es una entrega devoradora, no fácilmente diferenciable de la posesión, pues exige del otro lo mismo que da. No hay vergüenza por el deseo, que va por lo que quiere, guiado por la fuerza animal del instinto, con un matiz avasallador. La posesión comporta el placer del propio poder, implica dominio, sometimiento del otro. El temor a ser dominado lleva a una postura dominante, desde la que el amor se confunde con la posesión. El deseo es el de encontrar a alguien tan valioso como para que merezca formar parte de mí y confirme mi valía, alguien a quien incorporar, alguien con quien fusionarme sin perder mi identidad. La posesión confirmaría esta fusión y permitiría satisfacer mi necesidad de entrega.

– *Comportamiento observable*: desinhibido, explosivo, con tendencia a ponerse en situaciones de riesgo. Es el menos intimidado por la ira y el que más se permite su expresión directa. No se empeña en venganzas personales a largo plazo, sino que se desquita airadamente en el momento y supera con rapidez su irritación. La venganza a largo plazo que utiliza no es personalizada, se trata más bien de una actitud de tomarse la justicia por su mano, de desquitarse de la humillación y la impotencia sentida en la infancia. Puede que esta actitud conlleve dolor y humillación de los demás, puede ser sádica y hostil o manifestarse a través de la ironía, del sarcasmo o en actitudes intimidatorias.

Su rebeldía es activa, con fuerte oposición a la autoridad y desdén por los valores establecidos. Es una rebelión generalizada, fruto de la rebelión contra el padre, o contra la madre, cuyo poder se llegó a considerar como ilegítimo, por el hecho de no poder confiar en obtener nada bueno de él, de asociar poder y violencia.

La lujuria implica ansia de excitación, impaciencia, impulsividad, aburrimiento cuando no hay estímulo suficiente, y también hedonismo. Pero en la lujuria hay más que hedonismo, hay placer por afirmar la satisfacción de los impulsos, placer en luchar por el placer. Hay una cierta dosis de dolor implícita en el esfuerzo por superar los obstáculos en el camino hacia la satisfacción, y un componente de lucha y triunfo vindicativo. La excitación y las experiencias fuertes representan una transformación del dolor en el proceso de endurecimiento de sí mismo ante la vida.

– *Comportamiento interpersonal*: dominante, seductor y con facilidad para establecer relaciones de complicidad.

Provocador y, en ocasiones, sádico. Necesita demostrar ante sí mismo y ante el resto del mundo su valor. Su dominación se manifiesta en competitividad, arrogancia, necesidad de triunfo, de quedar por encima, con cierto desdén hacia los demás, sobre todo hacia los que considera débiles. Ser entretenidos, ingeniosos y encantadores es una forma de comprar a los demás y volverse aceptable ante ellos, y también una forma de compensar los aspectos violentos. La sinceridad en mostrar lo que piensan o sienten afrontando las convenciones sociales es también una forma de seducción.

– *Estilo cognitivo*: poco reflexivo, intuitivo, con dificultad para cuestionarse y orientación senso-motora que se expresa en su enfoque hacia el presente, hacia lo tangible, hacia la esfera de los sentidos y los estímulos inmediatos y en un predominio de la acción sobre el pensamiento.

– *Autoimagen*: poderosa, de alguien que ha sido capaz de afrontar la vida, apasionada y fuerte. Hay un rechazo de la debilidad y la dependencia y una valoración de la propia capacidad de luchar por conseguir los deseos y expresar los impulsos. La imagen poderosa y dominante oculta los sentimientos de temor, vulnerabilidad y dependencia. Correr riesgos exagerados es una manera de negar el propio temor y generar un sentimiento interno de poder. No se sienten "malos", sólo son menos hipócritas que los demás y su bondad es auténtica, aunque los demás no la vean y se sientan, con demasiada frecuencia, ofendidos por su forma directa de decir las cosas.

– *Representaciones objetales*: se valora la fortaleza de los demás y la honestidad. La bondad, en cuanto adaptación a las normas, se considera hipocresía o cobardía y se descalifica, pero se reconoce cuando es auténtica y fundada en el amor. Ante las personas que consideran verdaderamente buenas y amorosas, se rompe su dureza.

– *Mecanismos de defensa*: la "negación" es el principal mecanismo. Lo más negado es la debilidad y la necesidad del otro, así como la culpa. Las acciones impulsivas sirven para mantener la negación.

– *Organización morfológica*: cuerpos vigorosos, con un fuerte nivel de energía. Suelen ser proporcionados y bien desarrollados, aunque en ocasiones la falta de límites de su hedonismo derive en obesidad descuidada. Transmiten una confianza en sí mismos y una posición de dominio que se arraiga en el cuerpo: el movimiento corporal es asertivo, directo, en ocasiones brusco y agresivo. Hay un endurecimiento también corporal, una fortaleza que suele impresionar. La alta instintividad y el permiso que se otorga para expresarla se manifiesta en una energía sexual y agresiva evidente.

– *Estado de ánimo/temperamento*: impulsivo, con dificultad para aceptar los límites, autoafirmativo y seguro. La búsqueda de riesgos transforma la ansiedad en excitación, pero mantiene viva la necesidad de sumirse en la intensidad como una adicción sin la que la vida parece aburrida. El estilo de vida no es compatible con el temor o la debilidad, el sentimentalismo o la pena, lo que implica una cierta dureza e implacabilidad.

– *Manejo de la agresividad*: la agresividad se expresa en forma directa, espontánea y sin contemplaciones. Desde la descalificación de la debilidad, no hay preocupación por el daño ocasionado al otro, incluso la evidencia del daño, la queja, puede dar pie a una mayor crueldad. Sea en las manifestaciones más violentas y explosivas, sea en la forma de sarcasmo y burla, tiene como objetivo dominar al otro, pudiendo llegar a humillarlo profundamente.

– *Manejo de la sexualidad*: la fuerte instintividad del eneatipo 8 marca su sexualidad, que tiene un punto de dureza y tiende a relegar a un segundo plano los aspectos tiernos del encuentro amoroso.

La posición de dominio provoca, a nivel inconsciente, una descarga energética que no se llega a producir del todo porque frena la sensación de entrega y disolución que acompañan a la descarga, dado que esta sensación es asociada a vulnerabilidad y, por tanto, temida y evitada.

La dificultad de descarga completa produce un bajo nivel de satisfacción y una necesidad de nuevas descargas, que contribuye al mantenimiento de una autoimagen de poderío sexual.

La tensión interna producida por la fuerte instintividad y la necesidad inconsciente de ternura, de un lado, y la fortísima desconfianza basada en el temor a ser dominado, de otra, son resueltas, en el plano del vínculo de pareja, mediante la posesión-entrega. Poseer al otro es darle todo lo que necesita, ser su amo. Si le doy todo, no me abandonará, no me traicionará. La traición es tan temida que para resolverla se crea un mito de pareja, absolutamente idealizado. Se sacraliza el vínculo: "tú y yo somos uno".

Al mismo tiempo que vive el vínculo con este nivel de intensidad, es capaz de tener otros encuentros sin darles más importancia que la de la estricta satisfacción sexual, sin culpa ninguna y sin conciencia del posible daño al otro.

El personaje que hemos elegido para ilustrar el eneatipo 8 es Felipe Bridau, hermano de José que describimos en el eneatipo 4. Como él, está descrito en la obra *La Rabouilleuse*.

Balzac describe cómo el entorno va a influir en el carácter de Felipe, ya de por sí algo pendenciero:

«Estimulado, el niño adoptó por fanfarronada, un aire decidido. Y, luego que hubo dado ese rumbo a su carácter, adiestróse en toda clase de ejercicio físico. A fuerza de pelearse en el liceo adquirió esa audacia y ese desprecio del dolor que engendra el valor militar»; [pág. 671, tomo II.]

Habiendo desarrollado estas características, sintió atracción por la carrera militar. Entró en el cuartel.

«En aquel tiempo el esplendor militar, el aspecto de los uniformes, la autoridad de las charreteras ejercían sobre ciertos jóvenes una seducción irresistible». [pág. 676.]

En cuanto pudo se incorporó al frente y pronto tuvo ocasión de obtener el reconocimiento que le valió su impetuosidad:

«[…] ascendiéronle a teniente por una hazaña en la vanguardia donde su impetuosidad salvó al coronel». [pág. 679.]

Estos éxitos aumentaban la fuerza del vínculo con su madre:

«[…] halagaba enormemente el amor propio de su madre y también, aunque fuese ordinario, bullicioso y no tuviese en realidad más mérito que la vulgar bravura del militarote, era para ella un hombre genial…». [pág. 679.]

De manera que no sólo en el entorno militar, sino también en el familiar, la impetuosidad es muy bien valorada, cegando la mirada de su madre en una incondicionalidad inconsciente de sus riesgos.

Al instaurarse de nuevo la monarquía, él seguía fanatizado por la figura de Napoleón, así que se implicó en varias conspiraciones hasta el momento en que perdió su paga. Entonces se embarcó rumbo a Estados Unidos con la intención de rehacer su suerte. No fue así y, además, la dureza y crueldad de la vida americana fomentaron…

«las malas inclinaciones del soldadote: habíase vuelto brutal, bebedor, fumador, matón, grosero; la miseria y los sufrimientos físicos habíanle depravado». [pág. 683.]

En todos los eneatipos 8 que describe le da Balzac gran importancia a la dureza del medio en que se desenvuelven, que acentúa la dureza de su temperamento. Destaca la reacción agresiva y negativa frente al dolor y también el componente controlador y paranoico:

«El coronel, además, sentíase perseguido. Y el efecto de tal opinión es hacer que los individuos sin talento se vuelvan perseguidores e intolerantes». [pág. 683.]

Como no logra remontar su situación económica, decide volver, aunque para ello necesite, de nuevo, el apoyo económico de su madre con el fin de pagar el pasaje. Al encontrarse otra vez en casa, después de un viaje lleno de penalidades, se muestra muy efusivo con su madre. Ella piensa en lo mucho que su hijo la quiere y se desvive por darle todo lo que necesita, pues lo consideró un héroe al ver los cambios que la vida le imprimió:

«Su imponente estatura había adquirido rotundidad; su cara curtiérasele durante su estancia en Texas; conservaba su hablar breve y el tono tajante del hombre obligado a hacerse respetar en medio de la población neoyorquina. Con esa contextura, sencillamente vestido, endurecido visiblemente el cuerpo por sus recientes penalidades, apareciósele Felipe a su madre como un héroe […] escuchando la relación de sus desdichas…»,

no pudo darse cuenta del profundo egocentrismo y la dureza que las penalidades le habían proporcionado.

«Pero ¡ay!, que el oficial sólo a una criatura amaba en este mundo y esta criatura era el coronel Felipe [...] Para Felipe, el universo empezaba en su cabeza y concluía en sus pies y sólo para él brillaba el sol». [pág. 683.]

Vuelve a insistir el autor en la fuerza del condicionamiento poco favorable y en la posibilidad de que hubiera podido ser de otra manera si no se hubiera enfrentado a tan difíciles situaciones:

«Para los individuos de esa clase sólo hay dos maneras de ser: o creen o no creen; o poseen todas las virtudes del hombre honrado, o se abandonan a todas las exigencias de la necesidad; luego, se habitúan a erigir sus menores intereses y cualquier momentáneo capricho de sus pasiones en otras tantas necesidades...». [pág. 683.]

El aspecto de vividor y la actitud egocéntrica encubren un profundo desprecio por la vida, un fuerte componente auto-destructivo:

«[...] resultaba excesivamente peligroso; parecía ingenuo como un niño; [pág. 683][...] no le costaban nada las palabras y daba tantas cuantas querían creerle. Si, por desgracia, alguien aceptaba las explicaciones con que justificaba las contradicciones entre su conducta y su lenguaje, el coronel, que tiraba magistralmente con la pistola y podía desafiar al más diestro profesor de esgrima y poseía, además, la sangre fría de aquellos a quienes la vida les es indiferente, siempre estaba dispuesto a pediros cuenta de la menor palabra destemplada». [pág. 684.]

A través de un viejo compañero de armas consigue un puesto en un periódico de la oposición, pidiendo para ello la fianza que necesita a su madre y a su tía, prometiéndoles pasarles cien francos al mes:

«Tres meses después, el coronel que comía y bebía por cuatro, que se mostraba descontentadizo y arrastraba con el pretexto de su pensión a ambas viudas a dispendios para la mesa, aún no les diera dos ochavos». [pág. 691.]

Llevaba «[...] una vida de placeres», su pasión por el juego le hizo «[...] meter la mano en la caja del periódico». (pág. 692.) Se había enamorado de una bailarina, que no le hacía caso...

Recurre a su hermano, diciéndole que va a suicidarse por haber utilizado los fondos de la caja del periódico y no encontrarse en situación de poderlos reponer. De manera que el hermano lo comunica a la familia. Cuando Felipe vuelve de una de sus juergas, olvidada ya su idea de suicidio, todos lo reciben llorosos y se da cuenta de que su amenaza ha surtido efecto. Venden las viudas su crédito y cubren así el honor de Felipe. Pero:

«Cuando los hombres dotados de valor físico, pero cobardes e innobles en la parte moral, como lo era Felipe, han visto las cosas reanudar su curso en torno a ellos después de una catástrofe en que su moralidad naufragó casi por completo, esa complacencia de la familia o de los amigos es para ellos una prima de estímulo. Cuentan con la impunidad; su espíritu falseado, sus pasiones satisfechas, indúcelos a estudiar cómo han logrado subvertir las leyes sociales y se vuelven entonces horriblemente listos...». [pág. 697.]

Algo que hubiera podido salvarlo hubiera sido que la bailarina, único amor de su vida, le hubiera correspondido. No fue así y, cuando ella se marcha a Londres, se siente traicionado y herido y, de nuevo, la solución es endurecer el corazón y acudir a «la Venus de las encrucijadas a impulsos de una especie de desdén brutal por todo el sexo». (pág. 697.)

La pasión por el juego le impulsa a coger dinero a su hermano, a su tía, a su madre. Cuando la madre se da cuenta de ello, le dice que no lo haga así, que le pida lo que necesite, y lo hizo, acabando con todos los ahorros de la mujer. Sus cambios de humor son muy marcados y están en función de que haya conseguido o no sus deseos.

«[…] cuando había ganado [en el juego] mostrábase de un talante alegre y casi afectuoso; profería chistes groseros, pero bromeaba con la Descoing, con José y con su madre. Por el contrario, cuando había perdido, mostrábase ceñudo, con voz breve y tajante y su mirar duro y su tristeza infundían espanto». [pág. 703.]

Le roba continuamente a José el dinero, y un día idea robar a la Descoings el dinero que ella celosamente guardaba para su lotería. Estudió todas las circunstancias (fechas de los sorteos, salidas de la familia…) que tenía que manejar para conseguir su objetivo y se quedó a la espera de una ocasión en que no hubiera nadie en la casa. Revolvió hasta encontrar el dinero, cuidándose de dejarlo luego todo de forma que no despertara ninguna sospecha. Con ese dinero ganó y volvió a perder. Cuando llega a su casa, habiendo perdido todo, se encuentra con que han descubierto su robo y su tía, la Descoing, que ha sufrido un impacto tan fuerte al no poder hacer su apuesta y saber que había sido él quien le había robado, está moribunda. Su madre lo expulsa de casa y él reacciona diciendo:

«¡Ah! ¿Estáis representando el melodrama del hijo expulsado? ¡Vaya, vaya, así es como os tomáis las cosas! Pues bien, ¡sois todos unos pájaros de cuenta! ¿Qué es lo que yo he hecho de malo? […]. ¡Bah!, una simple limpieza en los colchones de la vieja! ¡El dinero no se mete entre la lana, ¡qué diablos! ¿Y dónde está el crimen? ¿No os había cogido ella veinte mil francos? ¿No somos acreedores suyos? Yo no he hecho más que reembolsarme. ¡Eso es todo!». [pág. 710.]

No le falta del todo razón, pues la afición de su tía a la lotería la había llevado a gastar esos veinte mil francos que eran de la madre. Destapa aquí eso que tanto irrita a este eneatipo, la hipocresía social y la falsa bondad.

Y también pone de manifiesto la crueldad, cuando increpa a su madre:

«Usted me echa a la calle en un día de Navidad, día del nacimiento de […] ¿cómo se llama? […] Jesús. ¿Qué le había hecho usted al abuelo Rouget, su padre, para que la echase de su casa y la desheredase? Si no le hubiera usted dado un disgusto ahora seríamos ricos y no habría tenido yo que verme en la mayor miseria […] ¿qué le hizo usted a su padre, usted, que es una buena mujer? Ya está viendo cómo yo puedo ser un buen chico y, sin embargo, verme echado a la calle ¡Yo, la gloria de la familia!». [pág. 711.]

Está enfermo, con mucha fiebre y después de sus palabras, su madre decide que se quede en casa hasta que se reponga. Cuando ya está repuesto le pide que se vaya y que se incorpore al servicio activo como militar. Se marcha no sin antes reprocharle:

«De sobra veo que ni usted ni mi hermano me quieren. Estoy ya solo en el mundo y lo prefiero». [pág. 712.]

Se marcha silbando, no sin antes coger los cien francos que su madre le ofrece.

Pasado algún tiempo, cuando su hermano, accediendo a la presión de su madre, le pide que vaya de nuevo por la casa a fin de hacerle un retrato, accede a ir y se lleva una noche un Rubens que José estaba copiando por encargo para venderlo.

Enfermo y sin dinero es ingresado en un hospital público. Al salir de allí es detenido por tomar parte en una conspiración de oficiales. Su madre piensa que lo ha empujado hasta ahí con su rigor; se siente culpable y encarga, a través de su otro hijo, al más listo y ducho de los abogados de París la defensa de sus intereses. Hacen falta doce mil francos para salvarlo y escribe a su madrina suplicándole que le pida ese dinero a su hermano, tío de Felipe, que se había quedado con toda la herencia paterna.

Condenado a cinco años a una especie de libertad provisional bajo palabra, sin poder salir de la ciudad que le asignaran como cárcel, su abogado consigue que le asignen Issoudun, ciudad de origen de su madre, donde sigue viviendo su tío y le ruega que trabaje para conseguir la herencia de su madre, planteándoselo como una manera de compensar los daños que ha causado. Con esta intención, nada más llegar va a visitar a su tío, que vive con una criada joven a la que ha convertido en su amante. Su segunda visita fue para los Hochon (la madrina de su madre), presentándose con mucha cortesía para solicitar ayuda.

«Habló luego Felipe de cosas indiferentes, conduciéndose perfectamente bien. Pintó como a un águila al periodista Lousteau, sobrino de la anciana señora, la cual le dispensó sus simpatías no bien le oyó predecir que el nombre de Lousteau sería famoso. Luego, no se anduvo con ambages para reconocer sus culpas. Y a un amistoso reproche que madame Hochon le hiciera en voz baja respondió diciendo que había reflexionado bastante en la cárcel y le prometió ser en lo sucesivo muy otro que hasta allí». [pág. 805.]

Sabe que toda la herencia irá a parar a Flora, la criada de su tío, y al amante de ésta, Max. Monta toda una estrategia para que esto no ocurra y conseguir su objetivo de que el dinero llegue a sus manos. Traba amistad con dos oficiales napoleónicos que no simpatizan con Max. Consigue su admiración revelándoles detalles de la conspiración en la que había estado envuelto. No tardó en obtener un trabajo en la oficina de recaudación del seguro que en tres horas diarias terminaba, disponiendo del resto del día para sus maquinaciones.

«Felipe, cuya conducta era fruto de un profundo cálculo, había reflexionado mucho en la cárcel sobre los inconvenientes de una vida desordenada. Así que no había sido necesaria la reprimenda de Desroches (el abogado) para comprender la necesidad de granjearse la estimación de la burguesía mediante una vida honrada, decente y morigerada […] quería adormecer a Majencio engañándolo sobre su carácter. Tenía empeño en que le tomasen por un memo, mostrándose generoso y desinteresado, a tiempo que envolvía a su adversario y codiciaba la herencia de su tío […]. La codicia de Felipe encendiérase en razón a los bienes de su tío que monsieur Hochon le detallara». [pág. 808.]

Le propone a su tío, para solucionar las cosas con Flora, quitar de en medio a Max. Trata de hacer un pacto, al que su tío se resiste, consiguiendo al final convencerlo:

Si yo lo mato a él, usted me asignará su vacante en su casa y yo haré andar a esa chica guapa más derecha que un huso. Sí; Flora le querrá a usted. ¡Mil rayos! Y si usted no está contento de ella le daré con el vergajo». [pág. 816.]

Todavía está presente su rencor de amante traicionado:

«Yo conozco a las mujeres. ¡Una tuve que me salió más cara que a usted Flora! [...]. Así que me enseñó a conducirme como es debido para el resto de mi vida con el bello sexo. Las mujeres son como niños malos, animalitos inferiores al hombre, y hay que hacerse temer de ellas, pues lo peor que a nosotros nos puede pasar es que nos gobiernen esas bestezuelas». [pág. 816.]

Va manejando todos los hilos hasta que a Max no le queda más opción que marcharse o aceptar un duelo. Felipe adoptó la posición de un hombre superior e hizo perder su sangre fría a Max. Como Felipe se había encargado de desprestigiarlo y poner al descubierto todas sus hazañas al frente de los Caballeros de la Vagancia, que habían estado produciendo grandes perjuicios al pueblo,

«[...] Nadie molestó a Felipe por aquel desafío que, de otra parte, pareció un efecto de la venganza divina». [pág. 829.]

Todo cabe en sus planes para hacerse con la herencia. Cuando acude su madre a Issoudun, como la necesitaba para lograr sus planes, se portó bien con ella y consiguió que fuera a visitar a Flora y la tratase como a una cuñada, pues su intención, para aclarar la situación y hacerse con la herencia, era que se casara con su tío. Tenía un plan bastante retorcido.

Se lleva a cabo la boda y cuando vuelve su madre a París, el abogado le avisa de que ni ella ni José verán nada de la herencia, que Felipe es demasiado listo.

«Como quiera aplicar su inteligencia, profundamente perversa, a hacer fortuna, llegará, porque es capaz de todo». [págs. 833-834.]

Y así es: Felipe trata de establecer una alianza con Flora prometiéndole casarse con ella a la muerte de su tío y llevarla a París, donde él llegará a general, si pasa los poderes a su nombre con el pretexto de quitarse los quebraderos de cabeza de la economía. A Flora le inspira profundo temor.

«Temía, en una palabra, morir sin saber cómo hubiera de matarla Felipe; […] el timbre de aquella voz, el velado brillo de aquel mirar de tahúr, los menores movimientos de aquel soldadote que la trataba con la brutalidad más fina, la hacían temblar. En cuanto al poder requerido por aquel feroz coronel, que para todo Issoudun era un héroe, no hay que decir que lo mismo fue pedirlo que tenerlo en su mano, porque Flora había caído bajo el dominio de aquel hombre igual que cayera Francia bajo el de Napoleón». [pág. 835.]

El tío perdía sus pocas fuerzas y…

«[…] En presencia de aquella agonía, el sobrino permanecía impasible y frío». [pág. 836.]

A través de su antigua querida, la bailarina, logra que el protector de ésta, un duque, se interese por él y consiga que el Rey lo reintegre como teniente coronel del ejército y le otorgue permiso para residir en París. Se llevó a París a Flora y a su tío y

«[…] Engolfó a aquel moribundo, lo mismo que a la Rabouilleuse (Flora) en los goces excesivos del trato, tan peligroso con las actrices, periodistas, artistas y mujeres equívocas con que Felipe derrochara su juventud…». [pág. 836.]

Al poco murió el tío. Liquidó la herencia. Se casó con la viuda.

«En virtud del contrato, la señora viuda de Rouget, cuya aportación consistía en un millón de francos, hacía donación a su futuro esposo de todos sus bienes, caso de fallecer ella sin hijos». [pág. 837.]

Aprovechó bien su situación; obtuvo un título nobiliario, empezó a cortejar a la hija de un conde, solicitó ser uno de los ayudas de cámara del Delfín.

«Llevaba, además, un tren magnífico; daba fiestas y comidas espléndidas, no admitiendo en su hotel a ninguno de sus antiguos camaradas, cuya posición pudiera comprometer su porvenir». [pág. 838.]

Moribunda ya su madre, se niega a visitarla; no le interesa que lo relacionen con ella y no quiere que su hermano le pida nada. Muerta Flora, pide la mano de la hija del conde, pero este plan se frustra porque su antiguo amigo, Bixiou, se encarga de relatar al conde las hazañas de Felipe. Éste planea enriquecerse aún más y optar a otra mano más alta. Encarga la gestión de sus finanzas a Nucingen que, en poco tiempo, lo deja sin su hotel, sus tierras, sus cuadros y sus muebles. Reingresa en el ejército y es enviado a Argelia por influencia de otro de sus camaradas, a quien había dado la espalda en sus momentos de esplendor. Y allí murió.

«Tuvo Felipe una muerte horrible, pues le cortaron la cabeza al caer casi hecho pedazos por los yataganes». [pág. 853.]

Los atributos que, para él, tiene Balzac son: impetuoso, bravo, brutal, matón, grosero, malvado, libertino, bebedor, jugador, depravado, sin escrúpulos morales, bribón, audaz y ladino. Hombre de acción, que desprecia el estudio, con sangre fría, desprecio por el dolor y aire decidido.

Tipo 9. Carácter perezoso

La pereza no siempre se manifiesta como pereza en la acción, sino como pereza espiritual y psicológica, como una dificultad para mirar dentro de sí y una pérdida del sentido de ser, que se sustituye por una acomodación a lo terrenal.

La solución que adopta el tipo 9 ante la carencia infantil de amor es el olvido, un olvido de las necesidades y una anestesia del dolor y la frustración. Este olvido de sí ocupa el primer plano junto con un toque de resignación, que lleva al individuo a adaptarse. En algún momento de su historia personal, el carácter 9 se da cuenta de que sus sentimientos, intuiciones o sensaciones no se ajustan a las de las personas significativas emocionalmente; decide olvidarse de sí, no hacer caso de su mundo interior y vivir acorde con lo externo, para no ser rechazado. Olvidar lo interno no supone renunciar a ello y genera dualidad, una separación entre sentir y hacer, que desemboca en falta de presencia y en un profundo escepticismo.

El dolor existencial consciente es mínimo. Difícil de vislumbrar desde fuera. A veces, el dolor se presenta en el cuerpo y así desaparece del ámbito de lo psíquico, donde no se cree que se pudiera asumir sin romperse, sin caer en una extrema fragilidad. La renuncia a los deseos, la capacidad de adaptación, la negación del dolor, le dan un aire de tranquilidad que es sólo aparente. Pues, por mucho que los propios deseos se dejen en segundo plano, que consigan suprimirse de la conciencia dolores y sueños, éstos no desaparecen y no olvidan dejar su huella en un escepticismo y desinterés que desvitalizan y, a veces, se tornan en un estado ligeramente depresivo que, para evitar sufrir, renuncia a disfrutar.

A nivel emocional, la pereza se traduce en un no hacerse caso y dejarse llevar por lo que marca el entorno, así como en una renuncia a los anhelos más profundos y un desarrollo compensatorio del "sentido común".

En el plano cognitivo, la fijación se manifiesta como abnegación, en un vivir para el otro, ponerse al servicio de las necesidades del otro que se confunden con las propias. Para poder hacer esto es necesaria una gran adaptabilidad, que se construye sobre el olvido de sí y la resignación. La propia fijación impide vivir interiormente.

Aunque la pereza pudiera parecer la más desapasionada de las pasiones, no es nada fácil de romper, dado que, a cierto nivel, la fijación consigue mantener el objetivo de anestesiar el dolor, y la renuncia y negación de sí producen una situación psicológicamente cómoda.

El mecanismo de defensa del tipo 9 es la "supresión". La supresión es un mecanismo similar al de la represión, diferenciándose de ésta en que los contenidos suprimidos no pasan al inconsciente, sino que quedan en el preconsciente, de forma que hay una intencionalidad consciente en lo que se suprime. Por otra parte, lo que se suprime son los afectos, lo emocional, mientras que la represión se ejerce sobre los contenidos ideacionales. Complementario de este mecanismo sería el de la renuncia altruista, porque la renuncia sostiene la supresión. En la renuncia altruista, uno hace por el otro aquello que necesita él, identificándose con el otro y consiguiendo una satisfacción sustitutoria de sus necesidades, una satisfacción que se produce a través del otro. Como en el caso de la supresión no es un mecanismo del todo inconsciente.

Para Naranjo, la estructura del rasgo se caracteriza por: inercia psicológica, sobreadaptación, resignación, generosidad, mediocridad, tendencia a la distracción, inclinación a hábitos robóticos.

Según nuestro criterio el ser se confunde con "ser útil".

De acuerdo con el instinto que se halla apasionado nos encontramos con estos subtipos:

a) Conservación-Apetito: la satisfacción de las necesidades se sustituye por la satisfacción de los apetitos, "conformándose" con ello. Se produce un desplazamiento de una cosa a la otra y una satisfacción sustitutoria. La "Distracción" es la herramienta que permite escaparse del compromiso de cumplir con las verdaderas necesidades y se convierte ella misma en la necesidad que motiva la acción. El apetito tiene que ver con un deseo de algo sustitutorio, de ciertas satisfacciones que no compliquen demasiado la vida, y que, de alguna manera, se conectan con satisfacciones físicas. Hay como un conformarse con tener aquello que permita una cierta seguridad cómoda, un no tener que preocuparse. A veces, el hambre de afectos se transforma literalmente en hambre de alimentos, de caprichos materiales, de actividades concretas, como los juegos o la lectura, distracciones que sirven todas ellas para tapar las necesidades más profundas.

b) Social-Pertenencia: la pertenencia a un grupo se convierte en la búsqueda fundamental. Para ser aceptado por el grupo se puede hacer cualquier cosa. Hay una fuerte necesidad de participación, de ser acogidos, no excluidos, de sentirse parte de algo, y un nivel de sufrimiento elevado al no sentirse aceptados junto con una dificultad real de integración. Dificultad de integración que se relaciona con el temor a ser absorbidos por el grupo, a una entrega demasiado absoluta, en la que puedan producirse desengaños. Al mismo tiempo, esta dificultad de integración se manifiesta en un mantenerse al margen, en una autoexclusión, que se sostiene en no poder creer en la pertenencia, en gran medida debido a la sensación de inadecuación que produce el percibirse como ajeno al grupo. Hay una mentira, un ocultamiento de lo que uno es, que se origina en el intento de adaptación y hace temer el ser descubierto y rechazado.

c) *Sexual-Fusión*: el deseo de "Fusión" es un antídoto a la pérdida de identidad provocada por el olvido de sí. La necesidad es vivida a través del otro, perdiéndose los propios intereses para ponerse al servicio de la persona elegida. Hay una tendencia a la unión, que se polariza en la pareja, con cuyas necesidades, deseos, pensamientos, sentimientos se mimetiza. Las necesidades de la persona amada pasan a ser las necesidades propias, las cuales se olvidan y satisfacen vicariamente, en un esfuerzo activo de estar para el otro. En primer término vemos la disolución del yo que implica esta fusión, pero a un nivel más profundo tiene matices de la entrega del eneatipo 8, con su connotación posesiva, con la expectativa de que la supuesta incondicionalidad transforme al otro y lo lleve a cumplir lo que yo ocultamente deseo. Vemos que también esta actitud fusional presenta un carácter posesivo por debajo del aparente sometimiento. No hay renuncia al propio deseo, hay una expectativa de que, desde lo fusional, el otro lo perciba, lo legitime y lo cumpla.

– *Comportamiento observable*: servicial, adaptado y evitador de conflictos. En su actitud aparece una cierta narcotización, una falta de pasión, de fuego y una insensibilización que se produce para evitar el sufrimiento. La actitud se vuelve excesivamente terrenal y concreta, preocupada por los aspectos prácticos de la vida, como una forma de no querer ver ni estar en contacto con la propia experiencia interna, con el mundo emocional. Llevada a lo externo implica una simplificación del mundo, un excesivo concretismo y literalidad, una pérdida de sutileza. También a veces genera distracción y confusión. En ocasiones se manifiesta como torpeza física, tendencia a sufrir pequeños percances, a romper cosas, fruto de la falta de atención.

La estrategia vital e interpersonal tiende a la sobreadaptación y a la desatención de las necesidades personales. Implica una actitud sobrecontrolada puesto que no sería posible este nivel de adaptación sin la capacidad de contenerse e inhibir los propios impulsos. El alcohol y la comida pueden ser herramientas donde se libera ese rígido autocontrol.

La resignación forma parte de la estrategia vital y es como si jugara a estar muerto para permanecer vivo, una apuesta por la supervivencia en lugar de por la vida. Implica abandono y falta de lucha por los propios derechos.

Los hábitos robóticos, las costumbres regulares sirven para apoyar esta estrategia. Es como si en la búsqueda de confort psicológico (que no se consigue) se pagara el alto precio de la alienación.

– *Comportamiento interpersonal*: facilidad para anteponer los intereses de los demás a los propios y mediar en las situaciones conflictivas. Cuando las situaciones interpersonales lo desbordan se comporta como un autómata, haciendo lo que haya que hacer pero ausente y desconectado. Su generosidad se manifiesta en amabilidad, solicitud, indulgencia y abnegación. Junto a ello aparece una cierta cordialidad amistosa y extravertida y una jovialidad que no son otra cosa

que una manera de no tomarse demasiado en serio, de tomarse a sí mismo a la ligera, fruto del temor a resultar un peso
para los demás. Confortador y compasivo, tiene una condes-
cendencia excesiva hacia las demandas y necesidades de los
otros, y parece dispuesto a llevar más carga de la que le corresponde. Es su manera de conseguir un lugar en el afecto
de los demás que, por otra parte, nunca resulta satisfactorio
puesto que, para lograrlo, ha olvidado sus propios deseos.

– *Estilo cognitivo*: intuitivo, con una especie de certeza
visceral de sus intuiciones que le hace muy difícil cambiar de
opinión, aunque, al mismo tiempo, su escepticismo es muy
profundo. Pragmático, comprensivo, orientado a la adaptación, con razonamientos que justifican la resignación.

– *Autoimagen*: deficitaria, sin grandes ambiciones, modesta y bondadosa. Su autoconcepto es bajo, pero conlleva una
adecuación en términos de necesidades narcisistas, puesto
que la exigencia no es demasiado alta. No hay mucha preocupación por el brillo y el poder y, a veces, tampoco por el
aspecto físico. No parece que necesiten brillar ni ser los mejores y, aparentemente, han abandonado el deseo de reconocimiento, pero hay una profunda e inconsciente ansia de
reconocimiento y amor en su resignación abnegada y una esperanza implícita de compensación, como si el mundo fuera
alguna vez a valorar y reconocer lo que ellos más valoran, la
capacidad de amar.

– *Representaciones objetales*: mucha dificultad para idealizar a los otros, como si el escepticismo lo impidiera, y, al
mismo tiempo son los otros los que le conceden el derecho a
la existencia, viviendo a través de ellos y tratando de resul-
tarles útil. La idea de no ser capaz de despertar el amor del
otro hace muy importante la presión de no resultar una carga. Detrás de ello hay una profunda desconfianza en la capacidad de amar y generosidad de los demás.

– *Mecanismos de defensa*: la "renuncia altruista" que tiene que ver con satisfacer la necesidad a través del otro, y la "supresión" que permite mantener los afectos lejos de la conciencia y olvidarse de sí mismo, apoyando la sobreadaptación.

– *Organización morfológica*: a veces aparecen rasgos masoquistas y otras veces rasgos orales. Son más frecuentes los masoquistas. Cuando aparecen éstos, la carga energética está contenida y suelen ser cuerpos recios, con un buen desarrollo muscular. La pelvis suele estar echada hacia adelante. Cuando aparecen rasgos orales son cuerpos delgados, flexibles y con aspecto de vulnerabilidad y fragilidad. En otros casos, parece que no hay coraza caracterológica, creando una sensación de desprotección. Hay una especial facilidad para camuflarse con el ambiente, para evitar ser visto a causa de la vergüenza y su actitud física. En todos los casos traduce algo de confiado y poco peligroso, con imagen de buena persona.

El yo corporal y sus funciones alcanzan mucha importancia, la comida, la sexualidad, a veces el deporte. Parece como si, desde el realismo escéptico, el cuerpo fuera la única indudable realidad.

– *Estado de ánimo/temperamento*: jovial, poco asertivo, desconectado, con tendencia a trivializar los sentimientos. De apariencia flemática, que no coincide con la vivencia interna, como si la procesión fuera por dentro. Cuando la frustración lo desborda, se vuelve depresivo y aparece la tristeza y la desvitalización.

– *Manejo de la agresividad*: La actitud conciliadora y el olvido de sí dificultan la expresión directa de la agresividad, que está muy prohibida y resulta generadora de culpa. La forma más común de canalizarla es a través de un distanciamiento emocional, que permite seguir actuando como si no ocurriera nada, como si se hubiera ido el alma, o, al menos, como si hubiera cerrado las puertas a cualquier contacto. Para la persona que recibe esta agresión la situación resulta muy dolorosa y es generadora de mucha impotencia.

– *Manejo de la sexualidad*: la sexualidad, en cambio, no es vivida con culpa. El eneatipo 9 tiene una vivencia muy libre de la sexualidad.

Por una parte, su búsqueda de unión, de fusión, y su tendencia a la satisfacción de las necesidades propias, a través de la identificación con el otro, hacen que se entregue al placer y al disfrute sexual sin grandes reservas. Pareciera como si la satisfacción de las necesidades del otro le permitiera satisfacer vicariamente las propias, en un proceso donde ya no sabe muy bien distinguir lo suyo y lo del otro, en un proceso de fusión.

Podríamos decir que, a veces, el deseo propio es proyectado en el otro y vivido como si el motor fuera el deseo de complacer al otro y no el propio deseo.

En el acto sexual, el eneatipo 9 se siente momentáneamente amado y amante. La sexualidad permite el contacto de piel que tanto necesita, pero después su escepticismo acaba ganando la batalla e imponiendo su ley: no es amor, sólo deseo.

Hay una especial dificultad para recibir el amor. La muralla que el escepticismo supone lo impide. Por eso, si bien el disfrute sexual no tiene reservas, la experiencia carece de la profundidad y la trascendencia que el amor le proporcionaría.

El personaje elegido en esta ocasión es Eugenia Grandet. Proviene de la novela del mismo nombre. Nos cuenta la vida, sencilla y apacible de esta mujer, hasta que conoce a su primo y despierta al amor. Toda su vida va a girar, a partir de entonces, en torno a él.

Aunque ella no lo supiera, su padre era un hombre muy rico. La cortejaban dos hombres que sólo ansiaban su dinero.

«[…] Aquella joven, semejante a las aves víctimas del alto precio que les atribuyen y que ellas ignoran y que se encontraba acosada, apretada por pruebas de amistad de las que era juguete».

Pero esto no le hacía sentirse valiosa y ni siquiera sabía nada del interés que despertaba la fortuna de su padre, de la que no tenía conocimiento…

«¡cuánta ignorancia en su candor! Eugenia y su madre no sabían nada de los bienes de Grandet, no estimaban las cosas de la vida, sino a la luz de sus pálidas ideas y no apreciaban ni despreciaban el dinero, acostumbradas como estaban, a pasarse sin él… ¡Tremenda condición del hombre! No hay una sola de sus venturas que no se deba a alguna ignorancia». [pág. 403, tomo II.]

Comentario generalizador este último con el que pensamos que quiere aludir a la inconsciencia del eneatipo 9.

En estas circunstancias llegó de París su primo Carlos, que acudía en busca de ayuda a causa de la ruina económica que había llevado al suicidio a su padre y que a él lo empujaba a tratar de rehacer su fortuna y saldar las deudas que su padre había contraído. Eugenia se queda prendada de este primo, tan elegante como desgraciado y que despierta sentimientos que ninguno de sus pretendientes había logrado hacerla sentir.

Antes de dormirse, la noche de su llegada:

«[…] Se estuvo largo rato soñando con aquel fénix de los primos». [pág. 408.]

Y antes de acostarse había ido a ayudar a su madre a prepararle la habitación. En ese impulso motor de ocuparse de las comodidades materiales y adelantarse a las necesidades, se refleja la característica actitud abnegada, que da al otro los cuidados que no busca para sí.

«Le acuciaba un punzante deseo de inspeccionar la alcoba de su primo para mirar allí por él, colocar cualquier cosa, subsanar un olvido y preverlo todo, a fin de hacerla, hasta donde fuera posible, elegante y pulcra. Creíase Eugenia ya la única capaz de comprender los gustos y las ideas de su primo». [pág. 408.]

Por primera vez se arriesga a contrariar a su padre, pidiendo que calienten las sábanas, que pongan una bujía, que traigan un poco de azúcar para el primo. Es el amor, justificando una rebeldía antes desconocida. Habla luego Balzac de la importancia y la idealización del amor en este eneatipo:

«Si la luz es el primer amor de la vida, ¿no es el amor la primera luz del corazón? El momento de ver claro en las cosas de este mundo era llegado para Eugenia […] levantóse muy de mañana, hizo sus oraciones y dio comienzo a su tocado, ocupación que en adelante había de tener un sentido para ella […] deseando parecer bien por primera vez en su vida, conoció la dicha de tener un traje nuevo, bien hecho y que le prestaba atractivo […]. Con el afán de disponer de todo el tiempo necesario para vestirse bien había madrugado con exceso. Ignorando el arte de darle diez vueltas a un ricito y estudiar su efecto, cruzóse buenamente de brazos». [pág. 419.]

El deseo de gustarle a su primo es tan fuerte que la lleva a preocuparse por su imagen, cosa que antes no le había importado. A pesar de todo, la falta de costumbre hace que esta tarea no le resulte fácil. El sentimiento profundo y oculto de inferioridad surge en este tiempo de espera, reflejándose en lo corporal, como es bastante habitual en este carácter.

«Sobrevinieron después tumultuosos movimientos del alma. Levantóse varias veces, colocóse ante el espejo y se miró en él de igual modo que un autor de buena fe contempla su obra para criticarse y vituperarse a sí mismo. "No soy bastante hermosa para él." Tal era el pensamiento de Eugenia, pensamiento humilde y fértil en dolores. No se hacía justicia la pobre muchacha»; [pág. 420.]

Vemos aquí la dificultad para valorarse objetivamente, una especie de modestia que puede servir para justificar el conformarse y tratar de ganar el amor a base de otros méritos. Precisamente por eso:

«Al percatarse, por fin, de la fría desnudez de la casa paterna, entrábale a la pobre chica una suerte de rabia por no poder ponerla en consonancia con la elegancia de su primo. Sentía una necesidad apasionada de hacer algo por él; pero ¿qué?». [pág. 422.]

La intensidad del deseo de hacer algo por él traduce la intensidad de los sentimientos y el deseo sexual. Eugenia procuró agasajar a su primo, aun temiendo las represalias del viejo avaro de su padre, lamentando que Grandet, en lugar de ayudarle directamente, hubiera planeado mandarlo a las Indias a rehacer su fortuna.

«Acaso deberíamos analizar la pasión de Eugenia en sus más delicadas y tenues fibras, pues llegó a convertirse, como diría algún burlón, en una enfermedad e influyó en todo el resto de su vida». [pág. 439.]

Alude aquí a la ceguera e intensidad de la búsqueda de amor-fusión como algo patológico.

No puede dormir, pendiente de su primo y, cuando lo oyó suspirar, saltándose las convenciones sociales y morales, acude a su habitación.

«Sólo la inocencia se permite audacias semejantes». [pág. 439.]

Luego, como su primo abrió los ojos, se marchó corriendo a su habitación, preocupada por lo que él pudiera pensar:

«¿Qué idea va a formarse de mí? Creerá que lo amo. Y a fe que eso era lo que más deseaba que él creyese». [pág. 439.]

Las atenciones que le dedicaba a Carlos terminaron enterneciendo a éste:

«Así que Carlos Grandet vióse objeto de los más afectuosos y tiernos cuidados. Su corazón dolorido sintió vivamente la suavidad de aquella amistad aterciopelada, de aquella exquisita simpatía [...]. Aparecióse le Eugenia en todo el esplendor de su particular belleza». [pág. 441.]

De manera que llegó a creer que él también la quería.

Hay otra ocasión en que Eugenia vuelve a entrar en la habitación, al oír los suspiros de su primo, y encuentra una carta sin terminar de despedida a su amante y toma conciencia de hasta qué punto es precaria su situación económica. Entonces recurre a un pequeño tesoro que ella tenía, herencia de su abuela, del que nunca había hecho uso. Se lo ofrece a su primo para paliar sus dificultades y, ahora, se siente muy contenta de poseer algo a lo que antes nunca había dado importancia. Así que:

«Volvió a meter las monedas en la vieja bolsa, cargó con ella y subió otra vez las escaleras sin vacilar. La secreta miseria de su primo hacía que se olvidase de la noche y de los miramientos sociales, sin contar con que su conciencia, su abnegación y su dicha la hacían fuerte». [pág. 456.]

Entregó este dinero a su primo que, antes de irse a América, le declara su amor, sellándolo con un beso.

«Desde aquel beso hurtado en el pasillo, huían para Eugenia las horas con espantosa rapidez. A veces sentía impulsos de irse con su primo. Quien haya conocido la más adhesiva de todas las pasiones, aquella cuya duración se ve abreviada cada día por la edad, por el tiempo, por una enfermedad mortal o alguna de las humanas fatalidades, comprenderá las torturas de Eugenia. Solía llorar paseando por aquel jardín, ahora demasiado estrecho para ella, así como el patio, la casa y la ciudad y lanzábase por anticipado a la vasta extensión de los mares». [pág. 463.]

Antes de marcharse Carlos se comprometen.

«Ninguna promesa hecha en este mundo fue más pura; el candor de Eugenia había santificado momentáneamente el amor de Carlos». [pág. 464.]

Luego de marcharse Carlos,

«Tomó desde aquel día un nuevo carácter la belleza de mademoiselle Grandet. Los graves pensamientos de amor que lentamente íbanle invadiendo el alma, la dignidad de la mujer amada, prestaron a sus facciones esa especie de resplandor que los pintores figuran por medio del nimbo». [pág. 467.]

«[…] Fue aquel el amor solitario, el amor sincero que persiste, se desliza en todos los pensamientos y llega a convertirse en la substancia o, como habrían dicho nuestros padres, en la trama de la vida». [pág. 468.]

Cuando su padre se entera de que Eugenia no conserva su pequeño tesoro monta en cólera, sin conseguir sacar a Eugenia la información de lo que ha hecho con él. Decide no verla ni hablarle y encerrarla en su cuarto a pan y agua.

«Su reclusión y el disfavor de su padre no significan nada para ella […]. Religiosa y pura ante Dios, su conciencia y el amor ayudábanla a soportar pacientemente la ira y la venganza paternas». [pág. 477.]

Enfermó su madre gravemente y su padre hubo de ceder, ante la presión de la opinión de sus conciudadanos, a que Eugenia saliera de su habitación para ver y cuidar a su madre. Un profundo dolor le causaba a Eugenia la enfermedad de su madre.

«Con frecuencia reprochábase Eugenia el haber sido causa inocente de la cruel, de la lenta dolencia que la devoraba. Esos remordimientos, por más que su madre se los calmara, uniánla más estrechamente todavía a su amor». [pág. 477.]

Ante la posibilidad de la muerte de su mujer y la complicación que supondría para los temas de herencia estar enemistado con su hija, Grandet la perdona y, al morir aquélla, se vuelve muy cariñoso con su hija.

Eugenia,

«[…] Creyó no haber apreciado debidamente el alma de su anciano padre al verse objeto de sus más tiernas atenciones…». [pág. 483.]

«[...] el anciano, aunque robusto todavía, sintió la necesidad de iniciar a su hija en los secretos del hogar... A los tres años habíala acostumbrado tan bien a todas las modalidades de su avaricia y hecho que se le convirtieran tan verdaderamente en hábitos, que no tuvo reparo alguno en confiarle las llaves de la despensa y proclamarla dueña y señora de la casa...».

«Pensando que no tardaría en verse sola en el mundo apegóse todavía más Eugenia a su padre y apretó con más fuerza ese postrer lazo de afecto. Para ella, como para todas las mujeres que aman, el amor era todo el mundo y Carlos no estaba allí. Mostróse sublime en punto a cuidar y atender a su viejo padre, cuyas facultades empezaban a decaer, pero cuya avaricia se sostenía por instinto». [pág. 485.]

Cuando su padre murió, se encontró con una enorme fortuna, pero sin saber nada de su primo.

«A los treinta años no conocía Eugenia ninguno de los goces de la vida. Su pálida y triste infancia había transcurrido junto a una madre cuyo corazón mal comprendido, vejado, no había hecho más que sufrir de continuo. Al dejar con alegría la existencia, aquella madre compadecía a su hija por seguir viviendo y dejóle en el alma leves remordimientos y eternas nostalgias. El primero, el único amor de Eugenia, era para ella un motivo de melancolía. Habiendo entrevisto a su amado unos días solamente, dióle su corazón entre dos besos furtivamente aceptados y recibidos y luego de eso, fuese él, poniendo todo un mundo entre los dos. Aquel amor, maldecido por su padre, había costado, en cierto modo, la vida a su madre y sólo le causaba dolores entreverados de frágiles esperanzas». [pág. 488.]

El sufrimiento que le causa amar es, de alguna manera, testimonio de la calidad de su amor.
Sola y sin noticias del amado...

«Empezaba Eugenia a sufrir. Para ella no era la fortuna un poder ni un consuelo; sólo podía ella existir por el amor...». [pág. 488.]

Pero el corazón de su primo Carlos se había ido enfriando mientras hacía fortuna. Al volver de las Indias encontró la posibilidad de alcanzar la nobleza casándose con una señorita poco atractiva con cuya madre había intimado en el viaje de retorno. Así que le llegó a Eugenia una carta de su primo mientras estaba

«... Sentada en el banquito en que su primo le jurara amor eterno». [pág. 493.]

Una carta en la que le devolvía sus promesas y le explicaba cómo las conveniencias le obligaban a renunciar a sus pueriles amores.

«Desastre espantoso y completo. Íbase el buque a pique, sin dejar ni un cable ni una tabla sobre el vasto océano de las ilusiones. Hay mujeres que, al verse abandonadas, van a arrancar a su amante de brazos de su rival [...]. Pero otras mujeres bajan la cabeza y sufren en silencio; viven muriendo y resignadas, llorando y perdonando y recordando siempre hasta exhalar el último suspiro. Eso es amor, amor verdadero, el amor de los ángeles, el amor altivo que de su dolor vive y muere. Tal fue el sentimiento de Eugenia después de leer aquella horrible carta [...]. No le quedaba otro recurso que desplegar sus alas, tender el vuelo al cielo y

vivir en continua plegaria hasta el día de su liberación».
[pág. 495.]

Cuando la noticia se conoce en todo el pueblo, Eugenia...

«[...] No dejó de traslucir en su sereno semblante ninguna
de las crueles emociones que la agitaban. Logró adoptar una
cara risueña como respuesta a los que quisieron mostrarle su
interés con miradas y palabras melancólicas». [pág. 498.]

Enterada de que su primo se niega a hacer frente a los
acreedores de su padre, toma una decisión: entregar su mano
a un tenaz pretendiente, aclarándole que sólo amistad puede
ofrecerle a cambio de un inmenso favor: que pague a todos
los acreedores el millón doscientos francos que ella le entrega junto con una carta a su primo. En ella le explica que ha
pagado a los acreedores para que pueda casarse con su pro-
metida. Reconoce que, tal como él le había sugerido, ella tiene poco mundo y no estará a la altura de sus necesidades.

«Que sea usted feliz, según los convenios sociales, por los
que sacrifica nuestros primeros amores. Para hacer completa su felicidad no puedo ofrecerle ya más que el honor de su
padre». [pág. 499.]

Sutil venganza: su primo siempre estará en deuda con
ella.

Se casa con el presidente, que muere al poco, dejándola
aún más rica de lo que antes era.

«Muestra actualmente un semblante blanco, reposado y
tranquilo. Su voz es suave y recogida; sus modales sencillos.

Posee todas las noblezas del dolor, la santidad de una persona que no ha mancillado su alma en roce con el mundo, pero también esa rigidez de la solterona y esas costumbres maquinales que confiere la estrecha vida provinciana. Pese a sus ochocientas mil libras de renta vive igual que viviera la pobre Eugenia Grandet; no enciende fuego en su cuarto más que los días en que su padre le permitía encenderlo en la sala y lo apaga según el programa vigente en sus años mozos. Viste siempre como vestía su madre. La casa Saumur, siempre sin sol, eternamente lóbrega y melancólica, es la imagen de su vida. Acumula cuidadosamente sus rentas y acaso pareciera parsimoniosa si no diera un mentís a la maledicencia con el noble empleo de su fortuna...». [pág. 502].

La aparente avaricia no es más que desinterés por todo lo que le puede proporcionar el mundo, que no le sirve para nada si no tiene amor. Por eso también puede ser desinteresada y generosa con las necesidades de otros.

Los atributos con los que la describe son mayoritariamente referidos a lo físico: grande y fuerte, de recia contextura, belleza vulgar, ennoblecida por la suavidad, frente serena y viril, pero delicada, nariz un tanto demasiado enérgica, boca cuyos labios respiraban amor y bondad, ojos garzos, con una luz torrencial, falta de flexibilidad, carecía de esa gracia debida al tocado, el pecho abombado y cuidadosamente velado. Nos habla también de innata nobleza y pureza de corazón.

3. EL SISTEMA DEFENSIVO

LAS ANGUSTIAS BÁSICAS

Para Freud, la angustia es un estado afectivo que reproduce sucesos traumáticos primitivos. La considera un "dispositivo protector". El yo, al reconocer un peligro, da la señal de alarma, que es la angustia.

En *Inhibición*, *Síntoma* y *Angustia* trata de reunir todo lo que puede decir sobre la angustia.

«La angustia es, pues, en primer lugar, algo que sentimos. La calificamos de estado afectivo, aunque no sabemos bien lo que es un afecto. Como sensación, presenta un franco carácter displaciente; pero no es ésta la única de sus cualidades, pues no todo displacer puede ser calificado de angustia [...]. Su carácter displaciente parece presentar, en efecto, algún rasgo especial, si bien no resulta fácil su determinación. Pero, además de este carácter peculiar, difícilmente aislable, corresponden a la angustia sensaciones físicas más precisas, que referimos a determinados órganos [...] las más frecuentes y precisas que afectan a los órganos respiratorios y al corazón. Estas sensaciones demuestran que en el proceso total de la angustia participan inervaciones motoras...». [Freud, 1925, pág. 52.]

Para él,

«toda formación de síntomas es emprendida con el solo y único fin de eludir la angustia». [*op. cit.*, pág. 58.]

Desde el punto de vista del carácter no podríamos decir que se constituya con este único fin la estructura caracterial, pero sí que la evitación de la angustia desempeña un papel fundamental en su constitución y en su mantenimiento.

Bleichmar, por su parte, incluye, bajo la denominación de angustia, todos aquellos estados afectivos que son el resultado de la activación de un sistema de alerta y emergencia ante distintos tipos de peligros externos o internos.

Para él, el sistema de alerta está marcado por el significado de los objetos, situaciones y vivencias que lo activan, aunque también guarde relación con el sistema neurovegetativo, que corresponde a los niveles más primitivos de organización biopsíquica.

Considera que cualquier estado emocional que presagie peligro (y esto sólo va a depender de la manera en que las experiencias hayan sido inscritas en el psiquismo) puede promover la angustia. Habla de cómo las "creencias matrices pasionales", que tienen que ver con esa forma en que las experiencias se inscriben en la psique, organizan los cuadros emocionales, dotando a las ideas particulares de un sentido y una carga emocional que determinan la cualidad de placer o angustia que poseerán.

Para Horney, la angustia básica es la sensación de estar aislado y solo en un mundo potencialmente hostil. Las influencias adversas hacen que el niño no adquiera una sensación de confianza, sino una profunda inseguridad y una vaga aprensión, a la que da el nombre de angustia básica.

Para Winnicott, la angustia en las primeras etapas está relacionada con la amenaza de aniquilación. En los primeros momentos de la vida, el bebé es un ser inmaduro que está constantemente al borde de una "angustia inconcebible", que se traduce en fragmentarse, caer interminablemente (experiencias de caídas), no tener ninguna relación con el cuerpo, no tener ninguna orientación, y que es la materia prima de las angustias psicóticas.

A estos primeros momentos remonta la etiología del *self* falso. El infante está casi siempre no integrado. Periódicamente expresa, a través del gesto, un impulso espontáneo que indica la existencia de un *self* verdadero potencial. El *self* verdadero sólo adquiere un mínimo de realidad como resultado del éxito repetido de la madre en dar satisfacción a ese gesto espontáneo. Cuando no ocurre así, cuando la adaptación de la madre no es suficientemente buena, el niño vive, pero vive de un modo falso. Desarrolla un *self* falso con el que "reacciona" a las exigencias ambientales. A través de este *self* falso construye un conjunto falso de relaciones. Tiene una función muy positiva e importante: ocultar al *self*, lo que hace sometiéndose a las exigencias del ambiente. Parece, como cualquier mecanismo de defensa, un "dispositivo protector". Este dispositivo protector para resolver la angustia es muy masivo cuando se manifiesta a través del carácter, porque inunda todas las facetas vitales.

Desde un punto de vista relacional, Horney, dado que supone que la angustia básica se corresponde con la sensación infantil, considera que las estrategias inconscientes para calmar la angustia básica están en relación con los demás. El individuo se dirige hacia los demás, tratando de unirse a la persona más poderosa que haya cerca, o contra los demás, rebelándose y combatiendo, o lejos de los demás, aislándose, retirándose emocionalmente, cerrando las puertas de la vida interior.

En una relación humana sana, los movimientos contra la gente, hacia la gente y lejos de ella, no se excluyen mutuamente. Las capacidades de necesitar y dar afecto, de ceder, de luchar y retirarse son complementarias y necesarias. En el niño que se siente en terreno precario, por causa de su angustia básica, estos movimientos se tornan extremos y rígidos.

Los movimientos hacia, contra y al margen de la gente constituyen un conflicto básico que, al principio, se manifiesta en actitudes contradictorias y, con el tiempo, se resuelve haciendo que prevalezca una de esas actitudes, agresiva, dócil o desentendida.

Esta primera tentativa para resolver el conflicto interno, generado por la angustia, tiene una influencia decisiva sobre el rumbo del desarrollo ulterior porque no se relaciona exclusivamente con las actitudes hacia los demás, sino que supone, inevitablemente, ciertos cambios en la personalidad. De acuerdo a su dirección principal, el niño adquiere también ciertas necesidades, sensibilidades e inhibiciones adecuadas. Utilizando sus ejemplos: el niño dócil tiende no sólo a subordinarse a los demás y apoyarse en ellos, sino que trata de ser abnegado y bueno, mientras que el niño agresivo trata de dar valor a la fuerza y a la capacidad de resistir y luchar.

ALERTA Y DEFENSA

Bleichmar destaca la importancia del sistema de alerta y emergencia en la constitución del psiquismo.

Dice que ante distintos tipos de peligros internos o externos se activa el sistema de alerta cuyos resultados son los estados afectivos englobados habitualmente bajo la denominación de angustia, la cual adopta múltiples variantes: angustia de autoconservación, de persecución, culpa, confusión, vergüenza, sentimientos de pérdida de la coherencia mental o corporal.

Este sistema de alerta y emergencia está marcado por las significaciones que adquieren los objetos, situaciones y vivencias. El sujeto busca reexperienciar ciertos estados emocionales y huir de otros, en función de esa significación, que viene condicionada por la forma en que las distintas experiencias han quedado inscritas en el psiquismo.

Cualquier estado emocional que presagie peligro puede promover la angustia. Son ideas personales las que dan sentido y carga emocional a una vivencia y determinan su cualidad placentera o angustiosa en función de las "creencias matrices pasionales". La sede de la angustia es el yo. Para Freud, el yo sigue el mismo camino contra peligros exteriores o interiores a la hora de establecer la defensa: así como ante un peligro exterior la huida puede ser la defensa que lo saca de la situación real de peligro, así la represión, en cuanto a peligros interiores, es una forma equivalente de fuga.

Las defensas tratan de disminuir la angustia, ocultando a la conciencia aspectos displacenteros del inconsciente. Son los mecanismos de defensa freudianos. A ellos añade Bleichmar defensas que implican transformaciones en el inconsciente. La que más nos interesa, desde el tema que estamos abordando, es la asunción defensiva de identidades inconscientes, el carácter como defensa, en la que el sujeto adquiere una identidad que le permite evitar otra que es la temida. Fenómeno que incide en lo que ya hemos hablado de lo enajenado en la autoimagen como uno de los elementos de la constitución del carácter, llevado a su máxima expresión.

También nos interesa recoger la defensa simbiótica inconsciente, en la que algo inexistente en la estructura psíquica del sujeto es incorporado gracias a la unión con el otro, mientras se conserva el vínculo. El otro es utilizado, sin conciencia, para proveer sentimientos de seguridad, de potencia, vitali-

dad, apaciguamiento, sentido… En el trabajo con el eneagrama hemos podido observar cómo ocurre esta incorporación de un diagnóstico dado por alguien transferencialmente
importante, de manera que vemos a algunas personas conver-
tidas en la caricatura estereotipada de un rasgo, que, en ocasiones, ni siquiera es el propio.

LAS DEFENSAS ESPECÍFICAS DE CADA RASGO

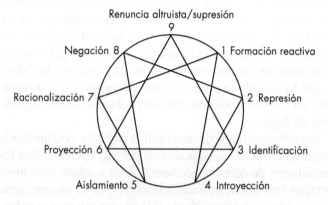

Mecanismo de defensa

La defensa específica del eneatipo 1 es la *formación reactiva*: consiste en intensificar una tendencia de signo contrario
a la que nos resulta intolerable. Se hace "de una vez por todas". Fenichel dice que la persona que ha elaborado forma-
ciones reactivas no ha creado con ello un determinado mecanismo para utilizarlo cuando se produce la amenaza de un
peligro instintivo; ha modificado la estructura de su personalidad como si el peligro estuviera siempre presente. Previa
a la formación reactiva es la *transformación en lo contra-*

rio la que reemplaza un impulso inadecuado por su opuesto. Cuando esta transformación se convierte en un mecanismo permanente, incorporado en el carácter, es cuando hablamos de formación reactiva.

En el eneatipo 2, el mecanismo es la *represión*: consiste en la exclusión de la conciencia de contenidos psíquicos intolerables. Es un proceso psíquico universal, en cuanto se halla en el origen de la constitución del inconsciente, pero es particularmente manifiesta aquí. Expresa una actitud en la cual la cosa censurable es tratada como si no existiera. El paso previo es la *supresión* que tiende a hacer desaparecer de la conciencia un contenido displacentero. En la represión se mantiene el afecto pero disociado del contenido, lo que se reprime es el significado. En cambio, la supresión tiene que ver con el afecto. El afecto no puede reprimirse, pero sí puede ser suprimido de la conciencia.

El mecanismo característico del 3 es la *identificación*: asimilación inconsciente de rasgos de personas significativas de nuestro ambiente. Más allá de un mecanismo de defensa es la operación psíquica en virtud de la cual se constituye el sujeto humano. Pero en el 3 esa operación psíquica que constituye la identidad parece estar siempre inacabada, como si siguieran necesitándose patrones de identificación en cada circunstancia específica.

El 4 utiliza el mecanismo de *introyección*: proceso por el cual el sujeto hace pasar de "fuera" a "dentro", en forma fantasmática, objetos y cualidades inherentes a los objetos. La incorporación es el más arcaico de los fines dirigidos hacia un objeto. La identificación, llevada a cabo mediante la introyección, es el tipo más primitivo de relación con los objetos. La incorporación, si bien es una expresión de amor, objetivamente destruye los objetos como tales, como cosas independientes en el mundo externo.

En el eneatipo 5, la defensa característica es el *aislamiento*: consiste en aislar un pensamiento o un comportamiento de forma tal que se pierdan las huellas de sus conexiones y su significación emocional. Se produce una fuerte resistencia a la demostración de las conexiones reales.

El mecanismo defensivo del 6 es la *proyección*: el desplazamiento hacia el exterior de contenidos inconscientes intolerables. Es la operación por medio de la cual el sujeto expulsa de sí, y localiza en el otro, cualidades, sentimientos y deseos que no reconoce o rechaza en sí mismo. Su contenido es no quiero esto, quiero escupirlo, o al menos poner distancia entre esto y yo. En general, el organismo prefiere sentir los peligros como amenazas desde fuera y no desde dentro porque ciertos mecanismos de protección contra estímulos excesivamente intensos sólo pueden ser puestos en acción contra los estímulos externos.

En el 7, el mecanismo básico es la *racionalización*: se trata de un embellecimiento de las motivaciones profundas que son vividas como inconfesables. Es un procedimiento a través del cual se intenta dar una explicación, coherente desde el punto de vista lógico y aceptable desde el moral, a una actitud, idea o sentimiento cuyos motivos verdaderos no se perciben. Dado que toda conducta puede admitir una explicación racional, resulta difícil decidir cuándo se trata de una racionalización, y por ello es útil poner entre paréntesis los argumentos racionales para descubrir lo que puedan ocultar. También es característico de este eneatipo la forma que adquiere la defensa para evitar el displacer inconsciente y que se manifiesta en la búsqueda de satisfacciones compensatorias.

El mecanismo del 8 es la *negación,* la no aceptación de una percepción intolerable de la realidad. Donde se impone mejor la tendencia a la negación es allí donde se trata de percepciones internas, aisladas, de carácter doloroso. El desarrollo gradual del yo y del principio de la realidad refuerza la experiencia y la memoria y debilita la tendencia a la negación. Por ello es habitual observar un desdoblamiento del yo en una parte superficial que conoce la verdad y una parte más profunda que la niega. Con el fin de evitar el displacer activa estados mentales que son utilizados para contrarrestar los que provocan sufrimiento, concretamente la búsqueda de intensidad, de estados de excitación para contrarrestar el vacío.

La *renuncia altruista* sería el mecanismo del 9, en el cual se trata de satisfacer los propios deseos de forma vicariante: se produce una identificación con el otro y a través de darle al otro lo que necesita se logra la propia satisfacción. Esto se combina con el mecanismo de *supresión* del que hemos hablado como el paso previo a la represión del 2, que en el 9 se queda en ese primer paso de supresión del afecto del plano de la conciencia y que en algunos casos llega a producir un adormecimiento depresivo para suspender la actividad global del psiquismo. A nivel inconsciente, de cara a evitar el displacer y la angustia, se efectúa una desactivación del deseo.

4. ANTÍDOTOS DE LAS PASIONES

Las pasiones y el sufrimiento

Según Dhiravamsa, el sufrimiento es la piedra de toque de la realidad que nos hace progresar.

Cuando nos hemos planteado el tema de las fallas en el ambiente facilitador o ambiente de apoyo, que el cachorro humano necesita para poder desarrollarse, lo hemos hecho desde el punto de vista de la influencia negativa de estas fallas en la constitución de la confianza básica. Ahora lo vamos a mirar desde otra perspectiva, consideraremos la reacción a estos fallos y la creación del falso *self* desde la óptica de la manera peculiar que cada uno vamos a tener para afrontar la angustia, el sufrimiento y los límites de la realidad, que nos hacen salir del egocentrismo narcisista y omnipotente de la primera infancia.

Hablar de cómo habríamos llegado a ser si nos hubiéramos desarrollado en un ambiente de apoyo óptimo es una utopía. Gurdjieff habla de cómo en el hombre es necesaria una "primera educación" que genera la personalidad y una "segunda educación" capaz de trascenderla. En el mismo sentido, Rof Carballo cita a Ashley Montagu, que habla de una primera naturaleza con la que el hombre no podría subsistir y de una segunda naturaleza adquirida por la influencia ambiental y cultural. Sin esta segunda naturaleza el hombre perecería (o al menos no se desarrollaría con todo el potencial de lo humano, eso ocurre en las historias como las de los niños lobos de la India). La primera naturaleza, para él, no puede existir si no es bajo el cobijo de esta segunda. El problema es que los hombres tendemos a considerar equivocadamente que esta segunda naturaleza es la única.

Rof Carballo nos habla de hasta qué punto es necesario para que el yo, la estructura íntima del hombre, se construya, un ritmo adecuado de alejamiento y retorno por parte de la madre. Es necesaria desde su punto de vista, junto a la confianza básica, la percepción de una inestabilidad básica que deriva del riesgo constante de desamparo que supone el alejamiento.

Siguiendo a Lauretta Bender sostiene que el niño, que es incapaz de manejar su cuerpo, interpreta la ausencia de apoyo como una agresión. Es como si el niño contara con que sus necesidades deben ser satisfechas. Por eso cuando algo falla en el entorno, que lo priva de la satisfacción, provoca un sentimiento de frustración y una respuesta agresiva. Esa respuesta agresiva, autoafirmativa, la considera liberadora del encadenamiento fusional de la ternura.

Desde la invalidez en la que el hombre nace, la ternura es la respuesta adecuada que lo abre a "la luz del ser". Pero la constitución de lo humano es, para él, un proceso mucho más complejo.

El hombre no es un ser aislado que luego se reúne con otros, formando grupos. El hombre se acaba de constituir como tal incorporado a un grupo, gracias a la tutela de alguien del grupo. Ya hemos visto su concepto de urdimbre primigenia, que retomamos ahora.

La urdimbre "descansa sobre una continuidad psicobiológica", y es una "realidad transaccional", al mismo tiempo que "constituyente" y "programadora" de las pautas que determinan la conducta y la percepción de la realidad y se expresa en la trama de sus relaciones interpersonales. Se transmite a través de generaciones, de forma que tanto problemas como soluciones de la historia familiar reaparecen en la constitución individual.

Dentro de esta urdimbre primigenia considera tres aspectos o funciones que influyen de manera decisiva en la constitución de la personalidad: la "urdimbre amparadora o tutelar", la "urdimbre de orden" y la "urdimbre de identidad o liberadora".

La función de la urdimbre amparadora tiene que ver con la creación del sentimiento de confianza básica; la liberadora ha de promover la independencia, tal como ocurre en el mundo de las aves cuando promueven el vuelo de las crías; y la ordenadora, que establece unas coordenadas básicas, unas bases del orden del mundo en que ha de desenvolverse el niño. En cualquiera de estas funciones puede haber dificultades que obstaculizan el desarrollo "sano", pero las dificultades, para Rof Carballo, son más que obstáculos: la dificultad es lo que constituye la motivación de toda búsqueda espiritual.

La reacción a la dificultad, a las circunstancias adversas, adquiere modalidades diferentes en función de la pasión dominante y constituye un aspecto esencial de la fijación que condiciona la visión del mundo, pero también en esta reacción está el germen de la virtud, que sería la otra cara de la pasión, una vez que ésta se libera de las emociones negativas y de su reflejo en el pensamiento que la constituyen.

Volviendo a Dhiravamsa, en relación con este tema del sufrimiento como motor en el desarrollo espiritual, él distingue tres categorías de sufrimiento que podemos resumir como: Sufrimiento Ordinario, que es el sufrimiento de la vida; Sufrimiento producido por los cambios y las pérdidas, y Sufrimiento que proviene de Estados Condicionados, que perturban nuestra visión de la realidad. Los dos primeros formarían parte de las dificultades vitales que nos ayudan a crecer y nos impulsan a una búsqueda de sentido. El tercer tipo de sufrimiento, en cambio, nos paraliza y nos mantiene atrapados; a éste podemos ponerle fin, para ello necesitamos una visión profunda de la naturaleza real y sus distintas manifestaciones.

El factor más básico que subyace a este tipo de sufrimiento es la ignorancia, en el sentido de ausencia de conciencia. Para superar la ausencia de conciencia necesitamos el trabajo de autoobservación, ver la estructura y sus interrelaciones, descubrir las causas y condiciones que dan nacimiento al problema, alcanzar la comprensión de la naturaleza intrínseca de las cosas y encontrar el enfoque correcto. Aun sabiendo que este enfoque siempre estará reducido a los límites de la comprensión humana. El conocimiento interior o "la visión profunda", utilizando su terminología, es el medio más simple pero más eficaz de lograrlo. Con esta herramienta nos liberamos de las visiones ilusorias de la conciencia y la ignorancia; somos libres para ser nosotros mismos tal como somos. La "visión profunda" nos abre al mundo externo y al interno.

A la vía de la "visión profunda" la llama "camino del corazón". Habitualmente sólo vemos lo que queremos ver, lo que encaja con nuestro condicionamiento; vemos las cosas a través del prisma de nuestra experiencia personal, el conocimiento, la educación, el trasfondo cultural o religioso en que nos movemos y tratamos de convencernos de que es la única verdad. El "camino del corazón" nos permite una visión diferente y nos libera de los patrones fijos de actuación que se relacionan con la conciencia condicionada. En términos de Carlos Castaneda nos cambia el "punto de anclaje" desde el que miramos el mundo.

La seguridad, que supuestamente nos garantiza el mantenimiento de esos patrones, hace que los sistemas de defensa sean cada vez mayores, manifestándose en el lenguaje corporal y en la estructura física. Los patrones de energía son tra-

bados y se crea un bloqueo: la ira se entierra en las mandí-
bulas, el miedo en el estómago, la tristeza en el pecho... En
la misma línea hablan Reich y Lowen de las resistencias establecidas en el cuerpo como una coraza defensiva que nos
impide tomar conciencia de lo que sentimos. Los patrones de
energía trabados condicionan la percepción, los sentimientos, el contacto...

Los sentidos son capaces de procesar mejor la información, se vuelven más agudos y brillantes cuanto más libres
están el cuerpo y la mente de la conciencia condicionada. El
entrenamiento y la mejora de cualquier sentido físico conlle-
van un desarrollo de la conciencia.

En el proceso de liberación de la conciencia interfieren el
anhelo y el apego, según Dhiravamsa. El anhelo es el impulso a conseguir aquello que nos hace sentir bien y el apego es
el impulso a seguir manteniéndolo. El anhelo potencia el apego. Sólo al liberarnos del apego podemos alcanzar claridad
de conciencia, libre de la dependencia emocional y psicológica. Cualquiera que haya pasado por una experiencia de ruptura o crisis en una relación habrá podido observar cómo la
dependencia, psicológica y emocional, llega a perturbar profundamente la conciencia.

Sostiene asimismo que tras el apego encontramos el miedo. El miedo forma parte de nuestra constitución como humanos y de nuestra historia ancestral (no olvidemos cómo se
sentirán nuestros antepasados en un mundo de animales mucho más grandes y fuertes). La angustia del nacimiento, la
angustia de la separación primera, en un momento en que no
podemos subsistir y en que no estamos integrados, vuelve a
potenciar el apego que nos impide distanciarnos de las personas y las cosas que nos garantizan cierta integridad y seguridad, en un círculo inagotable, pues mientras mantengamos el
apego, existirá miedo.

En concreto, el apego a la autoimagen es una forma de conseguir identificarnos con una identidad que nos sostiene. Cuando el apego domina las manifestaciones de nuestra vida creamos un sentido del yo y la noción de muchos yoes: "soy un creyente", "soy un padre", "soy un maestro". Ya hemos visto como Gurdjieff nos alerta del error de creernos uno e identificarnos con ese yo parcial. Cuando estos "yoes" desaparecen, sólo nos queda experimentar lo que la vida nos trae. A menudo, esta disolución del yo supone atravesar un estadio de desestructuración cuasi psicótico temible que, a veces, nos lleva a renunciar a la búsqueda. Pero también los estados de disolución del yo conducen a las "experiencias cumbres" (Abraham Maslow), estados de gozo, éxtasis, paz interior, armonía, unidad con el universo que se dan en las experiencias místicas.

Al estar condicionado y depender del apego, el ego (sentido del yo que opera como identidad) se desarrolla hasta nacer en una personalidad que lleva consigo todo el condicionamiento compulsivo. Este nacimiento se ve acompañado de todas las pasiones, virtudes, defectos psicológicos, rasgos, ideas nobles, etcétera, que entran en acción y están preparadas para hacerse cargo de la vida de un individuo.

Mediante la presencia de la conciencia, el proceso condicionado se corta. La meta de conseguir la liberación del condicionamiento que supone el carácter no puede alcanzarse hasta que todo el lado oscuro del inconsciente sea llevado a la luz.

Dhiravamsa propone la meditación Vipassana como una vía para salir de la visión limitada de la realidad a la que nos condiciona nuestro carácter. El significado literal de Vipassana es un *ver claro y total, ver con el ojo de la totalidad,* lo cual significa reconocer que nada se produce aislada o independientemente, que los problemas han de contemplarse en el contexto de sistemas globales. Esto nos permite una *visión profunda y panorámica* que nos capacita para percibir la red de interconexión que subyace a nuestra experiencia y se mezcla con ella. Naranjo siempre incorpora en sus talleres la práctica de la meditación Vipassana, entre otras.

La esencia de la práctica es permanecer totalmente consciente, desidentificado y no-apegado frente a cualquier cosa que se presente y observar lo que sucede sin interferir, juzgar o comentar, sin alejarse ni enfrentarse. No se trata de cambiar nada de lo que se ve, sino de transmitir la información acerca de lo que sucede. Cuanto mayor es la conciencia, mayor la libertad respecto a los patrones de energía que tratan de dirigir nuestra vida.

La sabiduría (capacidad de ver las cosas tal como son) refuerza el no-apego, que se manifiesta en una actitud positiva hacia todas las cosas y todo tipo de experiencias vitales, acogiéndolas y siendo emocionalmente independiente de ellas. El no-apego implica una libertad de ser que refuerza el amor. El amor (conciencia unitiva de sentirse conectado y unido con todo) refuerza, a su vez, la sabiduría.

La práctica del Vipassana que propone es: postura de meditación sentada, con el cuerpo erguido y equilibrado y atención alerta. Centrar la atención en la respiración, dos dedos por debajo del ombligo. Observar la respiración, inspirando y expirando de un modo natural, sin ninguna manipulación. En esta observación atenta y relajada, sin juzgar y cuidadosa, cualquier acontecimiento físico o mental que aparezca (dolores, insensibilidad, picor, pensamientos, recuerdos, fantasías, voces interiores…) lo reconocemos y lo dejamos estar, sin producir interferencias, sin cambiar la posición del cuerpo, sin tratar de cambiar ni de deshacernos de nada. Dejamos que las cosas vayan y vengan, manteniendo centrada la atención, no dejándola ir con lo que se presente. Ser consciente y experimentar lo que está pasando nos permite conseguir toda la información necesaria. El acento está puesto en la apertura y el libre fluir de todas las cosas. Todo lo que se presenta al campo de la conciencia se vuelve objeto de la atención meditativa en ese momento, dejándolo que se exprese sin restricción. Lo experimentamos tan a fondo como podemos, sin juzgar, sin identificarnos y con una conciencia desapegada, mientras, al mismo tiempo, somos testigos y observamos objetivamente el proceso de lo que está pasando. Así el ego consciente no se ve implicado, ni interfiere en estos patrones de energía. Por otra parte, la creencia del ego de que puede dirigir la vida se derrumba, en cierta medida, al observar cómo no dirigimos ni tan siquiera el flujo de nuestros pensamientos.

LAS VIRTUDES

Virtudes

Es difícil describir exactamente las virtudes, y Naranjo propone utilizarlas como material inspirador a partir de sus definiciones, estando abiertos a la propia experiencia, en la observación de la conducta virtuosa y del estado anímico que la acompaña.

Dhiravamsa sostiene que, para cultivar la virtud, cada rasgo debe tomar conciencia de que esa virtud no es algo extraño y ajeno a él, sino que por el contrario forma parte de su realidad y se manifiesta espontáneamente en los momentos mejores de su vida. Sólo hay que permitir que ese estado emerja y alcance la mente consciente. Como cada una de las virtudes es la herramienta adecuada para un tipo de personalidad, es muy importante la identificación correcta del rasgo, puesto que son antídotos específicos, y aunque a todos nos venga bien el ejercicio de cualquier virtud, es mucho más transformadora la propia.

La virtud del 1 es la *serenidad*. Como en el poema a Salinas «El alma se serena», se queda en paz. Frente a la actitud exigente consigo mismo y con los demás, la tolerancia, que abre la puerta a la serenidad, conlleva un dejarse en paz y dejar también a los otros. Sin la agitación de la ira, sin la presión de las exigencias del perfeccionismo, sin la compulsión a la acción, uno puede estar tranquilo. Implica recuperar la confianza en la vida y sus caminos y renunciar a la idea de cargar sobre las propias espaldas la tarea de enderezar el mundo. Sentir que la vida funciona y ha funcionado desde siempre sin que yo la dirija.

La experiencia meditativa relatada por un paciente refleja este sentir. Cuenta que aparecieron en su mente los primeros momentos del desarrollo de la vida, cómo la aparición del oxigeno "estropeó" el equilibrio anterior, pero cómo permitió a su vez el desarrollo de un ambiente facilitador de la vida y cómo la vida fue evolucionando a través de los cambios climáticos, la aparición y desaparición de las especies, hasta llegar al momento actual, y cómo todo eso había ocurrido sin su intervención, sin que él estuviera allí para decirle a la vida cómo lo tenía que hacer. La aceptación de la vida tal como es nos permite dejar de lado el resentimiento y abandonar nuestros prejuicios sobre cómo deberían ser las cosas, corta el círculo infernal de crítica y rabia y nos libera profundamente.

Cuando ocurre así, la rigidez se convierte en rectitud y la conducta se tiñe de una impecabilidad espontánea, muy lejana del perfeccionismo.

Dhiravamsa propone meditaciones específicas de cara a conectar con la virtud. En el caso del 1 hace hincapié en la necesidad de parar la crítica y permitir que las cosas fluyan para alcanzar el estado meditativo.

Dado que en el juicio crítico podemos sospechar una alianza entre los aspectos instintivos y los intelectuales, una racionalización justificativa de la rabia, que además la perpetúa, es importante encontrar un espacio para lo emocional, para despertar el corazón olvidado.

La virtud del 2 es la *humildad*. La humildad tiene que ver con el reconocimiento y la aceptación de los límites de la propia realidad. En el orgullo hay un egocentrismo narcisista que lleva a creerse especial y a sentirse con derecho. En la humildad puede sentirse uno más, puede renunciar a la necesidad de privilegios.

La humildad trae aparejada la renuncia a lo que el don Juan de Castaneda llama *importancia personal*. La importancia personal lleva a ofenderse muy fácilmente por cualquier falta de atención, por cualquier crítica, por cualquier actitud que ponga en duda los superpoderes del orgulloso, o que le haga notar la existencia de límites que también lo incluyen. Desde la posición de superioridad que dicta el orgullo es muy difícil ver al otro, entender sus valores diferentes, pero la humildad permite acercarse al otro, aceptarlo y reconocerlo como a un igual. De alguna manera implica deshacerse de

la autoimagen de sobreabundancia, aparcar la falsa generosidad y poder escuchar lo que el otro necesita, sin invadirlo.

La humildad, al poder integrar los aspectos rechazados
para mantener la autoimagen grandiosa, permite integrar la disociación entre sentimiento y pensamiento, resolviendo la represión, pudiendo ligar los afectos y los instintos con sus representaciones mentales.

Para la meditación, Dhiravamsa destaca lo importante que
es permitirse cualquier sensación y abrir el pecho, escuchar
la voz del corazón.

En muchos casos, al permitirse conectar con los aspectos
reprimidos y deshacer la autoimagen, aparece el lado oscuro,
todo lo temido y oculto, vivido como muy peligroso y dañino y con mucha carga de sentimiento de culpa, que habitualmente se mantiene inconsciente.

No es fácil atravesar esta parte del proceso, pero la humildad permite poder reconocer, aceptar e integrar estas fuerzas oscuras.

La virtud del 3 es la *autenticidad*. Tras la ruptura de la
fusión con la madre, el niño ha de encontrar su identidad.
Cuando encuentra poco permiso para ser, para expresarse
espontáneamente, porque el espejo de la madre reprueba determinadas actitudes, ante el temor a la pérdida del amor materno, va renunciando a la espontaneidad. La falsedad tiene
más de renuncia que de engaño. Sólo se permite ser lo apro-
bado, lo adecuado, pero se llega, en ese proceso, a olvidar lo
propio. Recuperar la autenticidad supone reconocer el mundo emocional, los deseos, sentimientos y sensaciones perdidos en aras de la aceptación, y poder ser consecuente con
lo que uno siente, no tener que ocultarse. El primer paso es
ese reconocimiento interno, permitirse mirar y nombrar lo
que uno siente, saber que ésa es la identidad, no la que brinda el espejo. En segundo lugar estaría dejarse ver, dejar que

se transparenten las emociones, renunciando a la máscara de adecuación, a la aprobación del otro. Aprobación, por otra parte, que nunca es suficiente porque en el fondo se sabe que sólo estamos presentando una máscara vacía. La autenticidad permite estar en el mundo siendo, estar presente en cada una de nuestras acciones y relacionarnos con otros seres, saliendo del sentimiento profundo de soledad en que nos dejamos a nosotros mismos cuando nos olvidamos de ser para complacer.

La práctica que Dhiravamsa considera más apropiada de cara a eliminar el autoengaño es la meditación que pone el acento en el ser. Una manera puede ser la de tratar de responder a la pregunta de quién soy yo y mirar cuánto de la imagen de mí mismo que alimento se sostiene en el éxito que obtenga.

La atención que ha logrado tan alto desarrollo como para intuir lo que el otro acepta ha de ser dirigida hacia el mundo interno a fin de poder llevar a la consciencia el engaño y la negación del sí mismo. No buscar soluciones, no tratar de encontrar la fórmula nueva desde la que vamos a funcionar, sólo aumentar el nivel de consciencia de lo que somos.

La virtud del 4 es la *ecuanimidad*. En la ecuanimidad, la mente se encuentra tranquila, mantiene un "ánimo igual" ante las cosas de la vida. El dolor de la carencia da un especial apasionamiento a esta estructura de carácter que vive las cosas en forma muy intensa, muy dramática. El anhelo de amor, la idea de que la intensidad del sufrimiento nos convierte en mejores, acompañada de la esperanza de que la vida algún día nos otorgará lo que nos debe, provoca que cualquier frustración, ante la que hay bastante capacidad de aguante, condicionada por la valoración del sufrimiento, sea vivida con una carga de dramatismo autorreferencial muy fuerte, como si sólo nosotros tuviéramos esas situaciones tan aciagas. De la misma manera, ante acontecimientos favorables se produce una exaltación del yo y un entusiasmo poco común.

La ecuanimidad supone aceptar las cosas como son, dejar de estar en guerra con la vida y sus "errores". Supone también poder equilibrar la autoimagen de lo que nos faltó, reconociendo lo que sí hemos tenido y tenemos. Abre la puerta al agradecimiento, al reconocimiento de lo que la vida nos ha dado, primer paso para poder amar y renunciar al reproche implícito o explícito, a la insatisfacción constante y al agujero negro de demandas nunca suficientemente cubiertas.

Para Dhiravamsa es importante que la meditación del 4 se centre en el presente, en estar presentes en el momento, centrando la atención vital en el aquí y ahora, renunciando a la identidad proporcionada por un pasado doloroso, manteniendo el cuerpo y la mente serenos y vigilantes. Abrirse a una consciencia impecable, desapegada y sin juicio, en la que todas las cosas están incluidas, soltar el apego a las experiencias vividas y el anhelo compulsivo de haber sido amado, y de ser amado en el presente de forma tal que logre compensar lo que faltó, como única forma de sentir el propio valor. El apego constituye un poderoso sistema de apoyo y dependencia que se aferra a las cosas, creando tensiones, miedo, sufrimiento: abandonar el apego es una cura permanente y tiene como resultado la verdadera independencia.

La virtud del 5 es el *desapego*. Quizás sea la del 5 la estructura de carácter en la que más dañada está la confianza en la vida. No haber podido confiar, por las razones que sean, en la madre sostenedora y nutricia no permite confiar en la vida y lleva a una actitud de tener que poder solo, de sentir que se está mejor solo y de apegarse a las cosas a las que uno les da valor de supervivencia. Al mismo tiempo se produce un fuerte distanciamiento emocional, una dificultad para implicarse en las relaciones que nunca son bastante confiables. La virtud del desapego viene a contrarrestar la actitud temerosa que sostiene la dificultad para compartir, a permitir soltar la defensa construida para protegerse de un mundo tan peligroso, un mundo que no me va a dar nada, que sólo intentará quitarme lo que trato de conservar con tanto apego. Y lo que trato de conservar son cosas materiales que me aportan cierta seguridad, dinero, libros, colecciones, conocimientos, pero sobre todo mi mundo interno. Ese mundo interno al que le doy un enorme valor, en el que me resulta muy difícil distinguir lo importante de lo secundario, porque todo es importante al ser mío, y que defiendo con tesón de cualquier incursión, de cualquier invasión por parte de los otros.

Aparentemente el 5 podría parecer el más desapegado de los caracteres, pero ese desapego hace referencia a los otros, a la indiferencia o apatía, a la falta de conexión con el mundo emocional, propio y ajeno, que se produce por reacción a una supuesta hipersensibilidad. Como hay una autoimagen hipersensible, con poca resistencia al dolor emocional, el distanciamiento y la apatía se convierten en las defensas para ese dolor que se supone insoportable. La virtud del desapego ha de moverse en dos planos: por un lado implica el desapego de esa autoimagen tan desvalida y necesitada de protegerse, frente al mundo, del equívoco de libertad como desconexión, y por otro, desapego de todas las cosas materiales que han adquirido un valor simbólico tan importante y han sustituido al mundo de los afectos.

Este desapego nos otorga la tan buscada libertad en el vivir, no en la renuncia a la vida. Recuperamos el gozo de estar vivos, de sentirnos partícipes de la vida, de permitirnos la espontaneidad y la afectividad en nuestras relaciones. Nos permite permanecer abiertos a la vida, dejar de ser observadores de ella para experimentarla, sin tratar de huir y refugiarnos en lo interno con el fin de evitar el supuesto peligro de vivir.

Según Dhiravamsa, gracias al no-apego el yo se convierte en un instrumento para comunicarnos con el mundo y no en una realidad sólida y separada, dejamos de aferrarnos a la ilusión del ego. El no-apego es amor, en el amor no hay apego, no hay propiedad, como ocurre cuando el 5 incluye a alguien en su mundo interno, haciéndolo parte de sí para poder confiar. El desapego permite recuperar la capacidad de dar y recibir libremente amor y cualquier cosa que necesitemos, y permite también una libertad distinta que no es la de la renuncia a las necesidades y el encerrarse tras los muros de una intimidad celosamente defendida.

En la meditación, Dhiravamsa aconseja poner atención en distinguir la percepción y la ideación, las sensaciones y los pensamientos, las emociones y los juicios, como una manera de salir de la confusión de lo mental con la consciencia.

La virtud del 6 es el *coraje*. El coraje permite dominar el miedo a equivocarse que tanto paraliza la acción. Los errores, desde el miedo, son vividos como irreparables, algo que uno no se puede permitir. Si uno se equivoca, la precaria seguridad en sí mismo corre el riesgo de derrumbarse y ya no quedaría nada en lo que confiar. Hay una exigencia muy exacerbada de hacer las cosas bien, pero tiene más que ver con no decepcionarse a sí mismo que con el perfeccionismo. El coraje permite arriesgarse, permite confiar en uno mismo por encima de lo acertado o no de las decisiones, y también permite confiar en un mundo del que puede formar parte aunque se equivoque, saber que los errores no van a acarrear el abandono o el rechazo. El temor a ser abandonado está muy presente detrás de la inseguridad y la duda, de la necesidad compulsiva de estar totalmente seguro antes de cualquier elección, cualquier decisión. El coraje permite arriesgarse a seguir el propio camino, el que marca el corazón, aunque perdamos el afecto o la protección de alguien a quien amamos. Asimismo nos permite amar, porque el miedo es el más acerbo enemigo del amor, el miedo a perder el amor del otro o ser abandonado no permite la entrega y potencia el que, desde la desconfianza, sea yo quien abandone para evitar ser abandonado. El coraje permite la entrega al amor.

Acceder a la virtud del coraje no supone una negación del miedo, que sería lo que ocurre cuando uno se engancha en los retos, sino que pasa por asumir el miedo, como algo individual y como algo ancestral de nuestra especie, que sin embargo no tiene por qué condicionar tanto nuestras acciones. El coraje nos permite actuar de acuerdo con nuestras convicciones profundas y afrontar el miedo. Dejamos de buscar la protección de personas poderosas o de la verdad universal para defendernos de un mundo peligroso y confuso. Cuando estamos atrapados en el miedo perdemos contacto con el corazón, nos vamos a la cabeza, que nos aterra y paraliza con sus fantasías destructivas y proyecciones negativas. Cuando actuamos desde el coraje, en contacto con el corazón, podemos seguir nuestras intuiciones profundas y asumir la responsabilidad por nuestras acciones, respaldar lo que hagamos aunque no sea lo que los demás esperan.

Dhiravamsa sugiere que la meditación se haga poniendo la atención en el cuerpo y las sensaciones corporales, a fin de evitar la tendencia a razonar e intelectualizar. La atención en la respiración es buena para alejarse de la cabeza y calmar la mente, pero debe ir acompañada de un abrirse y exponerse a las sensaciones corporales, experimentándolas y observándolas de la forma más completa posible. También habla de observar el entorno inmediato, abrir los ojos mirando lo que sucede alrededor en lugar de permanecer en la cabeza.

La virtud del 7 es la *sobriedad*. En la gula hay una especial permisividad con los apetitos de cualquier tipo. Los de-

seos tienen un carácter muy compulsivo y la autocomplacencia, el romper una y otra vez los límites autoimpuestos,
se justifica con razones varias que no impiden el sentimiento
posterior de culpa y humillación por no haber sido capaz de
resistirse a los caprichos. La sobriedad implica darse cuenta de que uno no está mejor porque se lo permita todo, que
los caprichos no logran satisfacer la carencia de amor, dár-
selos no significa que uno se quiera más, es sólo una forma
de aplacarse, un autoengaño.

En el fondo de la gula hay una imagen muy negativa de sí
mismo, un sentimiento profundo de maldad o falta de derechos, que se niega a base de darse permiso para todo y venderse como un ser muy satisfecho, tolerante y permisivo. La
sobriedad permite ser consciente de las verdaderas necesidades, dejar de intentar llenarlas con cosas de fuera, dejar de
ahogar con el exceso de placeres o conocimientos el miedo
y la inseguridad.

Pero la sobriedad no se refiere sólo a lo material, a los
placeres concretos, también supone un recorte de las fantasías planificadoras, en cuanto sirven para escaparse de la
realidad, y una conciencia más clara de todas las racionalizaciones autoexculpatorias. La sobriedad permite vivir en el
presente, disfrutar de lo real, parar la insaciabilidad, sentir
el ser interior pleno, la sabiduría real del organismo que no
necesita tanto buscar fuera, sino reconocerse dentro. Permite
renunciar a un ideal de sí, sin límites, sin frustraciones ni dolores, que puede conseguirlo todo.

Frente al deseo de experiencias sin límites que les hace
parecer como si pudieran tragarse el mundo, la sobriedad evita caer en los excesos. Se ve acompañada por calma, serenidad y sensatez.

En la meditación, Dhiravamsa propone centrar la atención
en el presente y evitar la trampa de los proyectos inacabables.

Aceptar plenamente el presente y vivirlo en plenitud acaban con la necesidad de intentar cubrir la insuficiencia buscando en el futuro, en lo imaginado. Simplemente estar atentos aquí y ahora sin buscar alcanzar nada especial, sin tener que llegar a ninguna parte. Si en el 4 el peligro es irse al pasado, en el 7 lo es irse al futuro. Por ello, en ambos casos es importante la presencia en el ahora.

La virtud del 8 es la *inocencia*. La inocencia perdida es sustituida en el 8 con una negación de la culpa y una trivialización del dolor. El impulso a actuar es la forma de negar la impotencia infantil, pero no vale cualquier acción para que esta negación sea eficaz: en su conducta ha de manifestarse el poder, ha de reflejarse la posición de dominio elegida como la fórmula segura para no volver a ser dañados.

La inocencia no es posible desde el momento en que se establece la venganza. El sentimiento de una justicia no respetada, de una injusticia cometida contra el niño que fuimos, el deseo de reparar esa injusticia llevan a una posición vengadora y preventiva: hay una idea prejuiciada de lo malo y lo bueno, una mirada suspicaz sobre un mundo que me puede dañar y frente al que tengo que ser lo bastante fuerte como para conseguir parar y devolver ese daño.

Es posible que esta actitud de adelantarse a dar el primer golpe, de no dejar que me pillen por sorpresa, de sospechar de las buenas intenciones de los demás, alimente el sentimiento profundo de culpa, no por haber hecho algo malo sino por ser malo. La negación de la culpa, justificada por el daño recibido, no consigue restaurar la inocencia. Más allá de la culpa por las acciones está la culpa por ser, como si en el fondo pensáramos que el daño recibido, aquel que justifica nuestra desconfianza y nuestra venganza, en realidad estuviera motivado por algo malo en nosotros que lo provocó. La virtud de la inocencia logra restaurar el sentimiento de estar libre de pecado, de esa oscura culpa por ser, y nos permite liberarnos de los prejuicios de bueno y malo.

Puede parecer que desde el 8 se niega cualquier juicio moral, pero por el contrario lo que ocurre es que hay una idealización tan fuerte del bien, que no permite ninguna tregua, que no lo acepta con ninguna falla. Si no es posible ese bien, todo es malo, todo da lo mismo. La inocencia derrumba el prejuicio sobre la maldad de los otros y permite la espontaneidad propia. La inocencia no nos hace más frágiles, ni más tontos ni menos poderosos.

Para Dhiravamsa, en la meditación es importante escucharse a sí mismos desde dentro, dejando a un lado el impulso a influir sobre el mundo. La práctica les ayudará a regresar a sí mismos y escuchar la voz interior. Facilitar una actitud receptiva, dejando pasar los pensamientos acerca de lo que tenemos que hacer, lo que tenemos que conseguir. Desde esa actitud receptiva podemos establecer contacto con la esencia, y renunciar a los juicios de valor.

La virtud del 9 es la *acción*. La pereza no significa inactividad, sino que se refiere a una actividad, a veces incluso excesiva, en la que no está presente el alma. La virtud de la acción, frente a esa actividad, nos habla de un hacer que surge de lo profundo, de un hacer en que estamos interesados, implicados, vivos. Un hacer conectado con la intuición, con el mundo interior, con los deseos de nuestro corazón. Cuando uno está conectado con esta acción esencial no programa lo que va a hacer, lo que debe hacer, ni actúa de manera automática como respuesta aprendida de funcionar en determinadas situaciones, sino que deja surgir desde dentro la acción, espontánea, libre, natural.

La acción se convierte entonces en una manifestación de la vida, que adquiere características de frescura, entusiasmo y libertad. Pero con el fin de permitirse esa acción, es necesario despertar a la vida, asumir que uno no está aquí por casualidad y sin derecho, sino que la vida lo ha puesto aquí, que hay un lugar legítimo para él. La conducta deja de venir regida por la acomodaticia supervivencia y adquiere la libertad del deseo.

Sin la presencia de la virtud, cualquiera de las actividades o de los logros que uno pueda realizar son trivializados, vividos como accidentales, sin merecer ningún reconocimiento interno, por el hecho mismo de que no se hacen poniendo el alma en ellos. La acción esencial permite que nuestro ser se manifieste a través de nuestros actos, que podamos asumirlos dándoles el rango de propios, personales, más allá de su acierto, su adecuación o su éxito. Y a través de esta acción esencial, sentirnos despiertos, vivos, integrados en el juego de la vida.

Dhiravamsa propone, para superar la pereza, en primer lugar, reconocerla como una energía apasionada que domina la personalidad hasta el punto de impedir un contacto íntimo con el sí mismo. La meditación estaría enfocada precisamente a volvernos más íntimos con el verdadero ser, a no escondernos ante nosotros mismos y permitirnos recordar quiénes somos verdaderamente.

Parte de esa pérdida de contacto íntimo con el sí mismo deriva de la negación de las emociones y sentimientos, de una actitud de quitarle importancia a lo que siento, deseo... Recuperar el contacto pasa por dar carta de naturaleza a nuestro mundo emocional.

Supone salir de la narcotización y recuperar el entusiasmo, el apasionado arrebato. Es importante estar atentos a cómo se siente uno realmente, a modo de un indicador de lo que quiere para sí mismo, preguntándose antes de actuar lo que realmente quiere y cómo se siente al respecto. Puesto que a la hora de actuar no hay un problema de energía, que es abundante, sólo es necesario despertar y mantenerse despierto para utilizar esta energía en acciones esenciales.

En la práctica de la meditación budista, los dos factores mentales de la pereza y el letargo se consideran las fuerzas más obstructivas en el progreso de la autotransformación.

La práctica de la visión profunda, que no es más que mantenerse plenamente consciente y despierto, es la indicada, para Dhiravamsa.

5. ANTÍDOTOS
DE LAS FIJACIONES

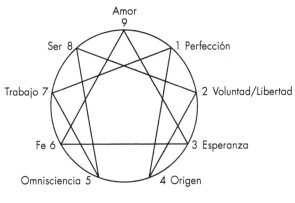

Verdades

Según Almaas, una Idea Santa es una percepción objetiva y no condicionada de la realidad. Utiliza el atributo "santa" como sinónimo de objetiva, no tiene nada que ver con el sentido religioso de la santidad como bondad. No se trata de un pensamiento o una idea, sino de una "comprensión vivencial" que conlleva un nivel de certeza diferente. Las Ideas Santas son el antídoto de las fijaciones ya que éstas suponen la expresión de una perspectiva mental limitada y condicionada acerca de la realidad, sostenida sobre engaños perceptivos y errores de pensamiento.

Es difícil saber lo que hay de objetivo en nuestra percepción de la realidad, tanto si nos referimos a las percepciones externas como si lo hacemos a las internas, tanto si hablamos de la percepción racional y lógica, más propia del hemisferio izquierdo, o de la "comprensión vivencial", intuitiva y cercana a lo emocional del hemisferio derecho.

Es de suponer que si el hemisferio izquierdo ha llegado a convertirse en dominante será porque tiene un valor específico para la conservación y evolución de nuestra especie. Y nuestra propuesta no pasa por relegar los conocimientos o la visión del mundo que nos proporciona y volver a estadios evolutivos anteriores, míticos, dándole todo el protagonismo a la visión del mundo que nos depara la mente emocional. Queremos más bien ampliar la percepción, dando un espacio a las informaciones que provienen de esa mirada más intuitiva, a esa capacidad de comprensión de orden holístico, que sólo se contrapone a la percepción racional y lógica cuando la seguimos mirando desde la óptica de la dualidad que caracteriza al pensamiento racional.

Desde ese pensamiento hemos alcanzado grandes logros técnicos que nos facilitan la vida, ¡qué duda cabe!, pero también es verdad que la objetividad y frialdad de la lógica no proporcionan ningún alivio a ese regalo que nos vino a la especie aparejado con la consciencia: la consciencia de la muerte (J.L. Arsuaga). Frente a ello, las vivencias místicas sí suponen un consuelo y nos permiten vivir aligerando la carga de ansiedad y angustia que acompañan nuestro paso por el mundo. La sensación de plenitud, de felicidad, serenidad y libertad que conlleva no ya la experiencia mística sino la simple comprensión de otro nivel de realidad, como el que nos aportan las Ideas Santas, es algo que la mayoría de los humanos anhelamos y que está en nuestras manos conseguir puesto que una parte de nuestra mente sigue teniendo la capacidad de hacerlo. Estas ideas nos permiten una visión unitaria, que rompe los límites del dualismo y el pensamiento analítico y liberan nuestra mente abriéndonos a otro nivel de percepción.

Rof Carballo dice que el cerebro derecho es el receptor de lo que constituye el mundo mítico. Según su criterio, la percepción de lo numinoso, de las realidades más o menos veladas al hemisferio izquierdo, posibilitada por el ambiente sutil de las primeras experiencias con la madre, prepara al hombre para la adversidad, para las dificultades de la vida, para aliviar la angustia y el desencanto que considera secuelas inevitables de la pérdida de la dimensión espiritual.

Cuando nos movemos con el mapa del eneagrama no estamos hablando de los dos hemisferios, sino de los cinco centros que planteaba Gurdjieff y, por tanto, cuando hablamos de las fijaciones nos estamos refiriendo a los errores cognitivos personales del centro intelectual inferior y no a la percepción del mundo característica del hemisferio izquierdo; y al hablar de las Ideas Santas nos referimos a las verdades percibidas por el centro intelectual superior y no a la forma intuitiva de percepción del hemisferio derecho. Pero creemos que esta digresión adquiere sentido porque las Ideas Santas tienen ese carácter holístico, porque hablamos de una "comprensión vivencial" y porque nos alejamos de la estructura binaria del pensamiento lógico y nos acercamos a una percepción unitaria.

Volviendo a Almaas, la liberación de la fijación, que se debe a una distorsión en la percepción, sólo es posible mediante la experiencia vivencial de la Idea Santa, que es un modo de experimentar la realidad. Las Ideas Santas son llamadas por Ichazo "psicocatalizadores" ya que catalizan el proceso de transformación desde la identificación con el ego a la identificación con el Ser. El ego se desarrolla por la pérdida de contacto con el Ser. Naranjo utiliza ambos términos.

Explica Almaas que las llamamos "ideas" porque constituyen perspectivas del centro intelectual superior y que estas nueve perspectivas sólo son posibles si la confianza básica está integrada. Cuando domina la confianza básica, el centro intelectual se abre y percibimos la realidad. Desde nuestro punto de vista, no sólo hemos de restaurar la confianza básica, sino que hemos de llevar a cabo el trabajo de observación de uno mismo que nos lleva a darnos cuenta de los engaños en la manera de percibir nuestro mundo interno y de construir nuestra cosmovisión, a separarnos de los paradigmas conceptuales que limitan nuestra experiencia, a liberar nuestro centro intelectual inferior de las fijaciones y nuestro centro emocional de las pasiones que ligan emociones y creencias. Así, quitados los velos, podemos acceder a otra manera de percibir la realidad, menos egocéntrica.

Desde esta perspectiva, cada Idea Santa presenta un aspecto de la verdad sobre la realidad. Si percibimos la realidad tal cual es, sin filtro alguno, veremos estas nueve ideas como distintas manifestaciones de ella. Son inseparables, puesto que son nueve aspectos, expresiones o elementos distintos de la misma experiencia, del mismo Ser.

Vamos a eliminar el término "santa" por su connotación religiosa y a utilizar simplemente Ideas con mayúscula para distinguirlas de las ideas que rigen nuestro funcionamiento cotidiano, a menudo tan condicionadas por los prejuicios, de los que el trabajo con el eneagrama trata precisamente de liberarnos.

Con la inspiración de sus aportaciones describiremos estas Ideas, complementándolas con nuestras sugerencias o nuestra elaboración de su pensamiento.

Comienza Almaas a explicitarnos esta visión de la realidad desde el punto ocho, *Verdad o Ser*, y vamos a mantener ese orden porque consideramos que tiene sentido hacerlo así, pues la Idea de la Unidad del Ser es previa a cualquiera de las otras, que no podrían entenderse sin la referencia a ella.

Nos es difícil, incluso, la comprensión conceptual de lo que implica Unidad, puesto que desde nuestra estructura mental, hablar de unidad lleva implícito hablar de dualidad o de multiplicidad, y en esta conceptualización estamos hablando precisamente de no-dualidad.

La Idea del *Ser* se refiere a la percepción de que el Ser constituye la totalidad de todas las cosas, que existe en todo y todo existe en él. El Universo es puro Ser, consciencia ilimitada.

No es fácil la percepción de esta Idea, que puede ser entendida racionalmente, pero que sin la comprensión vivencial que aporta el haber estado en contacto con esa experiencia de Unidad, se diluye fácilmente en la vida cotidiana. Porque, en la vida cotidiana, la sensación de separación es fundamental, la identidad se construye sobre lo diferente y toda la evolución psicológica nos lleva desde un bebé fusional que no puede tener una existencia independiente a un adulto maduro cuya madurez se mide precisamente por la capacidad de estar solo, de ser autónomo. Esta supuesta autonomía nos hace olvidarnos de nuestra conexión con el Ser, con la vida. Para funcionar en el mundo es necesario ese ego "separado", el que Freud llama intermediario con la realidad, el yo funcional que realiza las tareas que nos corresponden como humanos. Y en la percepción del mundo que este yo funcional construye, la dualidad está siempre presente, vemos un mundo de oposición y polaridad, donde existe lo claro y lo oscuro, lo bueno y lo malo…, todo lo que percibimos tiene su opuesto. Así que no sólo creemos que yo estoy separado de todo lo demás, sino también que las cosas están separadas. Los principios de la lógica aristotélica (no contradicción, tercero excluido) imperan en nuestra mente, quizás porque los límites biológicos de nuestra estructura como humanos nos condicionan, o quizás porque ésa ha sido la cultura imperante en Occidente.

Si percibimos el mundo desde la perspectiva egoica, vemos el universo como dualístico. Vemos discordia, oposición, dualidad. La realidad física está hecha de objetos que pueden ser discriminados. A través de los sentidos físicos, sólo percibimos objetos diferenciados. Pero si abrimos nuestra percepción interior, más allá de nuestras creencias, el universo adopta un aspecto distinto. Si nos dejamos experimentar el Ser, podemos percibir que, aunque los objetos aparezcan diferenciados, la separación no es real, las cosas no existen separadas las unas de las otras, en realidad todos los objetos constituyen una sola cosa. La realidad aparece como una existencia indivisible, no dual, como, utilizando el símil de Almaas, las olas del océano, carentes de existencia sin el océano.

Desde la perspectiva del Ser, las polaridades, los opuestos, no son más que manifestaciones diferentes del mismo Ser.

La experiencia vivencial de esta Idea se refleja en una sensación de que las cosas Son, simplemente son, con una certeza que no implica al pensamiento, una evidencia que no permite la duda. El placer y el dolor conviven, podemos aceptar todos nuestros sentimientos, todas nuestras sensaciones, todo lo que nos ocurre. Es la experiencia mística, con esa sensación de unidad, de totalidad, donde el yo se disuelve y los objetos también y no queda más que la consciencia ilimitada.

La consecuencia es la percepción de que "soy", ni bueno ni malo, sólo soy y soy de una pieza, estoy entero y al mismo tiempo mi yo no cuenta, sólo existe en la medida en que estoy siendo vivido. Porque, aunque funcionemos a través de nuestro ego, según las características de nuestra personalidad, no hay "nadie", ningún yo que pueda atribuirse la culpa o el mérito de nuestras acciones: sólo es el Ser, expresándose a través de esa forma concreta en que se ha proyectado en nosotros. El ego también tiene cabida en el Ser, pero no tiene sentido que se considere independiente y que se atribuya la autoría de nuestra vida.

Así pues, la Idea del *Ser* nos pone en contacto con que el ego no es un todo separado e independiente, sino que forma parte de la Unidad. Cuando, al parar la mente, topamos con esa consciencia ilimitada de la que formamos parte y dejamos de percibirnos como un yo separado, la sensación de dualidad se disuelve, podemos percibir que hay otro plano de realidad donde mi existencia no está separada, como no lo está ninguna célula o ningún órgano de nuestro organismo de los demás, aunque tengan funciones diferentes y se puedan analizar clínicamente de forma separada.

Desde aquí podemos ver que la dualidad, la división del mundo, no tiene sentido. Aunque en nuestra vida cotidiana hayamos de seguir manejándonos con una realidad dual, dejamos de creer que ésta es la auténtica realidad. Nada está excluido, todo pertenece al Ser, todo es Ser, este Ser que se manifiesta así, en forma múltiple y polar, pero incluyendo toda la multiplicidad. La división de bueno y malo deja de tener sentido. Todo forma parte del Ser, aunque desde la perspectiva humana haya cosas que nos favorecen y otras que nos perjudican, cosas que nos gustan y nos atraen y otras que no.

La creencia en la dualidad mantiene al ego unido y en lucha con la realidad a la que se opone. El hecho de integrarlo todo, de asumir que todo tiene cabida en el Ser, que la distinción entre bueno y malo es fruto del juicio humano, no quiere decir que los valores morales desaparezcan y que podamos actuar como nos venga en gana, sólo quiere decir eso, que más allá de los límites de lo humano y de las condiciones necesarias para la supervivencia de la especie, condiciones que se dan en todas las especies, condiciones morales de lo que se puede o no hacer, los criterios de bueno y malo no existen.

Para Almaas, la pérdida del sentimiento de unidad se experimenta como la sensación de haber sido castigado por haber hecho algo mal. Lo relaciona con el mito de la "expulsión del paraíso", presente en todas las culturas, y que podemos interpretar como la añoranza del estado de unidad, perdido realmente con la aparición de la conciencia individual. En el caso del mito cristiano es precisamente haber comido la fruta del árbol del conocimiento, del conocimiento del bien y del mal, lo que condujo a esta expulsión, vivida como un castigo. La consecuencia es una angustia profunda (conectada con la angustia de desintegración) y un sentimiento de culpa indefinida, como si algo estuviera mal en nosotros.

Desde la idea del *Ser* nada está excluido, ni el ego ni el pensamiento ni la resistencia ni la neurosis. No sobra nada ni nadie.

Creemos que el origen psicológico de la ilusión de dualidad lo podemos ver más claramente al analizar la angustia de desintegración. Esta angustia, como refleja muy bien el mito de la expulsión del paraíso, se conecta con haber sido expulsados, excluidos, rechazados o abandonados en algún momento y haber vivido la impotencia para lograr recuperar lo deseado. Esa impotencia es vivida como debilidad, una debilidad capaz de destruirnos, ante la que necesitamos reaccionar sintiéndonos fuertes, poderosos, capaces de ser nosotros quienes dictamos las normas y expulsamos a quien no las cumple.

En los tres rasgos instintivos, en los que ya hemos hecho referencia a que la sensación básica más poderosamente vivida es la de impotencia, creemos que hay una vivencia de la existencia de una falla, de algo que está mal en nosotros desde el origen, como un defecto de fábrica. Este defecto para el tipo 8 es la debilidad, por eso hay una lucha tan fuerte contra cualquier atisbo de ella y una reacción de dominio, de poner las cosas en su lugar, para no volver a pasar por la angustia de desintegración ni por la experiencia del miedo. No es más que eso el objetivo de la venganza. Por ese motivo, la reacción al dolor es transformarlo en agresividad, en rabia, porque la rabia nos hace sentir fuertes mientras que el dolor nos conecta con la vulnerabilidad. La dualidad está servida: hay algo malo que está fuera, ante lo que tengo que protegerme y defenderme.

Pero ése es un camino sin final. No es verdad que estemos excluidos, no es verdad que tengamos ningún fallo, ni que tengamos que arreglar las cosas, ajustar las cuentas. Sólo necesitamos reconocer que todo está bien en este momento. Si no interferimos ni manipulamos y dejamos que las cosas sean como son, experimentaremos un estado de unidad, que disuelve la ilusión de la dualidad y la lucha.

En el punto nueve, la Idea es el *Amor*. Se trata de la percepción y comprensión de que la verdadera realidad es amor. El Ser es Amor, consciencia amorosa que crea y sostiene la vida, que permite que la vida siga ocurriendo.

Sin la intuición de la Idea del *Amor* no alcanzamos la comprensión emocional de las otras Ideas.

El Amor no es la experiencia del amor humano, la sensación de amor; tiene que ver más con las experiencias místicas en las que nos sentimos unidos con todas las formas de vida, integrados e invadidos por una sensación de gratitud; momentos cumbres en los que podemos sentir el regalo de vivir y el agradecimiento por estar vivos y por la vida que nos rodea. Es la experiencia de gozo ante la belleza de la creación. Sentir dentro la vida, el placer de estar vivo, de sentirse parte de esa creación, fruto amoroso de la plenitud del Ser, hijo del Amor, con capacidad de amar.

Aunque el Amor sea algo que trasciende la sensación amorosa, el contacto con esta Idea genera en nuestros corazones sensaciones de placer y gratitud, de manera que si bien el Amor es algo mucho más amplio que esas sensaciones, es lo que permite que la vida siga su proceso, la continuidad de la vida; su percepción, a nivel humano, adquiere la forma de ternura o amor. Es el reflejo, en lo cotidiano, de una vivencia profunda de la calidad amorosa de la vida.

A menudo no le dejamos espacio suficiente, pero a pesar de ello, todos hemos podido sentir esos momentos de plenitud donde nos encontramos en paz, en armonía con nuestra naturaleza, sea a través de la música, de la belleza de un paisaje o de la experiencia de hacer el amor. En esos momentos sentimos que todo está bien, más allá de las categorías mentales positivas o negativas. Todo tiene cabida.

El Amor constituye una cualidad de la existencia, que la hace amorosa y gozosa, es la condición natural de la mente que aparece en el momento en que, contemplando la creación, nos invade una sensación de gratitud. Esos momentos en que somos capaces de reconocer la grandeza, la belleza de la creación, de un modo que nos emociona en lo profundo. Experiencia que desde los límites del eneatipo 9 es difícil de alcanzar, puesto que sus preocupaciones están centradas en lo práctico e, incluso cuando se acercan a una experiencia mística, tienden a quitarle crédito.

En el Amor no hay polaridad, está más allá de las categorías, positivas o negativas, que nuestra mente ha establecido, es independiente de nuestros juicios mentales. Algo de esta independencia de lo mental podemos intuir cuando nos damos cuenta de que queremos a alguien más allá de que cumpla o no nuestras expectativas de cómo debe ser. Cuando suspendemos nuestras opiniones, experimentamos la cualidad amorosa y compasiva del Ser. Sólo cuando no tenemos un punto de vista experimentamos la realidad de este modo. Algo de esto es intensamente buscado en el carácter incondicional que el 9 otorga al amor.

El Amor constituye el corazón de la existencia. Almaas dice que el hecho de experimentar la totalidad de la existencia como Amor implica aceptarlo todo, sin reservas: si existe una emoción particular que no nos permitimos sentir, ya sea amor u odio, dicha represión actuará como barrera a la hora de percibir el Amor en el universo. Es difícil aceptar la Idea del *Amor* si existe cualquier resquicio, cualquier creencia en la dualidad bueno-malo en nuestro interior. En términos del Amor, dicha dicotomía no existe. Sólo hay cosas que en cuanto organismos, individuos humanos, nos gustan o nos disgustan. Y ésta es una de las dificultades que ha de afrontar este rasgo: desde la idealización de lo incondicional del amor, no hay sitio para lo que no gusta; si algo no gusta, entonces el amor no es verdadero; si no puedo aceptarlo todo, entonces es que soy incapaz de amar. Por otra parte, nadie me puede querer porque no todo es bueno en mí.

La percepción de esta Idea, de que todo lo que ocurre tiene cabida en el Ser, es Ser, con independencia de lo que nuestra mente piense de ello, hace que nuestro corazón se abra.

La comprensión del Amor es el antídoto específico para la creencia de que no podemos ser queridos. Ya hemos visto que esta idea, no totalmente consciente, produce un sentimiento de inferioridad. El amor es vivido como condicional, concreto, no como una cualidad de la existencia, el amor existe, no se niega el amor, pero tenemos la sensación de que nosotros no cumplimos las condiciones, no poseemos esa cualidad de lo amable y, por tanto, no somos ni podemos ser amados. Esta sería nuestra falla. Cuando no nos sentimos queridos creemos que dentro de nosotros no hay nada digno de ser amado, lo que somos no es suficiente para despertar el amor; nos sentimos inferiores al creer que carecemos de lo que nos hace queribles. Es una sensación de que somos seres de segunda categoría, que nos falta algo. Este convencimiento no puede adjudicarse a ninguna deficiencia concreta, ni puede eliminarse por ningún reconocimiento. Uno se siente intrínsecamente inferior, no importa lo que haga, lo que consiga, lo que posea. No es la sensación de haber perdido algo que alguna vez tuvimos y que era bueno, sino de que nunca lo tuvimos, que fuimos creados con un defecto. Siempre encontramos el fallo donde colgar nuestra inferioridad, a menudo en lo físico, pero también en otros aspectos internos que tratamos de ocultar. Esta situación va acompañada de un sentimiento de mucha vergüenza: no queremos que los demás nos vean porque entonces se darían cuenta de que realmente no merecemos el amor. Y como siempre pensamos que, si alguien nos demuestra amor, es porque no ha visto aún nuestro fallo, la creencia se perpetúa.

Como dice Almaas, es un sentimiento de inferioridad muy global éste de no creernos dignos de amor, que nos desconecta de la posibilidad de ver nuestro propio valor. En lugar de sentir amor y disfrutar de nuestras vidas, nos sentimos aburridos de nosotros mismos. Además, como no nos permitimos reconocer nuestras capacidades y atributos, aunque tengamos experiencias de realización y comprensión, seguimos sin creer que somos nosotros los que estamos teniendo esa experiencia, y seguimos comportándonos sin darle importancia, como si no lo supiéramos. No valoramos nuestra existencia y la vida se convierte en mera supervivencia, superficial y mecánica, predominantemente física. Por otra parte, es mejor no mirar dentro si allí no hay nada valioso, incluso si podemos descubrir que todavía somos peores de lo que imaginamos. Mejor distraernos con lo exterior. En cierta manera, la experiencia mística de disolución puede ser una trampa para este carácter, una manera de disolver ese ego tan poco querible. Pero, paradójicamente, no estamos hablando de no-ser, sino de permitirnos ser esta expresión concreta que somos y saber, al mismo tiempo, que nada somos sino Ser.

En nuestra opinión, la gran dificultad que va más allá de no sentirse querible y que queda muy bien ocultada por ese sentimiento de que algo falla en nosotros e imposibilita a los demás para amarnos, es no sentirnos capaces de amar. A primera vista los demás no me aman, pero detrás está la desconexión con la ternura, la creencia de ser incapaz de esos sentimientos amorosos que reclamamos en los otros. Eso es el verdadero fallo, el error con el que hemos sido creados, y para subsanarlo, nos olvidamos de nosotros, nos ocupamos de los demás, tratamos de hacer lo que necesitan, relegando nuestros deseos; y cuanto más lo hacemos, más nos alejamos del Amor que anhelamos, más nos impedimos sentirlo dentro de nosotros. No podemos dejar entrar el amor, reconocer que los otros nos quieren, recibirlo porque, en un nivel profundo, nos sentimos incapaces de corresponder.

En nuestra opinión, la defensa establecida ante la rabia por no sentirnos queridos es renunciar a los sentimientos amorosos, negar su existencia en nosotros, y el no sentirlos es justamente lo que nos hace indignos del amor y lo que nos lleva a pensar que algo falla en nuestra constitución. Tenemos entonces que hacer muchas cosas para que nos quieran y para creer que queremos, pero nada será suficiente hasta que no podamos reconocer que nuestra esencia es también amor, que el amor está en nosotros, no estamos excluidos del gozo del Amor, de una existencia amorosa; podemos vivir, en lugar de limitarnos a sobrevivir. La inferioridad no puede disolverse si no integramos el Amor. Hemos de renunciar a la creencia de que nosotros no pertenecemos al Ser, estamos excluidos, somos fruto de un error. Esta creencia deriva de la situación de dependencia infantil en la que el niño no puede aceptar los límites del amor de los padres y piensa que si los padres no lo quieren (como él necesita ser querido), no es debido a las dificultades de los padres, sino a que algo falla en el propio niño.

Si el Amor constituye la naturaleza de la realidad, también nosotros somos Amor, podemos experimentar en nosotros mismos los sentimientos de ternura que abren nuestro corazón, nos acercan a los otros, nos permiten llenarnos de sentimientos amorosos que hacen que nuestra vida deje de ser monótona y aburrida, que permiten el entusiasmo y la vitalidad. El conocimiento de que el Amor es nuestra cualidad intrínseca elimina la inferioridad. El Amor que permite que nuestra vida siga desarrollándose, que no nos abandona.

El Amor está en el centro de las tres ideas de la esquina superior del eneagrama. Estas tres Ideas que pertenecen a las características intrínsecas del Ser, de la realidad cósmica. El Amor, indica Almaas, supone la percepción de las leyes cósmicas, que llevan a la creación de la Vida, y de que esa creación no es fría, que existe algo cálido, amoroso en el modo en que funciona la realidad. Supone que la realidad tiene "corazón".

Si abandonamos nuestras mentes y experimentamos las cosas tal como son, reconoceremos el Ser bajo los distintos estados y apariencias y nos dejaremos inundar por el Amor que sostiene la Vida. El Amor es una cualidad inseparable de la existencia.

La presencia del Ser es Amor y su despliegue, acción amorosa. Es la naturaleza de todo lo que existe. Si esta cualidad amorosa dejamos de verla como intrínseca a la existencia, empezamos a creer que el Amor depende de ciertas condiciones y circunstancias, que nosotros no cumplimos y, por eso, perdemos nuestro derecho a la vida.

La Idea de la *Perfección* nos permite percibir la realidad en su perfección intrínseca. No tenemos que hacer nada para mejorarla.

Ver la realidad desde la Perfección significa ver que está bien tal como está, que no precisa correcciones. Si lo vemos así, dejamos de hacer muchas de las cosas que hacemos; si todo es perfecto, nuestro esfuerzo por mejorar las cosas y mejorarnos es inútil.

Si la realidad es perfecta y nosotros formamos parte de esa realidad, el trabajo espiritual no consiste en tratar de hacer que nuestra vida vaya mejor, sino en aceptar que todo lo que pasa es la Perfección del Ser. A menudo, el tipo 1 se aferra a terapias interminables, en esa búsqueda de mejorarse, de perfeccionarse, de saber todo lo que sea necesario para poder hacer su vida mejor y, en este afán, incluye a todos los que le rodean, induciendo a amigos, parejas o hijos a seguir su ejemplo.

El ego no puede percibir la Perfección, pues lo que desea es cambiar la realidad para que encaje con lo que él cree que debería ser. Como dice Almaas, hemos de descubrir lo que nos impide ver la realidad tal cual es, los puntos oscuros donde se engaña nuestra percepción: juicios, preferencias, gustos, aversiones, miedos e ideas de cómo deberían ser las cosas. La perfección de la realidad sólo puede contemplarse si nuestra conciencia se convierte en un claro espejo que lo refleja todo tal como es sin proyección o distorsiones. No estamos viendo la realidad mediante el filtro de nuestras propias ideas y, por tanto, su perfección no se basa en una opinión o una valoración. Si nuestro espejo crea cualquier distorsión, si nuestra percepción contiene cualquier preferencia, entonces estamos viendo la realidad desde un punto de vista ilusorio y nos perderemos su inherente perfección. Ver las cosas objetivamente significa que no tiene importancia el hecho de pensar que lo que estamos viendo sea bueno o malo, significa sólo verlo tal cual es. No es nada fácil este proceso para el eneatipo 1 que ha construido su identidad basándose en sus juicios, claros, definitivos y muy bien establecidos sobre cosas que no son discutibles, que son inmutables, que no se pueden cuestionar, tanto que no entienden cómo es posible que los demás no lo vean de igual manera. Hay una valoración moral sujeta al momento que no tiene en cuenta la perspectiva de un proceso más amplio, en el que lo bueno y lo malo se relativizan.

Hay un viejo cuento que refleja esta relativización. Trata de un campesino al que le tocó un caballo en una rifa. Todos sus vecinos envidiaban su "buena" suerte. Pero después su hijo se cayó del caballo y todos lamentaban su "mala" suerte. La pierna rota evitó que se llevaran a su hijo en una leva para la guerra. Y de nuevo, los vecinos envidiaron su "buena" suerte…

La perfección, tal como se entiende desde el ego, se determina midiendo la realidad oponiéndola a algún ideal de cómo se supone que deberían ser las cosas. Pero la Perfección no puede percibirse desde el punto de vista del ego, puesto que el ego desea cambiar la realidad para que case con la que debería ser. Desde el ego, la honda creencia de que algo anda mal en nosotros se proyecta al exterior, por lo que siempre vemos algo equivocado en algún lugar e intentamos mejorarlo. Nuestra propia agresividad se oculta tras la crítica perfeccionista.

La experiencia emocional de esta Idea tiene que ver con poder apartar el ego y sus juicios, con darse cuenta del sentido que tiene para la vida cualquier cosa que ocurra, de cómo la vida se generó y lleva miles de años funcionando, sin que yo existiera, desde antes del origen, para decirle cómo debería hacerlo. Hay una caída de la soberbia que implica creer que uno sabe, y de sentir que uno lo haría mejor que cualquier Dios. Al mismo tiempo, esta experiencia resulta muy liberadora de la tensión que produce sentirse con el deber de arreglar las cosas, de dirigirlo todo. No implica volverse inactivo, sino que nuestra acción deja de estar guiada por la exigencia y el deber, es espontánea, acción sin ego, sin juicios ni preferencias, hacemos lo que tenemos que hacer, sin más, perdiendo la rigidez de la conducta normativa.

Si no estamos en contacto con la Idea de Perfección, existe el convencimiento, la sensación de que algo va mal, la creencia de que existe real y absolutamente algo bueno y algo malo, en el mundo y en nosotros. Lo que va mal en nosotros es, en este caso, la agresividad, la rabia generada desde la impotencia que nos hace sentirnos muy destructivos. Lo que va mal en el mundo está relacionado con que la gente se comporte de una manera egoísta, no respetando las normas ni los intereses de los otros. Esta conducta de los demás es capaz de desatar nuestra agresividad y justificarla. Por ello es importante conseguir que todos hagan las cosas como "Dios manda".

La comparación de lo que somos con la idea de lo que podríamos ser, de lo que deberíamos ser, se basa en los sentimientos infantiles del amor condicionado a nuestra conducta, la sensación de ser bien acogidos cuando cumplimos las normas, y rechazados cuando no lo hacemos. La comparación, en origen, se establece entre nuestras propias experiencias positivas o negativas, de satisfacción o frustración, en distintos momentos. La experiencia infantil de bueno y malo está relacionada con el propio bienestar; es bueno lo que lo produce, y malo lo que no. Proyectamos hacia afuera nuestras experiencias y las sustentamos por medio del superyó, el entorno social o los valores espirituales. Reaccionamos intentando mejorarnos; comparar, juzgar y criticarnos a nosotros mismos se convierte en una actividad obsesiva para cambiarnos (y cambiar el mundo) y conseguir así el amor anhelado. Creemos que si trabajamos a fondo para cambiarnos, al final podremos dejarnos en paz, podremos disfrutar y esto se vuelve infinito. Almaas insiste en que podemos dejarnos en paz ya. En el fondo, intentar mejorarnos o intentar demostrar que siempre tenemos razón es lo mismo: un modo de ocultar que hay algo mal en nosotros, una reacción a esa creencia. En el deseo de mejorar está implícita la comparación. No hay nada en que convertirse si ya somos el Ser. Tenemos la idea de que hemos de esforzarnos para conseguir mejorar y el temor de que si nos aceptamos tal cual somos no podremos evolucionar. Paradójicamente, algo cambia en lo profundo cuando dejamos de exigirnos, puesto que esa exigencia implica opresión y odio, y el odio impide la evolución natural.

Los juicios comparativos y los intentos de cambiar interfieren con la realidad, considerada mejorable. A las personas de alrededor les resulta difícil aceptar la actitud rígida, controladora y crítica del eneatipo 1, sabiendo que nada de lo que hagan será suficiente para satisfacer la exigencia de perfección. Esto cambia profundamente cuando podemos ver que todo es Ser y que las formas que adopta son secundarias; cuando estamos en contacto con nuestra naturaleza intrínseca y dejamos de tener la sensación de que algo va mal, nos volvemos más tolerantes con los demás y menos rígidos en nuestro comportamiento.

Si todo es perfecto, podemos confiar en ello, en su funcionamiento y en sus cambios, puesto que sabemos que todo está bien en la realidad última. Podemos entregarnos a la realidad y dejarnos en paz.

Desde el uno, la Perfección nos da la perspectiva de que el universo no sólo es de naturaleza amorosa, sino que ésta naturaleza es también perfecta, todas las cosas son adecuadas, todo lo que sucede está bien, no puede ser de otra manera.

La Perfección supone una aceptación de lo que hay: es una sensación de adecuación de las cosas como son, el Ser que, simplemente, Es. Nos alerta Almaas de que no tiene nada que ver con la aceptación del ego, con la actitud de aceptación como opuesta a la de rechazo. Se trata de algo más profundo, que está relacionado con parar la mente, estar en el momento, en contacto con nuestra presencia, nuestra esencia, con lo que estamos experimentando en nuestros cuerpos. Cuanto más presentes estemos en el ahora, más profunda será la certeza de que así son las cosas. Tan sólo estamos viendo las cosas como son. Cuando la perfección intrínseca de la existencia no se percibe surge la ilusión específica, el modo particular de experimentar y acercarse a la realidad del 1, los juicios comparativos sobre el bien y el mal, y la necesidad de hacer cosas buenas que compensen el mal, como ocurre, llevado al extremo, en los actos de las personalidades obsesivas.

La *Voluntad* o *Libertad*, la Idea del punto dos, implica de alguna manera la percepción de que todo lo que sucede tiene cabida en el Ser, la percepción de la Idea de la *Perfección*. Cuando partimos de ahí, se produce una aceptación de la voluntad del universo, de lo que sucede. Si sabemos que todo lo que pasa tiene cabida, tiene sentido entregarse, no resistirnos, y esto genera una sensación de libertad.

El funcionamiento de ese Ser único, perfecto y amoroso, del que formamos parte, se expresa en movimiento: se mueve en una dirección, siguiendo unas leyes naturales fijas, una voluntad. La Libertad supone rendirnos a esa Voluntad y darnos cuenta de que realmente formamos parte del flujo de la realidad. No somos un objeto independiente, por tanto, no podemos ser el autor de nuestro "drama", aunque nos empeñamos en serlo, somos sólo el actor a través del cual la vida se expresa.

Si creemos que hay cosas que son mejores que otras, si pensamos en términos de bien y mal desde nuestra experiencia de lo que nos gusta o no, lógicamente queremos intentar que el mundo se adapte a nuestros deseos, que podamos imponer nuestra voluntad personal y obtener para nosotros siempre lo que consideramos mejor.

La entrega a lo que está sucediendo, sin que sostengamos ninguna actitud al respecto, nos abre a otra realidad. En ella todos los estados son pasajeros y todos tienen cabida en el Ser. El ego siempre está interfiriendo con lo que sucede, intentando cambiar las cosas, buscando estados emocionales gratos, tratando de evitar las frustraciones. Es la tendencia natural del organismo. Pero a poco que observemos nuestra experiencia interior, comprobaremos que nuestros estados internos no dependen de nosotros, no estamos haciendo que las cosas sucedan; sólo tenemos que observar durante un espacio de tiempo todos los pensamientos y las emociones que se mueven dentro de nosotros. Cuando lo hacemos podemos verificar que tanto las emociones como los pensamientos surgen y se mantienen o desaparecen de forma independiente de nuestra intención. Lo mejor que podemos hacer es no tratar de cambiarlos. Suceda lo que suceda nos irá bien. Aceptamos la realidad incondicionalmente. Y sabemos que cuando estamos en contacto con nuestro ser, cuando podemos sentir nuestros deseos auténticos, éstos no se hallan tan lejos de la Voluntad, pues estamos conectados con el Ser, somos Ser y su Voluntad se manifiesta a través de nosotros. Parece que cuando nuestro deseo se armoniza con la Voluntad, todo sucede fácilmente, en contraposición al enorme esfuerzo que supone querer lograr a toda costa nuestra voluntad.

No es que exista ningún plan trazado, lo que suceda en el momento siguiente no ha sido planeado, sino que sucede según la Voluntad de un universo inteligente y creativo, totalmente incondicionado.

Hemos de aprender a discriminar entre las reacciones del ego y la respuesta apropiada a lo que la vida nos depara, porque la entrega de la que hablamos no es resignación ni pasividad, sino que implica un nivel diferente de actuación como respuesta que se produce desde la aceptación. Nuestros actos fluirán desde nuestra comprensión de esta Idea, dejarán de ser reacciones, respuestas defensivas para tratar de modificar el curso de la vida y se convertirán en respuestas espontáneas. La verdadera libertad es la de aceptar totalmente cualquier cosa que el universo manifieste a través de nosotros. La libertad es una entrega completa a lo que la vida nos traiga.

La creencia, la ilusión de que existe un yo separado que puede hacer que las cosas vayan como queremos, nos aleja de esta Idea. Todas las defensas de este eneatipo se basan en cambiar nuestra experiencia para conformarla al modo en que nos gustaría que fuese, desde una posición dominante, que intenta obtener privilegios, como si las reglas del juego no contaran, sólo cuentan los propios deseos. Se produce una constante manipulación interna, que pone la represión a su servicio, a fin de no ver lo que no queremos. También externa, cuando manipulamos a otras personas para que se adapten a cómo deseamos que sean, o las seducimos para que nos den lo que añoramos. Es un gran alivio cuando dejamos de tener la sensación, ante algo que no encaja en nuestro capricho, de que lo que nos está ocurriendo debería ser distinto a lo que realmente es.

El movimiento del ego es un intento sin fin de seguir su propio camino, de cambiar lo que hay, de imponer su voluntad y no aceptar los límites. Pero no podemos hacerlo, y esa actividad sólo nos aporta sufrimiento y hace que nos sintamos atrapados y llenos de frustración, porque deseamos algo y no lo conseguimos e intentamos inútilmente imponer nuestra voluntad sobre la realidad. Y cuando lo conseguimos, a menudo seguimos sintiéndonos insatisfechos. La verdadera entrega no es resignación, sino dejar de separar nuestra voluntad de la Voluntad del universo. La voluntad real significa seguir la corriente del propio ser, que conlleva una tenacidad sin esfuerzo, fruto de la confianza y el apoyo interior. Nada que ver con la voluntariedad del ego, el esfuerzo y el empuje puestos en el intento de lograr que la realidad, los demás y nosotros mismos se plieguen a cómo queremos que sean.

Desde la ilusión de creernos independientes y con una voluntad que queremos imponer al mundo, cuando no lo conseguimos se produce una sensación de frustración y humillación. Esta vivencia de humillación constituye la dificultad a afrontar cada vez que las cosas no son tal como queremos y no conseguimos cambiarlas. La reacción consiste en enfrentarse tozudamente a la realidad, sin aceptar lo que es. Cuando no conseguimos que las cosas sean a nuestro modo tenemos la sensación de que el universo o las otras personas están contra nosotros, se interponen, son un obstáculo en el camino de nuestra libertad. A veces entramos en una especie de delirio autorreferencial en el que todo lo que ocurre parece estar en contra de nosotros. Para el ego la libertad significa hacer lo que deseamos y cuando queramos. Por eso acabamos viendo el mundo como algo que limita y constriñe nuestra voluntad.

Nuestro apego a la creencia en nuestro sí mismo separado nos impide percibir que todo lo que ocurre sucede en forma de funcionamiento unificado. Nuestros actos y nuestro funcionamiento nos parecen independientes del resto del universo.

En el momento en que dejamos de experimentarnos como un sí mismo separado, con voluntad propia, nos damos cuenta de que durante todo este tiempo "creíamos que hacíamos",

mientras que, en realidad, la Voluntad hacía a través de nosotros, la vida nos vivía. La Idea de la Voluntad permite percibir
que en el funcionamiento total del universo hay una Voluntad
unificada. Cuando experimentamos esa Voluntad actuando a
través de nosotros conectamos con la Libertad: no existe conflicto alguno entre nuestra voluntad y la Voluntad del universo. Estar en total armonía y completamente fundidos con el
todo es algo liberador. Cuando reconocemos que nuestra voluntad forma parte de la Voluntad del todo, somos libres. No
hay oposición a lo que sucede. No hay culpa ni orgullo.

En el trabajo de observación hemos de reconocer cómo interferimos con la realidad, cómo nos ponemos en medio, cómo
el ego siempre está intentando cambiar las cosas, siempre interfiriendo, sin podernos entregar a lo que pasa ahora, creyendo
que la libertad consiste en imponer nuestra voluntad. A veces
estamos tan impregnados de estas actitudes, imponer nuestra
voluntad nos parece algo tan natural y legítimo que la tarea de
autoobservación resulta difícil y más difícil aún la aceptación
de los límites de una realidad que no se somete a nuestro capricho. La verdadera liberación es la libertad de aceptar totalmente cualquier cosa que el universo manifieste a través de nosotros, rendirse a lo que la realidad nos traiga.

Humberto Maturana dice que nuestro sufrimiento se genera en el afán de controlar el mundo y a los otros. Si en lugar de tratar de controlar intentamos entender, entonces nuestras acciones estarán en congruencia con este entendimiento.
Como ejemplo de esta actitud nos habla de las inundaciones
de un río, contra las que podemos luchar, tratando de conte-
nerlo construyendo muros de contención, o bien podemos intentar entender las circunstancias que provocan o facilitan la
inundación y tratar de transformarlas. Si todo pertenece al
Ser, si todo es Ser, nuestra voluntad profunda no puede estar
tan lejana de la Voluntad, y cuando entendemos esto, no se

trata de oponerse a la realidad, ni de no hacer, sino de un hacer lo que podemos desde la aceptación y la comprensión.

La Idea del punto tres es la *Esperanza*, constituida por la percepción de que las cosas van, de modo natural, en la dirección correcta: no tenemos que ocuparnos de las cosas para que éstas ocurran, el universo funciona según leyes "optimizadoras", como nos dice Almaas. Los cambios y transformaciones del Ser se producen siguiendo leyes naturales, que muy a menudo escapan a los límites de nuestro conocimiento y nuestra comprensión.

El Ser no es estático, la vida es movimiento, no es sólo presencia sino el flujo de la presencia. Una cierta comprensión del funcionamiento y la actividad del Ser, de sus características dinámicas, permite acceder a la Esperanza. Sin la aparición del oxigeno que "estropeó" el ambiente de este planeta no hubiera sido posible la aparición posterior de la vida. Y así ocurren muchas cosas que no entendemos o no logramos interpretar positivamente y que, sin embargo, pueden tener un sentido que va más allá de nuestra comprensión mental.

Desde la percepción espiritual básica de la unidad de la existencia vemos dicha unidad en proceso a lo largo del tiempo y comprendemos cómo se mueve y cambia. Si la separación no es real, si la ley de causa-efecto que la presupone no tiene sentido, vemos una perspectiva diferente: toda existencia cambiando y transformándose en la unidad puesto que todo forma una unicidad sin límites. Esto pone en entredicho nuestras convicciones más básicas de la realidad.

Desde la perspectiva de esta Idea, lo que vemos es la unicidad de toda la existencia. La unicidad implica que nada puede cambiar en forma individual, que todo el universo está continuamente transformándose desde una condición total y unificada a otra condición total y unificada. Cuando los velos de la separación desaparecen, todo es el Ser revelándose a sí mismo. La Idea de la Esperanza se apoya en esta comprensión del modo en que la realidad funciona y de que todas nuestras experiencias forman parte de una realidad mayor. Las leyes naturales que gobiernan el Cosmos operan como una unidad intercomunicada, totalmente adecuada, pertinente.

Percibimos el Ser mediante las formas que manifiesta. Todas las cosas son una manifestación del Ser, que se expresa a través de todos los cambios. Esta creación continua es el Ser manifestándose a través de incontables y variadas formas, el Ser desbordándose, creando el modo en que aparece de instante en instante. Y nosotros formamos parte de dicho Ser, que constituye una presencia viva, dinámica y energética.

Comprender que la totalidad del Universo del que formamos parte está constantemente cambiando transforma nuestra noción de muerte. Almaas plantea que la muerte personal es simplemente el Ser, manifestándose en un instante mediante esta persona concreta que somos y, al momento siguiente, sin esta concreción. En nuestra opinión, si entendemos que, a nivel esencial, no estamos separados, que somos uno con el Ser, aunque su manifestación en nosotros adquiera una forma individualizada y autoconsciente, entenderemos que, al morir, sólo perdemos esta forma y esta autoconciencia, pero seguimos siendo parte del Ser del que nunca estuvimos separados. Ésta es la vida eterna.

El flujo del ahora es lo que solemos percibir como paso del tiempo. Lo que llamamos tiempo constituye un modo limitado de intuir el flujo del Ser, que nos lleva a pensar que los cambios se deben a ese paso del tiempo. Cuando percibimos la realidad como un flujo constante, entonces estamos percibiendo el tiempo real.

La identidad independiente se constituyó cuando nadie nos cuidó como hubiéramos necesitado. Entonces creímos que todo estaba en nuestra mano, que teníamos que hacerlo por nosotros mismos y reaccionamos con una actividad defensiva. Se manifiesta como un empeño constante y una compulsiva necesidad de estar activo, conseguir logros, alcanzar el éxito, como una formación reactiva a la sensación de desamparo. Es actividad del ego. Cuando nos damos cuenta de que no tenemos que hacerlo todo y podemos confiar, se produce una sensación de liberación y alivio.

El esfuerzo que supone sostener la identidad independiente es puro sufrimiento. Experimentar la impotencia, la fragilidad y el desamparo significa aceptar nuestra situación existencial, dejar de mentirnos, asumir nuestro destino. Entonces podemos ser conscientes del cansancio antiguo producido por haber estado tratando de hacer algo que no podemos hacer, en un esfuerzo agotador.

Desde la convicción de que estamos solos, separados del resto del Universo necesitamos buscar una identidad que nos identifique y que nos dé un lugar en el mundo. Nuestra hipótesis, en el caso del eneatipo 3, es que esta búsqueda se relaciona con un "proyecto vital" que tenemos que cumplir. Que ese proyecto se cumpla y se cumpla tal y como lo hemos proyectado, nos daría la medida de nuestro éxito, de que hemos conseguido hacer las cosas bien. Lo proyectado no sólo está relacionado con cosas materiales o con el éxito social, a veces también se refiere al ámbito afectivo, una pareja, una familia, unos hijos, una casa familiar, incluso uno mismo como proyecto de convertirse en un personaje de determinadas características físicas y psicológicas. Siguiendo la creencia en la ley de causa-efecto, aplicada al ámbito de lo humano, pensamos que si actuamos adecuadamente, conseguiremos aquello que nos proponemos. Si no lo hemos logrado, debemos revisar nuestra forma de actuar, esforzarnos para hacerlo mejor y entonces lo conseguiremos. Todo depende de nuestro esfuerzo. Ésta es una esperanza falsa, que no tiene final y nos encadena a la insatisfacción.

Ésta es nuestra verdadera Esperanza: la percepción de que la realidad es en sí misma, independientemente de nuestra autonomía imaginaria y que su hacer es un fluir armonioso. Sólo necesitamos mirar las constelaciones para percibir que la armonía rige su funcionamiento. Según Almaas, esta percepción implica una sensación de optimismo, una actitud de gozosa apertura y confiada receptividad a lo que el despliegue del Ser nos presenta. No tiene nada que ver con lo que suceda en particular, se trata de un optimismo abierto acerca de la vida, una confianza en la presencia del Ser y en su fluir armonioso y creativo. En lugar de intentar tomar las cosas en nuestras manos podemos confiar en el dinamismo del Ser. Así cuando estamos conectados, cuando nuestros pensamientos, sentimientos y acciones están alineados, esta armonía se produce. Apreciamos la armonía incluso cuando hay dolor en nuestro sentir. Y eso nos proporciona un optimismo, una confianza en que nuestro hacer es el adecuado.

La Idea del *Origen* se refiere a que el Ser es el verdadero Origen y todas las cosas son completamente inseparables de dicho Origen. Toda apariencia no es más que la manifestación del Ser, y las apariencias que se manifiestan nunca abandonan el Ser, todo está siempre íntimamente conectado. Del mismo modo que el cuerpo es inseparable de sus células, las apariencias son inseparables del Ser.

El Universo surge cuando el potencial infinito de la vida se manifiesta. Nuestro sistema solar es parte de esta manifestación. Si nos centramos en lo "humano" y más concretamente en un solo ser humano, entendemos que este ser no puede estar separado de la fuerza vital que es expresión del Ser, que lo creó, y de la cual es una expresión única.

Todas las cosas no son más que el mismo Ser, la misma energía vital, diferenciándose y articulándose en el fenómeno particular de la experiencia. Todo es siempre lo mismo, apareciendo de distintas formas. Utilizando un ejemplo de Bert Hellinger, un árbol en otoño reparte sus semillas por terrenos diferentes y los árboles que nacen de esas semillas pueden ser muy distintos, dependiendo del lugar en que les tocó crecer, pero no dejan de ser el mismo árbol, de compartir el mismo origen.

Lo que somos capaces de percibir y experimentar, desde los límites de nuestra realidad física y de la apertura de nuestra conciencia, no siempre es la realidad, la naturaleza del Ser. Pero, sea cual sea el nivel de nuestra percepción y experiencia, esto no desmiente nuestro Origen, nuestra pertenencia al Ser. La experiencia vivencial de esta Idea elimina la sensación de separación entre las cosas y su fuente que es el Ser. Esta experiencia nos abre a la comprensión de nuestro lugar como seres humanos dentro de la unidad de la existencia. No poseemos una existencia separada del resto del universo, aunque seamos una particularización y concreción de esa realidad unitaria. El Ser se manifiesta mediante la vida de un individuo. El hecho de que la realidad aparezca en este momento como nuestro cuerpo, nuestros pensamientos o nuestro entorno, no significa que dichas cosas sean independientes del Ser. En un primer nivel de percepción de esta Idea vemos la realidad en un proceso constante de creación y disolución, surgiendo del Origen y regresando a él. Pero en un nivel más profundo vemos que no hay separación entre las manifestaciones de la realidad y el Origen, percibimos la coemergencia: el Ser es el Origen del que todas las cosas son inseparables. Somos el Origen. Es más fácil ver que somos una extensión de la fuente, donde pueden seguir quedando restos de nuestra autovaloración comparativa, que darnos cuenta de que nunca la abandonamos.

La pérdida de contacto con el Origen está en el corazón de nuestro sufrimiento: perdemos la intimidad de sentirnos a gusto con nosotros mismos, y sin ella siempre nos sentiremos solos y estableceremos valoraciones comparativas con los demás. Tenemos la sensación de que si nuestras circunstancias hubieran sido otras, nosotros seríamos mejores. Pero para que podamos evolucionar, seguir nuestro desarrollo, es necesario que aceptemos los condicionamientos y límites de las circunstancias genéticas y ambientales que nos han tocado. El hecho de que cada circunstancia presente ventajas y desventajas condiciona un desarrollo especial, que conlleva oportunidades y límites también especiales. Pero la vida está tanto en un lugar como en otro, absolutamente pura, sin ninguna falsificación, sin ser mejor o peor. No hay un sí mismo original, único, independiente porque nuestra verdadera identidad es el Ser. Pero somos una expresión "única" de este Ser. La manifestación es un nacimiento del Ser que aparece en forma de todas las cosas sin dejar de Ser nunca. La desconexión no es real, no es una experiencia objetiva, sino subjetiva, que proviene de imágenes y creencias concretas con las que nuestra mente queda fascinada. Nunca estamos desconectados del Origen.

Como dice Hellinger: «la vida viene de lejos» y «fluye a través de nosotros». Los padres nos transmiten la vida, tal como ellos la recibieron, con sus límites y sus ventajas especiales. De alguna manera somos determinados por nuestros padres, pero la vida es independiente de cómo sean ellos. Hemos de acoger la vida, tal como nos la dieron, entera.

El rechazo de nuestras circunstancias, la lucha para enderezarnos, mejorarnos, para lograr ser quien nos gustaría ser y no somos, determina la búsqueda inacabable de una identidad ajena idealizada que nos separa de nuestro ser.

Cuando nos desconectamos de nuestro Origen nos invade la melancolía. Perdemos la libertad y el fluir que se produce cuando estamos conectados. Cuando lo estamos, el Ser se manifiesta de manera diferente y creativa en función de nuestra personalidad.

En este sentido, la personalidad es la forma especial que tiene el Ser de expresarse a través de los humanos, mientras que el carácter, el rasgo principal, dificulta la expresión de la verdadera personalidad por las limitaciones de los autoengaños con los que funciona.

Todos los esfuerzos y sacrificios impuestos por el carácter 4 son intentos de recuperar la conexión, pero no es ésa la vía, recuperar el Origen es, en cierto modo, el proceso de renunciar a nosotros mismos, puesto que lo que nos desconecta es la manera en que nos pensamos, la imagen interna de lo que creemos ser. Por muy denigrada que sea esa imagen nos apegamos y nos parece que renunciar a ella es equivalente a perder nuestra identidad. Sin embargo, no es posible percibir nuestra conexión con el Origen, con el Ser, si no renunciamos a esa autoimagen. La muerte del ego no significa la muerte de nuestra personalidad, sino que nos estamos experimentando a nosotros mismos a un nivel más profundo: lo que ha cesado es la idea de que nuestra identidad egoica es todo lo que somos.

En resumen, el Origen, del punto cuatro, hace referencia a que nosotros como seres individuales, así como todo lo que existe, provenimos de la presencia amorosa del Ser, que es nuestro origen y nuestra naturaleza y nos da un sentimiento de conexión, de pertenencia al Ser.

En el punto cinco, la *Omnisciencia*, significa conocerlo todo como una unidad, la comprensión de que todo lo que existe está intercomunicado, de que las fronteras experimentadas por el ego no son reales y que la separación y el aislamiento son ilusiones. No podemos separarnos puesto que todos somos una misma cosa.

La *Omnisciencia* o *Sabiduría* es algo muy distinto de la erudición, de la capacidad de reunir grandes cantidades de información que caracteriza el estilo intelectual del eneatipo 5. Con el acceso a esta Idea es posible ver y establecer conexiones entre toda esa información, de manera que los árboles ya no impiden ver el bosque.

Cuando podemos experimentar que todo lo que existe está interconectado, que todo lo que ocurre influye en todo lo demás, que, por más que queramos, el aislamiento no es posible, empiezan a perder sentido las barreras defensivas que hemos interpuesto para que el mundo no nos toque, no nos dañe.

El sentido de la posesión, de lo mío, tanto en el terreno material como en lo que se refiere al mundo interno, la dificultad de compartir por el miedo a quedarse sin nada o a sentirse invadido, también pierden sentido. Mi territorio deja de serlo, a algún nivel. No es que deje de ser quien soy, un individuo diferente de los demás, con las peculiaridades que implica mi dotación genética específica y los condicionamientos de las circunstancias personales y sociales que me ha tocado vivir, pero no soy nada por mí mismo, de forma independiente del complejo entramado que me sostiene, tanto a mí como a los restantes seres vivos. De nuevo podemos recurrir al ejemplo del océano y las olas. Soy esta ola, pero si el océano no existiera, ¿qué sería yo? Soy esta ola que es, a su vez, movimiento y manifestación del océano, salgo y vuelvo a él, como todas las demás olas.

No es posible preservar mi identidad, aislarme, salirme del flujo de la vida. Es una fantasía, una ilusión creer que somos autónomos y que lo que pasa a nuestro alrededor no nos tiene por qué afectar ni influir. Queramos o no, nos afecta, como nosotros también afectamos al resto de esa vida de la que formamos parte.

La fuerza vital que nos anima, el latido de la vida en nosotros, es la misma fuerza vital que está en todas partes, que da la vida a todas las cosas.

En la realidad no existen límites definitivos, de modo que no es posible existir como una unidad separada. Sin embargo, la experiencia humana es una experiencia de separación, que tiene que ver con los límites del cuerpo físico y empieza a aparecer muy tempranamente con la identificación de nuestra imagen en el espejo, hasta consolidarse en una identidad yoica antes de los tres años. Esta experiencia de identidad separada forma parte de un proceso evolutivo, necesario para nuestra salud mental. Luego consolidamos esta sensación de separación, en nuestra vida cotidiana, cada vez que nuestros deseos o intereses no coinciden con los de las personas de alrededor, cuando los demás tratan de imponernos los suyos y sentimos que tenemos que defendernos de un mundo que nos daña y en el que estamos solos. Desde esta sensación mantener los límites propios es muy importante y se convierten en fronteras.

Cuando la vida nos regala una experiencia de Unidad, nos damos cuenta de que formamos parte de algo mucho más grande que nosotros, que no estamos separados del resto de la vida aunque seamos una manifestación particular de ella. Esta sensación de ser una expresión más de la manifestación de la fuerza vital suspende momentáneamente la vivencia antropocéntrica que nos lleva a creernos el centro del universo que funciona por y para nosotros. Sólo en la experiencia mística podemos romper el "encantamiento" de la dualidad, desde la disolución de la identidad. Para poder funcionar en lo cotidiano es necesario recuperar la identidad y manejarnos en la dualidad, aunque podemos mantener el eco profundo de la Realidad no-dual.

La Omnisciencia, para Almaas, está relacionada con la experiencia de la unicidad, de que todo lo múltiple está interconectado. Desde nuestro punto de vista, esta interconexión es lo que nos ayuda a intuir el Ser que se expresa a través de esta multiplicidad, que se mantiene unida por encima de la apariencia.

Al igual que lo plantea Almaas, entendemos que desde la perspectiva del Ser sólo existe el Ser; desde la perspectiva de la Omnisciencia, este Ser se manifiesta en una multiplicidad de objetos. Si el Origen acentúa el hecho de que no estamos separados del Ser, nuestra fuente y esencia, la Omnisciencia enfoca el hecho de que no estamos separados de los demás o del entorno. La Omnisciencia nos dice que todas las olas de la superficie del océano están conectadas; el Origen, que las olas forman parte del océano, y el océano, olas incluidas, es el Ser.

Es muy impresionante percibir la interconexión desde el plano de la física cuántica. Hay multitud de experimentos en la actualidad que verifican que objetos que han estado "físicamente" conectados siguen manteniendo su conexión cuando se interponen kilómetros de distancia entre ellos.

Cuando se pierde la conexión con la Idea, la consecuencia para el hombre es que nace la ilusión específica de que somos una entidad separada, que existe por cuenta propia. Esa creencia determina nuestra experiencia. Creemos que podemos construir muros impenetrables que nos separen de los demás. Negamos la dependencia, el hecho de que nuestras vidas estén entrelazadas. La ilusión consiste en utilizar los límites del cuerpo para definir y limitar nuestro sentido de quién somos. Cuando tenemos la convicción de que las fronteras del cuerpo nos definen, la sensación de separación se solidifica. La dificultad que deriva de ahí es la sensación de aislamiento, soledad y abandono. La reacción a esta dificultad es intentar eludir el enfrentamiento con la realidad, porque si nos sentimos aislados y deficientes, no confiamos en poder manejar adecuadamente la realidad y evitamos el contacto, intentando escapar de ella.

En una visión no egoica, los límites definen una diferencia, pero no una separación; las personas son distintas unas de otras, pero no están separadas. Los límites serían los de la individuación. La diferenciación es necesaria. Sin ella no existiría experiencia ni conocimiento ni acción ni vida, pero podemos sentir esa diferencia, funcionar y vivir como un ser humano sin perder la sensación de la unicidad, de la pertenencia a la unidad.

La Omnisciencia nos capacita para discriminar, conocer, funcionar y vivir la vida de un ser humano. El organismo humano experimenta la separación, pero sabe que es el Todo.

Cuanta más fuerza adquiere esta Idea, cada persona, cada objeto se vuelve más real y sustancial dentro del todo mayor y nuestra propia necesidad de límites separados se relaja porque también a nosotros nos experimentamos como persona única que, al mismo tiempo, forma parte inseparable de la estructura del universo vivo.

La Idea de la *Fe* es la más próxima a la confianza básica en sí misma. Se trata de la certeza de que cada uno proviene del Ser y pertenece al Ser.

La Fe implica poder mantener la conexión con lo profundo de sí mismo, con lo que Es, con la verdad del Ser que nos constituye. La conexión interna con el Ser que nos habita permite confiar, implica la aceptación de lo que soy, de mis impulsos, mis deseos, mis actos. Cuando la ilusión rompe esta conexión, no puedo confiar en mí, la mente coge las riendas e intenta dirigir cómo tengo que sentir, actuar, vivir. Todos los impulsos que la mente no reconoce o no acepta son vividos como sospechosos, peligrosos, dañinos, incluso como ajenos a mí, instaurándose la desconfianza en uno mismo que luego se proyecta al resto del mundo.

La Fe no es una creencia, es una experiencia, una certeza vivencial de que el Ser es la realidad interna y la verdad interior de cada ser humano y que es realmente nuestra verdadera naturaleza. Experimentarlo. Cuando la Fe está presente sentimos confianza, seguridad, una certeza implícita que genera una sensación de apoyo y valor. Constituye una transformación en nuestra alma, una transformación de la experiencia de quien somos, un saber en el corazón, que aparca el constante cuestionamiento a que nos somete la mente.

Esta transformación que supone la Fe no ocurre sólo a nivel interno. Cesa la proyección.

El mundo vuelve a ser un lugar seguro, se instaura una confianza profunda en que la vida nos sostiene, no tenemos que sujetarlo y controlarlo todo para estar seguros. La vida que nos constituye, y de la que formamos parte, no va contra mí. No necesito estar prevenido, en un sinvivir, preocupado por un daño que puede ocurrir en cualquier momento, desconfiando de todo y de todos.

La sensación de conexión interna tiene un carácter amoroso que me permite vivir, dejarme en paz, aceptar lo que soy, la forma en que la vida se manifiesta a través de mí. Dejo de estar en guerra y puedo asumir lo que siento aunque esté en contradicción con mis criterios morales, con la forma en que me gustaría sentir, desde una idealización autoinculpadora. Automáticamente, esta conexión deriva en una confianza en la vida y en un dejar de estar en guerra también con ella. Lo amoroso tiñe la relación con la vida, como un enamoramiento que nos conecta con una vitalidad poderosa y fuerte, un deseo de vivir lo que nos traiga.

Es la consciencia vivida de que el Cosmos es un mecanismo que se autorregula y que el individuo puede estar integrado con la realidad, yendo, de manera natural y espontánea, hacia su propia realización.

Esa consciencia tiene un efecto: reconocer que la fuerza interna, la certeza capaz de atravesar el miedo, está en su propia naturaleza, como expresión del Ser.

La Fe facilita mantener la confianza en los momentos de dificultad y no perder el corazón cuando se produce un desengaño, evitando que la desesperación pueda dominarnos totalmente.

La ausencia de Fe está presente en la falta de confianza en la naturaleza humana o en la naturaleza del Universo. Las convicciones de fondo sobre quiénes somos van a contracorriente de la experiencia de la Fe. La sustituimos por el convencimiento de que los seres humanos somos intrínsecamente egoístas, interesados y egocéntricos y, en consecuencia, adoptamos una actitud suspicaz. La sospecha refleja una posición cínica de fondo, entendiendo cinismo como descreimiento en la sinceridad humana.

La falta de sensación de apoyo, que se produce al estar desconectados, sumada a la falta de Fe en la existencia, conduce a la falla de la confianza acerca de que la realidad proporcione apoyo. Nadie va a estar ahí para nosotros de forma desinteresada y no son posibles ni el verdadero amor ni el verdadero sostén, que nos faltaron en la primera infancia. Nos siguen faltando y nunca vamos a obtenerlos. Pero no es el sostén externo el que necesitamos ya, sino el apoyo interno, nuestra conexión interior sin la cual nos sentimos siempre inquietos y asustados.

La Fe nos lleva a recuperar la certeza de que nuestra naturaleza innata es Ser, que podemos confiar, aunque no estemos todo el tiempo en contacto con ella.

Dice Almaas que las Ideas de los tres puntos del triángulo central son específicamente necesarias para recorrer el camino. El Amor motiva el anhelo de ponerse en camino; la Fe nos sostiene y apoya a lo largo de él, y la Esperanza proporciona el convencimiento de que todo se desarrollará de la manera adecuada.

La Idea del *Trabajo* parte del hecho del despliegue de la vida. La vida se desarrolla como una sucesión de momentos, de instantes encadenados, como los fotogramas de una película. Cada momento lleva al siguiente. Todos esos momentos son experimentados como el "ahora", el eterno presente.

Si estamos realmente en el presente, las cosas son espontáneas y funcionan en una continuidad de Ser, un despliegue de nuestros recursos esenciales. En realidad, lo único tangible es el ahora. La huida al pasado o al futuro a través de la imaginación hedonista de este eneatipo trata de evitar el dolor o las dificultades del presente. En la fantasía podemos lograr que todo sea como deseamos, tanto cuando recreamos lo placentero del pasado como cuando construimos el grato futuro anhelado. Entregarnos al presente conlleva aceptar el dolor tanto como el placer. La vida nos lleva inevitablemente a las dos experiencias. No podemos transformar la vida en ese cielo que nos prometía el catecismo cristiano, ese lugar lleno de venturas donde lo malo, lo doloroso, no tiene cabida. El intento de evitación del dolor, la búsqueda insaciable de placeres implican una desconexión de sí mismo y de las propias circunstancias vitales que acaba siendo más angustiante que el dolor en sí.

El despliegue de la vida tiene un impulso y una dirección, que sigue un orden tan poderoso como para poder regir el funcionamiento de los planetas, las estaciones del año o la gestación de una nueva vida. La vida tiene su Plan Universal, tan inteligente que no necesita guión, es creativa, en cada instante y en cada circunstancia que deviene. La vida se abre camino.

Este despliegue también ocurre en nosotros. No olvidemos que somos manifestaciones del Ser. Si nos escuchamos en profundidad, si conectamos con nuestro corazón, con nuestra realidad profunda, vemos, vivimos este despliegue de la vida manifestándose en nosotros.

Para poder experimentarlo es necesario que la consciencia esté centrada en el presente. Si estamos en el presente conectados con nuestro sentir verdadero, sabemos cuál es el siguiente paso. No necesitamos, cada vez que nos encontramos con una dificultad, recrear un plan atrayente que vuelva a ilusionarnos. Desde la dificultad de aceptar lo doloroso de la vida se genera una constante búsqueda de reilusionarnos con planes sugestivos, que se convierte en una adicción sin la que no sabemos funcionar. Sólo la ilusión nos motiva para seguir viviendo.

La planificación como defensa para evitar la angustia se suele convertir en generadora de más angustia, en cuanto nos desorienta. La sensación de estar perdidos genera una planificación sin fin. La verdadera orientación deriva de la conexión interna, que permite a nuestros actos ser acordes con nuestra realidad presente.

Nuestra naturaleza, que se despliega en el tiempo, nos lleva, inevitablemente, a tener planes de futuro, y cuando éstos se cumplen, creemos que ha sido exclusivamente fruto de nuestra planificación y de nuestras acciones. Nos olvidamos de todos los restantes elementos que se han de poner en juego. Y nos olvidamos también de todas las veces en que nuestros planes no se han cumplido, porque la vida nos lle-

va por otros derroteros. Posiblemente, todos podemos com-
probar, si miramos hacia atrás, cómo nuestra vida presente
no se corresponde con lo que planeamos o imaginamos en
el pasado.

El universo se despliega según leyes naturales e inherentes pero sin premeditación, porque el universo es inteligente
y sensible, lo que le impide ser predecible y mecánico. Igual
ocurre con nosotros: tampoco somos predecibles. Si sabemos
que las cosas se despliegan por sí mismas, podemos rendirnos al despliegue y vivir, sabiendo que no es una nueva planificación lo que puede cambiar nuestra vida, sino la entrega y la acción, conectadas con nuestro ser, en armonía con el
despliegue.

Desde la presencia sabemos lo que estamos haciendo y a
dónde vamos, lo que sucede se produce de un modo espontáneo, natural y sin esfuerzo pues no estamos separados de
quienes somos.

Cuando uno no está presente, cuando la fantasía nos aleja de nuestra realidad en el ahora, el tiempo se pierde. Como
dice Almaas, el tiempo vivido en tiempo real, en presencia,
es nuestra verdadera edad, la que indica nuestra madurez.

La ilusión es la creencia de que podemos dirigir el propio
despliegue. El Trabajo no es más que renunciar a nuestros
planes y nuestra manipulación.

El Trabajo del hombre es sencillamente seguir este despliegue ordenado, convirtiéndose en lo que puede ser, ma-
durando su pleno potencial. El Trabajo para la realización de
este despliegue sólo puede llevarse a cabo en el presente, no
tiene nada que ver con realizar algo que tengamos en mente.
La sabiduría es vivir de acuerdo con esta comprensión de que
la realidad es una presencia que se despliega constantemente
y sigue un patrón armonioso. Lo único que podemos hacer es
estar presentes, estar completamente donde estamos, sin tra-

tar de dirigir nuestro despliegue, en la confianza de que si estamos presentes se desplegará el siguiente movimiento y sabremos cuál es.

Considera Almaas que las Ideas correspondientes a la parte superior del eneagrama, a los puntos 8-9-1, o sea, a los instintivos-motores, nos ofrecen una visión de la realidad del Ser; las de los puntos emocionales, 2-3-4, nos acercan al funcionamiento del Ser, y las de los puntos intelectuales, 5-6-7, inciden sobre cómo nos afecta la verdad sobre la realidad a nosotros como seres humanos. Por otra parte, algunos sufíes, concretamente Abdul Karim, del grupo Naqshbandi, hablan de las Ideas simplemente como atributos del Ser, velados por nuestras identificaciones y condicionamientos.

Para terminar, podemos decir, siguiendo el planteamiento de Almaas, que el Ser es No-Dual (8), Perfecto (1) y Amoroso (9), que funciona de manera totalmente espontánea y creativa (3), siguiendo una voluntad unificada (2) cuyo origen o fuente es el propio Ser (4), y que esta visión genera en el hombre la renuncia a la creencia en la autonomía personal, sustituida por la conciencia de la pertenencia a la Unidad (5), la certeza y la confianza en la propia esencia (6) que es la manifestación del Ser en su despliegue (7).

Al plantear el trabajo con el carácter y sus antídotos parece como si entráramos en una paradoja. Si la cosmovisión en que nos movemos es la de las Ideas Santas, donde todo tiene cabida en el Ser, incluso lo egoico, ¿qué sentido tiene tratar de superar las limitaciones del carácter? Si nos podemos dejar en paz ya, porque todo está bien tal como está, ¿para qué seguir trabajando?

Si el trabajo lo hacemos con la intención de "mejorarnos", seguimos alimentando la culpa y el orgullo, dos dragones con mil cabezas que se reproducen interminablemente y nunca se sacian. Pero si este camino lo emprendemos por alcanzar la plenitud de la consciencia que nos corresponde como humanos, siguiendo un impulso tan natural como el que lleva a las plantas a buscar la luz, dejando de atribuirnos el mérito de hacerlo y dejando también de esperar las recompensas, lo que ocurre simplemente es que desvelamos los engaños que en algún momento de nuestra historia personal o colectiva nos ayudaron a sobrevivir.

A escribir este libro nos ha impulsado el deseo de compartir con quienes puedan leerlo el camino profesional que hemos hecho con la ayuda de un mapa tan antiguo como es el del eneagrama y de otros caminantes que nos indicaron senderos y pistas. Así que a este mapa hemos ido añadiendo nuestras anotaciones. Si éstas sirven para ampliar las pistas de los posibles lectores y abrir la posibilidad de que ellos encuentren sus propios senderos, nos sentiremos contentos.

Rasgo	Pasión	Creencia errónea	Ilusión específica	Reacción específica	Dificultad específica	Fijación
1	Ira	Hay una manera correcta de hacer las cosas	Existe objetivamente lo bueno y lo malo	Voy a mejorarme a mí y al mundo	Sensación de imperfección interna	Corrección
2	Orgullo	Soy especial	Puedo lograr cualquier cosa que desee	Obstinación en lograr mi deseo	Orgullo herido, sensación de humillación	Privilegio
3	Vanidad	Soy lo que los otros ven	Si me valoran valgo	Esfuerzo constante para ser reconocido	Sensación de soledad y vacío, de no existencia	Prestigio
4	Envidia	El mundo ha sido injusto conmigo	Mi dolor me hace especial y me da derecho	Reclamo cargado de dolor y rabia	Sensación de exclusión, de insatisfacción, de vacío	Compensación
5	Avaricia	El mundo es peligroso y dañino	Estoy aislado y no necesito nada del mundo	Retirada a un mundo propio, seguro	Sensación de soledad, abandono, pequeñez, falta de recursos, vacío	Autonomía
6	Miedo	No se puede confiar en la naturaleza humana	Tengo que descubrir la verdad	Suspicacia defensiva. Desconfianza. Duda	Inseguro y asustado, vulnerable y sin apoyos. Angustia permanente	Certidumbre
7	Gula	La vida puede ser vivida sin dolor	Si planifico bien las cosas, seré feliz	Planificación	Sensación de estar perdido y desorientado	Felicidad
8	Lujuria	En este mundo o dominas o te dominan	Yo solo puedo	Hacerse el fuerte	Sentimiento inconsciente de maldad y culpa	Dominio
9	Pereza	Nada es importante y yo tampoco importo	No soy digno de amor. Algo falla en mí	Me olvido de mí, me resigno y me pierdo en lo cotidiano	Sensación de profunda deficiencia	Escepticismo

Instinto sexual	Instinto social	Instinto conservación	Defensa	Virtud	Verdad	Rasgo
Sometimiento	Autoridad	Control	Formación Reactiva	Serenidad	Perfección	1
Conquista	Poder	Centro	Represión	Humildad	Voluntad o Libertad	2
Objeto de deseo	Estatus	Logros	Identificación	Autenticidad	Esperanza	3
Anhelo	Originalidad	Méritos	Introyección	Ecuanimidad	Origen	4
Exclusividad	Soledad	Refugio	Aislamiento	Desapego	Omnisciencia	5
Protección	Orden	Armonía	Proyección	Coraje	Fe	6
Encantamiento	Entusiasmo	Familia	Racionalización	Sobriedad	Trabajo	7
Posesión/ Entrega	Complicidad	Intensidad	Negación	Inocencia	Ser	8
Fusión	Pertenencia	Distracción	Renuncia altruista. Supresión	Acción	Amor	9

BIBLIOGRAFÍA

Abraham, K. *La influencia del erotismo oral sobre la formación del carác-ter*. RBA coleccionables: Barcelona, 2004.

—. *Contribuciones a la teoría del carácter anal*. RBA coleccionables: Barcelona, 2004.

—. *La formación del carácter en el nivel genital del desarrollo de la libi-do*. RBA coleccionables: Barcelona, 2004.

Abdul Karim. Seminario sobre Eneagrama. Madrid, 2006.

Adler, A. *El carácter neurótico*. Paidós Ibérica: Barcelona, 1993.

Allport, G.W. *Qué es la Personalidad*. Siglo Veinte: Buenos Aires, 1978.

Almaas, A.H. *Facetas de la Unidad*. La Liebre de Marzo: Barcelona, 2002.

Arsuaga, J.L. *El Collar del Neandertal*. Temas de Hoy: Madrid, 1999.

Balzac, H. du. *La Comedia Humana*. Aguilar: Madrid, 1975

—. *Una Doble Familia*. Tomo I.

—. *Ilusiones Perdidas: Los Dos Poetas.Un Gran Hombre de Provincias en París. Los Sufrimientos del Inventor*. Tomo II.

—. *La Rabouilleuse*. Tomo II.

—. *Eugenia Grandet*. Tomo II.

—. *Un Príncipe de la Bohemia*. Tomo III.

—. *La Duquesa de Langeais*. Tomo III.

—. *Esplendores y Miserias de las Cortesanas: Cómo Aman las Cor-tesanas*.

—. *Lo que Amor Cuesta a los Viejos. Adonde Conducen los Malos Ca-minos*. Tomo III.

Bleger, J. *Psicología de la conducta*. Paidós: Buenos Aires, 1973.

Bleichmar, H. *Avances en Psicoterapia Psicoanalítica*. Paidós: Barcelona, 1997.

Castaneda, C. *Las enseñanzas de Don Juan*. F.C.E.: México, 1974.

Dhiravamsa *Meditación Vipassana y Eneagrama: hacia un desarrollo hu-mano y armonioso*. La Liebre de Marzo: Barcelona, 1998.

Fenichel, O. *Psicología profunda del carácter*. Paidós: Buenos Aires, 1968.

366   ENEAGRAMA

Hellinger, B. Seminario sobre constelaciones familiares (parejas). Barcelona, 2003.

Horney, K. *Neurosis y Madurez*. Psique: Buenos Aires, 1967.

Jung, C.G. *Tipos psicológicos*. Editorial Sudamericana, 2000.

Lowen, A. *Bionenergética*. Diana, S.A.: Mexico, 1978.

—. *El Lenguaje del Cuerpo*. Herder, S.A.: Barcelona, 1988

—. *El Narcisismo: la enfermedad de nuestro tiempo*. Paidós Ibérica, S.A.: Barcelona, 2000.

Maturana, H. *El Sentido de lo Humano*. Dolmen Ediciones: Santiago de Chile, 1996.

Millon, Th. *Trastornos de la Personalidad*. Masson: Barcelona, 1998.

Naranjo, C. *Carácter y Neurosis*. La Llave: Vitoria, 96.

—. *Autoconocimiento Transformador*. La Llave: Vitoria, 98.

Nelson, J.E. *Más allá de la dualidad*. La Liebre de Marzo: Barcelona, 2000.

Nicoll, M. *Comentarios Psicológicos sobre las Enseñanzas de Gurdjieff y Ouspensky*. Kier: Buenos Aires, 70.

Painceira Plot, A.J. *Clínica Psicoanalítica a partir de la Obra de Winnicott*. Ed. Lumen: Buenos Aires, 1997.

Palmer, H. *El Eneagrama*, La Liebre de Marzo: Barcelona,1996.

Pelechano, V. *Psicología Sistemática de la Personalidad*. Ariel: Barcelona, 2000.

Riessman, D. *La muchedumbre solitaria*. Paidós: Buenos Aires, 1964.

Reich, W. *El Análisis del Carácter*. Paidós Ibérica, S.A.: Barcelona, 1995.

Rof Carballo, J. *Violencia y Ternura*. Espasa-Calpe, S.A., 1997.

Rubia, F.J. *El Cerebro nos Engaña*. Temas de Hoy: Madrid, 2007.

Sastre, J.P. *Bosquejo de una teoría de las emociones*. Alianza Editorial: Madrid, 2005.

Scheller, M. *El Puesto del Hombre en el Cosmos*. Losada, S.A., 1928.

—. *Los Ídolos del Autoconocimiento*. Sígueme: Salamanca, 2003.

Weber, M. *La Ética Protestante y el Espíritu del Capitalismo*. F.C.E.: México, 2005

Winnicott, D. *Realidad y Juego*. Gedisa: Barcelona, 2000.

—. *Los Procesos de Maduración y el Ambiente Facilitador*. Paidós: Buenos Aires, 1993.